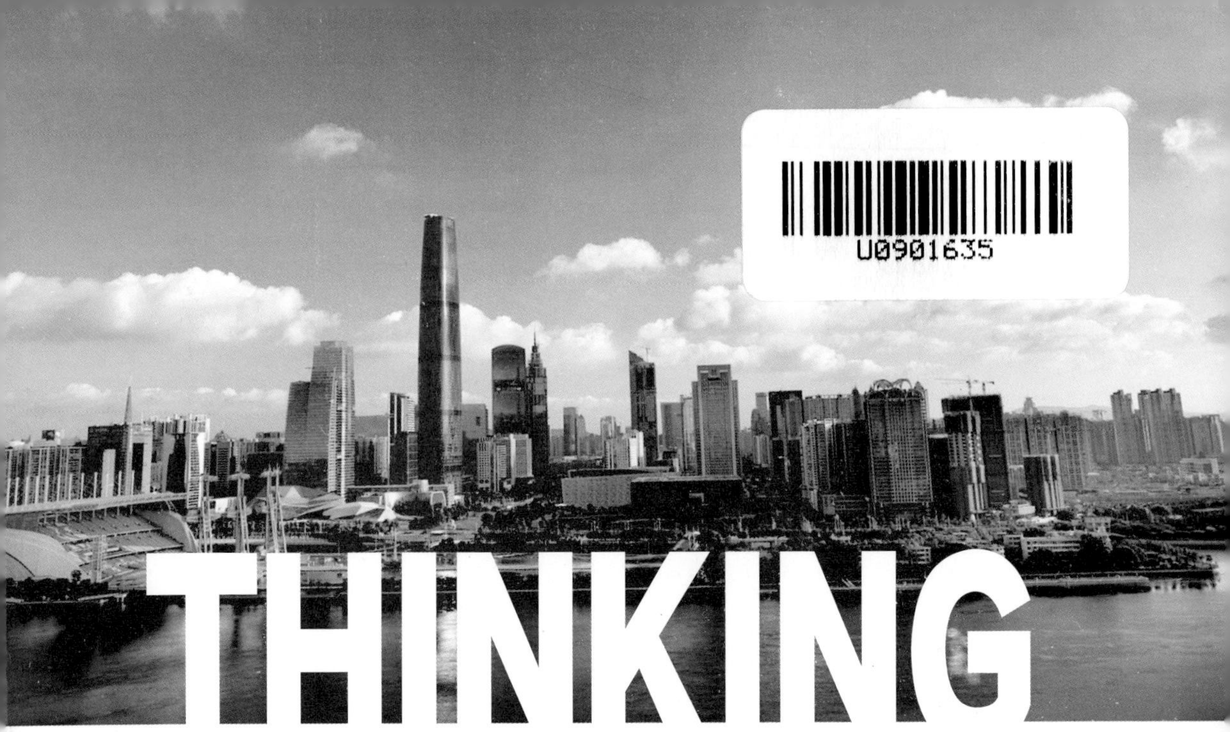

THINKING STORM

拓展开放领域，提升国际竞争力

—— 洋顾问思维旋风之九

李春洪 ◎ 主编

18位洋顾问带来的新思路、新理念和新经验
为广东在与世界的对话中不断提升国际竞争力

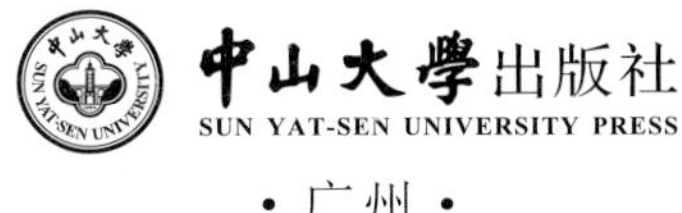

·广州·

图书在版编目（CIP）数据

拓展开放领域，提升国际竞争力：洋顾问思维旋风之九/李春洪主编．—广州：中山大学出版社，2014.6
ISBN 978－7－306－04921－6

Ⅰ．①拓…　Ⅱ．①李…　Ⅲ．①区域经济发展—对外开放—研究—广东省　Ⅳ．①F127.65

中国版本图书馆 CIP 数据核字（2014）第 114449 号

出 版 人：徐　劲
策划编辑：周建华
责任编辑：杨文泉
封面设计：曾　斌
责任校对：钟永源
责任技编：何雅涛
出版发行：中山大学出版社
电　　话：编辑部 020－84111996，84113349，84111997，84110779
　　　　　发行部 020－84111998，84111981，84111160
地　　址：广州市新港西路 135 号
邮　　编：510275　　　　传　真：020－84036565
网　　址：http://www.zsup.com.cn　　E-mail:zdcbs@mail.sysu.edu.cn
印 刷 者：广州家联印刷有限公司
规　　格：787mm×960mm　1/16　14.875 印张　275 千字
版次印次：2014 年 6 月第 1 版　2014 年 6 月第 1 次印刷
印　　数：1～3000 册　定　价：39.00 元

2013年11月21日，中共中央政治局委员、广东省委书记胡春华，广东省委副书记、省长朱小丹等省领导与全体顾问合影。

2013年11月21日，中共中央政治局委员、广东省委书记胡春华会见全体顾问。

2013年11月21日，广东经济发展国际咨询会举行闭门会议。

2013年11月22日，广东经济发展国际咨询会记者招待会现场。

2013年11月22日上午，广东省揭阳市人民政府与鲁道夫沙尔平咨询顾问（北京）有限公司及揭阳市金属企业联合会共同签订关于共建揭阳中德金属生态城合作备忘录。

2013年11月22日上午，广州市开发区管理委员会与ABB（中国）有限公司签订战略合作谅解备忘录。

编辑委员会

序　言

2013 年是广东全面贯彻落实党的十八大和习近平总书记视察广东重要讲话精神的开局之年。在党中央、国务院正确领导下，我省紧紧围绕“三个定位、两个率先”总目标，坚持稳中求进的总基调，着力稳增长、调结构、促改革、惠民生，经济发展稳中有进、稳中向好，社会保持和谐稳定。据统计，2013 年全省实现地区生产总值 62163.97 亿元，突破 1 万亿美元，同比增长 8.5%。人均生产总值 58540 元，增长 7.8%。与此同时，全省外贸进出口总值为 6.78 万亿元人民币，首次突破 1 万亿美元的大关，同比增长 10.9%。“两个万亿美元”的骄人成绩，预示着广东经济将跨入新的征程。

当前，全球经济再平衡加剧了广东经济的外部风险，后金融危机时代的世界经济格局正经历着深刻的变革和调整。广东正处于新旧发展模式交替的关键时期，前途命运同世界经济发展紧密联系在一起。党的十八届三中全会描绘了我国全面深化改革的新蓝图，强调适应经济全球化新形势，必须推动对内对外开放相互促进、引进来和走出去更好结合，促进国际国内要素有序自由流动、资源高效配置、市场深度融合，加快培育参与和引领国际经济合作竞争新优势，以开放促改革。广东要在新一轮全球经济整合浪潮中再次继续走在我国前列，完成国家赋予的使命，必须实行更加积极主动的开放战略，抓好世界新一轮科技革命和产业变革的历史机遇，在更高层次、更宽领域、更深程度上参与国际合作与竞争，更好地以开放促改革、促创新、促发展，为打造广东经济“升级版”提供有力支撑。

正是基于以上考虑，2013 年 11 月 21—22 日召开的广东经济发展国际咨询会确定以“拓展开放领域，提升国际竞争力”为主题，同时分设“建设法治化国际化营商环境”、“构建开放合作平台”和“推进产业技术国际合作”三个子议题以及“产业转型再造核心竞争力—增效技术和电动交通”、“环境保护与绿色竞争力”两场专题论坛。为突出咨询会务实合作的理念，会议期间还举行了合作项目的集中签约仪式，项目涉及科研合作、产业园区建设、轨道交通建设、网络能源建设、医疗卫生事业、新能源汽车等多个领域。相信这些合作项目在不久的将来会惠及广东经济发展。

本次咨询会的顾问机构都是世界著名跨国公司或者智库，在资金技术、管理、营销、战略研究和咨询等方面都有突出的优势，18 名顾问当中既有商界的领袖，也有学界精英，对广东进一步提高对外开放水平提出了一系列具有很强的专业性、前瞻性、建设性和务实性的意见和建议。会后，省政府将对这些意见建议进行认真的研究和评估，使其能够真正助力广东经济的新一轮跨越式发展。本书的付梓也是秉承这一理念，推广咨询会的成果，启发新的发展思路，与广东人民共谋经济发展的美好未来。

拓展开放领域，提升国际竞争力，为广东经济谋求新的增长点，这将为广东经济发展带来新的机遇和挑战，也必将为顾问机构带来新的合作发展机遇。我坚信这次交流碰撞的火花，必将闪现聚合效应的夺目光芒，点亮双方合作共赢的美好未来！

广东省省长　朱小丹

二〇一四年六月九日

目　　录

第一篇　海外来风，精英观点——洋顾问建言广东

第二篇　思想的交汇——论坛实录

第三篇　高端会晤——省领导对话洋顾问

Contents

Part Ⅰ Advices from Overseas Consultants

Part Ⅱ Forum Records: Convergence of Thoughts

Part Ⅲ Conversations: Province Leaders Talk with Foreign Consultants

第一篇　海外来风，精英观点

——洋顾问建言广东

在2013年广东经济发展国际咨询会的闭门会议上，各位洋顾问围绕“拓展开放领域，提升国际竞争力”的会议主题，分别就会议主题和“建设法治化国际化营商环境”、“构建开放合作平台”、“推进产业技术国际合作”三个分议题提出了精辟见解，进行了热烈讨论，交流了看法和思路。归纳起来，此次会议体现出三个鲜明特点：

见解独到专业。各位顾问从本领域专业化的角度思考广东未来的发展，提出的建议体现出较强的专业性。各位顾问提出的建议，如由省政府设立生物医药产业咨询委员会、建立公开透明的法律体系、采取国际领先的通关和贸易便利化措施、允许外资进入更广泛的服务业领域、积极吸引民资和外资参与水务项目投资运营、引进外国投资基金为民间企业提供资金、构建粤港金融区域平台等，将为广东在相关领域紧跟全球发展步伐提供有力支持。

观点新颖前瞻。各位顾问结合自己对当前国际经济形势的深刻理解，介绍了国际先进经验和创新路径，提出了不少具有开拓性、创新性的建议。这些建议从更高、更前沿的角度来审视广东未来的发展，把握转型升级的方向和机遇，具有很高的参考价值。

建议针对性强。各位顾问抓住广东提高对外开放水平急需破解的重大理论和实践课题，提出了许多操作性和针对性很强的建议。这些务实的建议将使广东未来的发展思路更加明晰、发展举措更加丰富，广东与顾问公司的合作将再上新台阶。

第一章　建设法治化国际化营商环境

题　解

当今世界，人才、资源、资金、技术、市场竞争日益激烈，营商环境的优劣决定了高端要素资源的流向与集聚，成为能否在全球经济技术竞争中获胜的关键因素。改革开放30多年来，广东积极承接国际产业转移，主动参与国际竞争与合作，成为中国经济国际化程度较高的地区之一。但随着中国改革开放不断深入拓展，与世界经济的不断融合发展，广东面临的国内外竞争压力越来越大，原有的政策和地缘等发展优势逐步弱化，特别是在营商环境方面与发达国家和地区相比仍有较大差距。因此，建设法治化国际化营商环境，是广东有效开展国际交流与合作、提升国际竞争力的重要依托，也是广东增创发展新优势、当好改革开放排头兵的内在要求。

近年来，广东对建设法治化国际化营商环境高度重视，做出了一系列重要部署，取得了初步成效。2012年，省政府颁布实施《广东省建设法治化国际化营商环境五年行动计划》，启动了新一轮行政审批制度改革、商事登记制度改革和企业投资管理体制改革，深入开展“三打两建”（打击欺行霸市、制假售假、商业贿赂和建设市场监管体系、社会信用体系）工作，有力地促进了全省营商环境的加快优化。比如，在向市场放权方面，广东把对28类企业投资项目的核准改为备案管理或竞争性配置，取消177项市场准入审批事项；全面开展商事登记制度改革，改“先证后照”为“先照后证”。今年1—9月，全省新登记企业24.8万户，同比增长30.6%。

下一步，广东将重点从以下五个方面努力，进一步推动形成更加快捷、更加便利、更低成本的营商环境。一是建设公平正义的法治环境。加快完善营商环境法规体系，在财产登记、投资者保护、知识产权保护、合同执行、企业破产等关键领域积极对接国际通行规则，同时及时修改和废止不利于维护市场竞争环境、阻碍要素流动等方面的法规规章，强化法治观念和契约精神，保障市场主体合法权益。二是建设透明高效的政务环境。推动政府由重审批向重服务、重监管转变，提高政务透明度、政府工作效率和政策稳定性。全面改革商事登记、年检年审、投资项目管理等，精简审批事项，再造审批流程，推行电子政务，力争各级行政审批事项办结时限总体缩短50%以上，网上办理率达90%以上。三是建设竞争有序的市场环境。计划用5年时间，努力建成较为完善的社会信用体系和市场监管体系，切实降低市场准入门槛和企业运营成本。四是建设和谐稳定的社会环境。及时为国内外高端人才提供出入境签证、子女教育、就业、居住等便利服务，吸引全球先进技术、金融资本、高端人才等优质资源要素向广东集聚。五是建设互利共赢的开放环境。实施更加积极主动的开放战略，依托重大国际合作平台，加强与港澳台地区和发达国家的交流合作，提高开放合作的深度和广度，以国际合作带动营商环境改善。

建设法治化国际化营商环境可以说是广东整个市场经济发展、建设、完善过程中的又一场重大变革。如何进一步借鉴发达国家及地区建设法治化国际化营商环境的经验，如何加快转变政府职能、深化经济领域改革、强化民主法治，构建法治化国际化营商环境的制度框架，如何与国际先进理念和通行规则对接，推动形成具有广东特色的法治化国际化营商环境等问题，都有待于进一步探索和实践。

顾问们所在的国家、地区在转变政府职能、构建法治化国际化营商环境方面积累了宝贵的经验；顾问们开阔的视野，为广东构建法治化国际化营商环境带来很多有益启示。

一、建设法治化、国际化营商环境，培育广东国际竞争力

美国全国商会常务副会长兼国际事务总裁薄迈伦：广东省在中国的发展与改革中具有特殊意义。作为30多年前中国改革开放历史性政策的首个试验田，广东是中国重要的增长引擎之一，对中国经济转型、国家现代化做出了突出贡献，助力中国成为世界第二大经济体并帮助几百万人口脱离贫困。

然而，如今广东的经济却站在了十字路口。广东面临着在日益复杂的内外部环境下保持经济增长的巨大挑战。全球经济尽管有所复苏，但预期增长仍然缓慢，欧盟和日本经济的走势还有很大的不确定性。外需低迷仍然对高度依赖出口的广东有巨大影响。从国内来说，我国增速回落，中央政府调整经济结构，从出口、投资导向转为以消费、服务为基础的经济。广东是传统的劳动力密集型制造业基地，也面临生产率增速放缓、工资上涨、通胀压力以及国内其他省份和地区（如长江三角洲）的激烈竞争。美国商会认为，加强投资、创新、知识产权保护与执法以及营造开放型经济、法律和监管环境，将在广东实现既定目标方面起到

关键作用。

（一）投资环境

1. 保持广东在吸收投资方面公认的领导地位

一直以来广东省都是跨国公司在中国投资的首选地。近四分之一的在华投资企业都在广东落户，贡献了广东一半以上的出口和工业总产值。另外，广东自身的竞争市场也帮助本土企业将对外投资和合作业务拓展到全球100多个国家。因此，广东长期被视为中国经济增长最强劲的地区之一以及最具活力的外向型经济体。广东也从积极吸纳外资企业上获得了丰厚回报，包括高增长、就业机会以及创新的产品和服务。

2. 广东的创新型改革会对中美《双边投资保护协定》谈判产生积极影响

广东过去几十年的成就成为中国改革的催化剂。广东制定的、取得了公认积极效果的措施，能够在中国其他地区加以推广，刺激经济增长，而这些措施的缺失将阻碍广东的经济增长再上一个台阶。

依照《珠三角地区改革发展规划纲要（2008—2020）》并通过强化地方权力以“构建符合国际通行规则的商业环境”，广东继续率先简化行政审批并下放审批权限。基于这样的领导地位，我们希望广东省政府能积极将自身经验通报中央，供参与中美《双边投资保护协定》谈判的中国官员参考。广东的持续改革能够并且应该作为中国其他地区放松投资限制的样板，符合未来采用“负面清单”监管外资并对投资提供准入前国民待遇的方案。

3. 再接再厉进一步提升广东对外资的吸引力

为了提升竞争优势并提升广东对优质外资的吸引力，广东必须在广泛的行业领域对外资更加开放。投资制度必须为外国投资者提供非歧视性、公平的待遇并制定透明、及时的审批程序，对所有企业一视同仁，无论所有权和国籍。另外，我们鼓励政府取消或大幅削减对外资附加条件或限制的措施。

（二）创新环境与知识产权

创新与创意创造就业是提高生产率和经济发展的核心推动力。知识产权保护的进展在广东各地并不同步，有些地区例如珠江三角洲在理解并将知识产权融入商业活动方面较为领先。总体来说，广东在知识产权保护和执法方面取得了进步，但仍是中国乃至世界销售侵权产品的主要来源地。而且，还有公司反映在与广东知识产权执法部门打交道过程中的种种遭遇，包括不必要的行政负担和透明度的缺失。美国商会认为，如果广东能进一步加强知识产权保护和执法，采用更亲商的知识产权保护制度并推行新型、公平的创新激励措施，就能更快地实现目标。

1. 知识产权保护与执法

知识产权不仅仅是经济繁荣的一个因素，也日益成为21世纪创新引领增长的核心因素。因此，持续大力保护知识产权的制度比其他任何单一的政策措施或政府激励都更能刺激国内创新。有些外国权利人仍不愿意诉诸广东的民事法院系统寻求救济，因为他们对该系统一贯的公平性缺乏信心。另外，广东的行政部门经常给品牌所有者的投诉设置不必要的障碍，包括要求经过公证的授权书和商标注册证原件。在广东的很多辖区，执法机关都要收取“办案费”或“加班费”才能受理品牌所有人的投诉。尽管广东省政府在2012年重点打击商标假冒，很多品牌所有人仍认为广东的假冒诉讼环境是比较恶劣的。如果广东省能够提升对公平执法和知识产权保护的决心，就很有潜力成为全球重要的创新中心。

2. 创新激励

中国领导人关于属于战略性新兴产业的外资企业将受到与中国企业同样待遇的表态让我们很受鼓舞。然而，尽管有这一明确目标，在中国的外资企业依然反映各地省政府对战略性新兴产业规划解读不一。有些省份发布的战略新兴产业目录要求须持有当地所有并注册的知识产权，这似乎对本土企业有利。如果广东在战略新兴产业规划方面优待本土企业，最具创新的公司、最优秀的人才，毫无疑问都会转移。值得赞赏的是，广东政府在努力实现战略新兴产业目标时并未公布目录。我们认为，美国和其他国家的企业在考虑是否进入中国以及在中国何处运营时会考虑这一情况。

另外，广东《知识产权纲要》中的创新计划规定了好几项激励措施以鼓励创新型公司在广东研发并注册知识产权。尽管计划给出的税收优惠和金融刺激能激励公司在广东注册知识产权，计划的其他方面却可能将最有竞争优势的公司拒之门外。尤其是《知识产权纲要》规定省里购买重大设施和产品时优先考虑当地企业注册的自主知识产权，这不仅不利于广东创新目标的实现，也不利于广东整体的营商环境。为了实现广东省“十二五”规划的目标，即改善本地区的创新能力并到2015年成为亚太地区的关键创新中心，美国商会建议广东省政府继续出台为本土和外国企业营造公平竞争环境的措施。

（三）提升服务业发展的环境

服务业是中国经济保持增长的关键。中国的制造业仍然受到内外需求不振的拖累，而服务业则在过去的12个月里保持了积极增长。服务业只占中国经济的10%左右，将经济转型为消费拉动的目标为其提供了相当大的增长空间。加强服务业的一项关键改革措施就是要对更多的外资开放市场。进入服务业的外资一直是近期中国外资增长的主要驱动力，并有可能在今后发挥更大作用。

1. 金融服务

在金融服务业，外国公司普遍面临复杂的监管审批程序并且受到银行、保险、证券业监管者以及商务部、财政部、国家发展和改革委员会以及地方金融工作局、金融处的多重监管。精简、透明的监管结构将从很大程度上解决行业多头监管不一致的问题。

而且，继续限制外国金融服务提供者的股权比例极大地限制了金融业的发展。外国投资者不应该受到股权限制，尤其是国内有关企业并不受到这些限制。股权限制制约了他们影响投资机构管理层的能力。放开金融部门，允许更多外资参与将推动金融创新并进一步提升行业的竞争力。这将大大推动广东实现到2015年金融产业发展成为广东省国民经济支柱产业的既定目标。

2. 物流

广东省拥有众多条件优越的港口、机场，居于战略要地并与亚洲其他地区渊源深厚，完全具备成为亚洲物流中心的条件。研究中的广东自贸区应该包括放松投资规则并且允许、鼓励外国物流企业在区内运营等激励措施。还应该覆盖交通、物流领域的现有外资，避免已经在广东省投资的开创性企业遭受损失。

自贸区应该更新和改进进口、出口和转运货物的通关程序，不仅满足海关总署的要求，还应满足其他进口货物监管部门的要求，包括国家食品和药品监督管理局、国家质量监督检验检疫总局以及工业和信息化部。程序应该做到无纸化集中办理、快捷、全天候，符合现代供应链的主要特征。

广东建成物流中心关键要认识到尽管广东位于中国的外围，但却处于东亚和太平洋地区的中心，这一地区包括中国、日本、韩国以及与广东渊源深厚、欣欣向荣的东盟市场。凭着得天独厚的条件，广东如果能够将联系延伸到区域内每个地区，就能成为本区域的经济中心。这就要求广东鼓励中国其他地区加强与广东的联系，同时与外国市场建立直接联系。

二、借鉴新加坡发展经验，创建国际化有序经济

星桥控股私人有限公司董事长黄根成：自中国改革开放以来，广东省高速发展，数十年来一直引领中国的经济增长。广东省首推的低成本制造业的经济发展模式不仅带动了中国出口增长，也为中国经济发展拓宽了平台。然而，如今的广东面临多方面的竞争。国内外竞争者近十年来经济迅速发展，开始挑战广东，同时也给广东带来新的机遇。

（一）新加坡经济转型经验

新加坡在经济发展过程中曾经面临过相似的挑战，而且历时更长。通过阶段式发展的规划，新加坡逐步扩大了原先高度依赖少数重点产业的经济结构空间，有效地促进了经济体系的多元化。这既是新加坡顺应全球经济发展变化做出的回应，也是作为一个缺乏自然资源和腹地的岛国的战略选择，新加坡需要不断重塑其小型但开放的经济结构。从最初发展低成本制造业，到中期发展高价值的制造业，再到如今高端第三产业服务业的开发，新加坡经历了多阶段的发展。（图1－1）

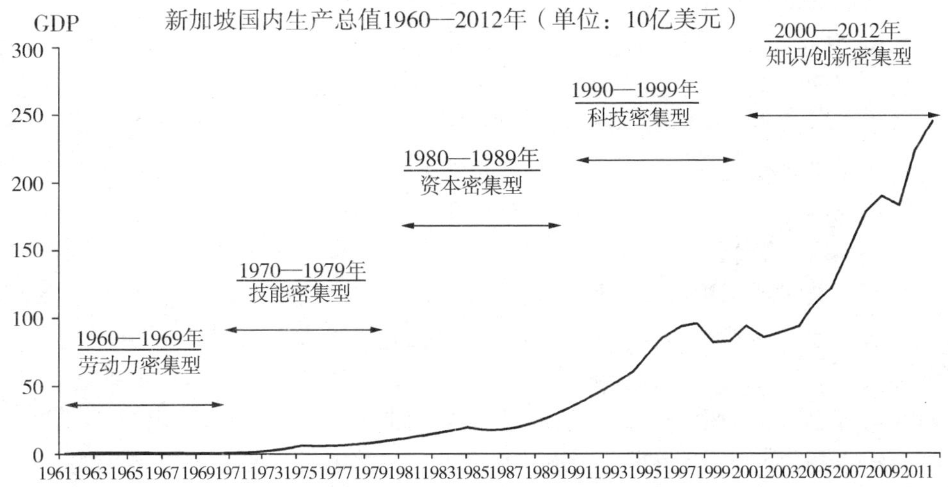

图1－1　新加坡经济发展的不同阶段

1. 电子工业

自20世纪70年代起，电子工业是新加坡制造业的重点支柱之一。新加坡经济发展局在电子工业领域大力吸引跨国公司，设立电视机和电路板等组装工业，从而开启了新加坡转移至高附加值制造产业的过程。

电子工业发展归功于新加坡政府在招商引资、优惠政策以及员工技能培训等方面所做出的努力。20世纪70年代，新加坡经济发展局在美国、欧洲、日本等国设立分支机构，以吸引海外商家到新加坡投资。新加坡政府还筹划并提前投建基础设施，包括工业厂房等建筑，确保投资者能迅速投产。此外，政府还成立了人力资源和培训单位，侧重于工业方面的培训，并与著名跨国企业设立联合培训中心为新加坡年轻的工人提供学徒培训项目，确保投资公司在新加坡始终能招到技能熟练的劳动力。基于先前的成功经验，新加坡逐步吸引高资本、高科技的制造产业入驻本地市场，从而激发出建设一个包括研发、测试、组装和设计的生态系统的需求。

2. 石油工业

目前，在石油工业领域，新加坡排于鹿特丹和休斯敦之后，是全球第三大炼油基地。新加坡经济发展局引领招商推广，与主要政府机构协调工作，确保能满足投资商的不同需求。这是成功吸引世界主要石油公司在新加坡将数十亿元投资于这个发展周期和回报时间都较长的行业的关键。

截至20世纪80年代，新加坡政府决定进一步发展石油工业，以加快国家经济增长。然而，新加坡主要岛屿的工业土地越来越稀缺。为应对这一挑战，新加坡政府决定以填海方式，将西部离海群岛组成一座用于石油工业枢纽的离岛。炼油厂应用了垂直整合模式，通过制造基地统一的安排，使一间厂房的制成品成为下一间厂房的原料，进一步提高了生产效率，扩大协同效应。

3. 生物制药产业

在新加坡实现知识型经济的转型过程中，生物制药产业扮演了重要角色。凭借成熟的制造业基地和悠久的高端制造业发展地的优势，新加坡在20世纪90年代期间吸引了许多著名制药公司前往新加坡设立生产基地。政府意识到建设一个以研究与开发为主的生态系统十分有必要。为此，政府投入新币超过37亿，提升现有的生物医药研发设施、整合跨领域研究，并把科学研究成果转化成有形的成果。新加坡科技研究局被指定为负责筹集款项以及支持公共研究的主要机构。新加坡政府也设立了生物医药科学产业伙伴关系办公室，作为协调各研究中心和私人企业的一站式服务中心。

为了开展研究与开发的工作，新加坡政府吸引了许多著名的研究学者出任公共研究中心的主任，这些著名学者的加盟也吸引了更多人才在新加坡工作。新加坡还努力培养本地研发人才。自2001年，新加坡科技研究局（A·STAR）推出了国家奖学金计划，旨在全球著名学府里支持培养1000名本地博士生。学成归国的博士生将会被安排到这些研究机构，在各种研究领域里，与那些著名科研学者并肩工作。为满足生物科技界不断发展的需求，本地大学与理工学院也不断调整课程，以培养出更多具有专业知识的本地人才。

4. 金融产业

20世纪90年代后期，新加坡政府清楚地看到金融产业极具发展潜力，决定将新加坡定位发展为亚洲领先的金融中心，侧重在财富管理、全球交易服务，以及风险管理等市场的服务。

新加坡金融管理局在法律监督和监管框架方面负责领导，协助金融业的发展。管理局也精选了部分国外金融机构入驻新加坡，促进重整新加坡金融环境。在人力资源方面，政府与教育机构迅速推广专业培训课程，尤其在基金管理和风险管理领域培育出更多金融专业人士。新加坡完善的基础设施配套也吸引了许多著名国际银行将原有的交易运作转移到新加坡，这大幅度提升了新加坡国际交易服务枢纽的地位。

5. 积极附带效益

以上提到的新型产业的发展带来了许多积极附带效益，他们的发展也促成许多配套产业和本土公司的成长。电子工业、石油工业和生物制约产业的发展培育了一个完整的供应和组件制造商的体系。金融产业的发展提高了高档办公室的需求量，并促进了其他服务型产业的发展。因此，新加坡这四个新型产业的发展也造就了大量其他行业的就业机会。第二个积极附带效益则是在更广大的经济领域中，相关行业的知识和技能可以转移。把电子工业相关的知识和技能转移并加以应用在精密制造业中，就是其中一例。也正是由于这种持续重整之间有着良好的关联性，新加坡的制造业产值一直占全国国内生产总值20%以上。

（三）新加坡的成功要素分析

1. 长远的规划和有效的执行

新加坡每5年会定期回顾和总结其经济发展结构。这一回顾工作由政府主导，同时相关产业领导、在新加坡的主要投资者、商会以及教授学者等人都参与其中。这个经济审查委员会或经济战略委员会的工作负责对经济发展的长远考虑。因为每一次的发展举措都需要大量的资源投入，所以确保长期一致地实施相关政策是至关重要的。虽然会对雇主和新加坡国人造成短暂困难，但经济审查委员依然会在需要进行经济转型时大胆决策。

“整体政府”的运作方法，也是促进每一项主要经济措施可以良好长期规划并得以实施的主要保障。新加坡的所有政府部门和法规机构紧密合作，共同实现国家发展目标。新加坡非常注重城市规划的长期性和可持续性，因此，新加坡城市规划集合了以市区重建局为牵头单位的各个部门的共同努力。这一方式确保了每一项规划都经过全面深入的考虑，综合协调不同职能部门，以实现最终目标。同时，各个部门也可以更高效地提供各项重要服务。

2. 法治体系

法律法规是新加坡成功的核心关键，新加坡政府从来不把法律法规视为一个独立的单个体系，而是支持国家和经济发展的大体系中的一部分。自独立以来，新加坡政府独树一帜，创建一套健全的法律制度并秉公执法，努力为其公民和国际投资者创建一个稳定有序和安全的社会环境。除了人身安全，一个国家法律法规的稳定性和可预见性也是外国投资者高度重视和考量的因素。

3. 纠纷调解与仲裁

新加坡长期致力于成为全球性的纠纷调解和国际仲裁中心。新加坡相信，通过仲裁可以为商业竞争纠纷提供更有效的解决渠道，并进一步提升新加坡作为商业中心的吸引力。新加坡同样不断支持提供有关纠纷调解方面的指导、研究和教学机构的发展。为此，新加坡管理大学在 2008 年设立了纠纷调解中心，主要开展仲裁和调解，促使新加坡成为区域性的纠纷调解中心。

4. 知识产权保护

知识产权保护及其他具有商业价值的无形资产的保护，对于确保高科技产业和相关研究工作的发展是非常重要的。新加坡知识产权局于 2001 年成立，主要负责执行知识产权相关法规、普及知识产权知识，并为新加坡的知识产权保护和发展提供必要的基础支持。

5. 人才发展

人口是新加坡唯一可以倚仗的资源，因此新加坡必须充分激发出每个国民的全部潜能。主要采取两个措施：一是发展高质量的教育；二是确保在职劳动力不断提升其知识技能以适应快速发展的经济要求。

（1）正规教育系统。新加坡的教育系统在过去数十年里得到了很大的发展。如今，经济发展不仅需要毕业生，更是需要一批具有中等专业技能的工作队伍。

因此，自经济发展最早期开始，新加坡就大力投入发展科学和技术的教育，为经济发展提供各种技术型劳动力。(图1－2)

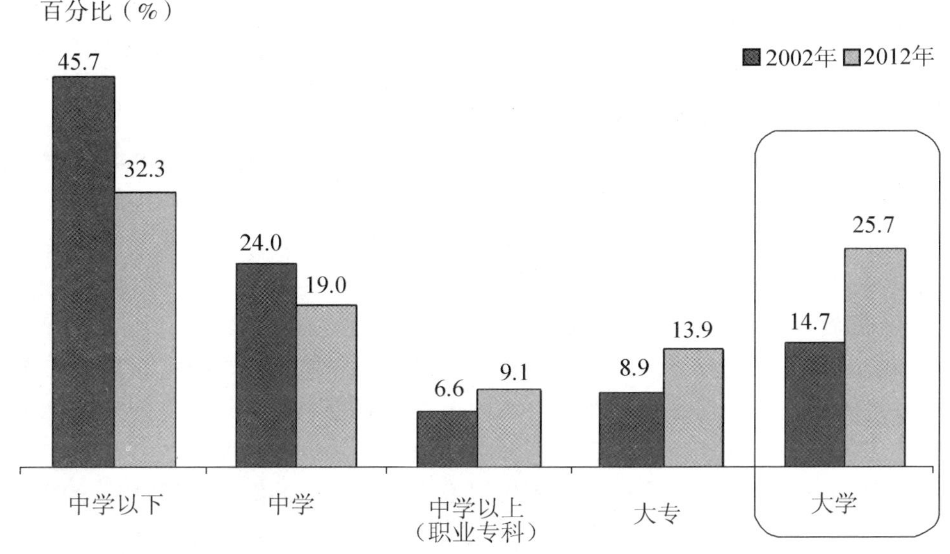

图1－2　2002年和2012年人口教育水平的对比

新加坡教育体系确保所有儿童能接受到高质量严课程的教育。在此基础上，新加坡现在还强调因材施教，为儿童们提供多种教育方式。在高等教育方面，新加坡目前建立了6所公立大学、2所艺术学院、5所理工学院和1所工艺教育学院，为新加坡多元化的经济体系提供了具有不同知识和技能的毕业生。

值得一提的是，新加坡的大专学府和理工学院都要求注重与实际相关产业的紧密联系，并根据国家经济长期和短期发展的需求调整课程。例如，新加坡大学会根据国家经济措施，设定其研究和教学计划；而且会不断复审调整其教学课程，以培养出适合经济发展需要的毕业生。

(2) 继续教育。新加坡同样重视不断提升在职员工的知识和技能。政府鼓励员工参加各种课程，践行终身学习制度。这是基于以下两点理由。第一，知识和技能的不断升级可以使新加坡劳动力的技能适应产业不断发展的要求，尤其是在企业转型到更高一层时。第二，继续教育和培训可以加大职业发展中期员工的工作流动性。从宏观层面来说，继续教育和培训可使员工更加快速灵活地适应经济变化的需要，并且也可以有效降低结构性失业的情况。为此，新加坡政府发起了继续教育与培训计划，作为提升在职员工的主要对策。

4. 政府与人民之间的社会契约

新加坡在政府和人民之间已成功建立起强大的社会契约和信任。这种强大的纽带是早期政府领导者和人民一起为国家抗争独立时建立起来的。在社会层面，也鼓励人们团结一致，互相支持。这种强大的社会契约关系体现在很多方面，其中一个就体现为经济发展中的和谐劳资关系。

在政府的支持下，鼓励工会和公司管理层合作的和谐劳资关系环境已成为新加坡的一个关键的竞争优势。工会、公司管理层和政府三方之间和谐的合作关系使得各方可以一起研讨，并执行落实各项有利于各方及整体经济发展的主要政策措施。

5. 开放且国际化的经济体制

新加坡开放式的经济体制对吸引资本和人才同样重要。同时，新加坡采用开放式经济体制也是势在必行。新加坡本地市场相对较小，必须对外开放市场，以促进经济的发展和兴旺。这也表明新加坡的经济需要保持高度的竞争性，才能与全球市场竞争。新加坡政府也不断积极地鼓励新兴产业的发展，以适应全球市场的需求。

（四）对广东开展建设法治化、国际化知识型经济的建议

1. 整体政府的理念

新加坡政府对经济发展进行了全盘的考虑，意识到经济转型关系到多方面的问题，涉及各种不同的政府职能。同时，这一整体政府的理念对确保所出台的政策从全方位角度考虑且顺利实施是至关重要的。对公务员进行思想和观念的教育和灌输是十分重要的，可促进不同部门间的合作和与其他不同机构合作观念的形成，并朝着同一个目标努力。为更好地形成这样的观念和工作习惯，需要将工作实践与激励机制、绩效考核相结合。由于在经济转型时总会面对各种复杂多样的挑战，广东应该在各层面都加强整体政府的理念。

2. 高质量劳动力的培养

高质量的劳动力是吸引高附加值产业和服务业、建立知识型经济的重要因素之一。培养一个熟练的技术劳动力需要长期的努力，这个过程从正规教育开始，一直到不断地对在职劳动力的知识技能提升的继续教育。对于教育体系的发展，为适应不断拓展的经济需求、培养出与之相适应的知识型和技术型劳动力，政府机构、产业与教育机构之间需要持续的互动和反馈交流。这有利于教育机构的教

育与最新的产业发展同步，并及时调整其教育课程内容。

广东同样可以尝试对在职劳动力进行教育，既可以就其现有工作技能做教育提升，也可以为其提供其他新产业知识和技能的培训。这样的培训可以与教育机构合作，也可以在企业内部进行。对于新兴的产业，应重视海外高端人才的引进，以加快促进该产业在广东的发展，同时促使相关的知识和技能向本地劳动力转移。

3. 支持产业发展的强有力且公开透明的法律体系

在投资者选择对资本密集型产业或知识型产业进行投资时，公开透明、商业友好、保护投资者权益的法律法规体系是其考量的关键因素。这包括知识产权注册的流程和纠纷发生时可提供的法律解决途径。知识产权通常是知识型企业唯一有价值的资产。因此在投产前，这些企业必然需要对其知识产权保障和保护的承诺。由此，在中新广州知识城设立国家知识产权局分支机构是知识产权保护和知识型经济发展的重要进步。

4. 社区建设或者“社会管理”

和谐稳定的社会环境是经济全面发展的重要基石，同时也是吸引其他地区及国家的人才及其家庭的关键因素。有关社区建设的“软实力因素”涉及许多不同的方面，包括物质环境以及确保一定生活质量的设施和服务，如住房、医疗、教育、休闲娱乐设施。这些都可在城市总体规划中加以考虑。

社区建设的第二个方面是在密集的城市环境下为居民提供相应的社会支持网络。随着区域的发展，人口不断增长，社会组织的作用将日益显现，成为联系社区的纽带，可为老幼人群等社会弱势群体提供必要的支持和帮助。政府可以通过直接的资金支持和场地安排等物质资源来支持此类社会组织的发展。政府也可以与这些社会组织合作，共同打造和谐社会。这些措施将确保所规划的发展计划或城市拥有充足的基础设施和社会支持体系，更加宜居。

与社区联系的紧密性一样，员工与管理层关系和谐紧密的城市或商务园区也将会吸引更多的投资者。广东在建立此类政策框架时，需要进一步考虑当地因素，如政府与工会间的紧密联系。

5. 完善商务流程

定期了解学习世界上最好的操作实践方式并持续改进，这对保持世界领先的具有竞争性的良好营商环境非常重要。从长远来看，仅专注于简化商务和法规的流程还不能为经济发展提供长期的优势，必须要不断地回顾和改进已采取的措施。

新加坡目前正在建设一个一站式的业务办理平台，人们可以通过网络与政府部门进行业务办理，而不需要亲自去各个部门办理不同手续，同时这也将个人业务与企业业务分开，提高效率。

6. 与主要投资者保持紧密的联系

跨国企业的外商直接投资对于广东的经济发展仍然重要。目前，已投资的外商公司将会是未来投资的一个可能来源。如果当地政府重视这些投资者的要求，并且能高效地解决其问题，同时也愿意为他们提供进一步发展的条件，投资者将更愿意在已有的投资规模上加大投资。此类原则同样适用于服务行业。该行业的企业同样可以提升其价值链，并为国家带来有利的附加效益。

7. 主要投资者的单一联络模式

采用单一联络的模式，即只有一个主要的联络部门与主要投资者联系，是保持与主要投资者合作长期性的有效方法，单一机构可以更灵活地制定新的措施以实现其目标。

三、统一内外资企业竞争环境，有效发挥外资企业作用

MS&AD 保险集团控股公司董事总经理兼首席执行官江头敏明：广东省作为改革开放的试点，一直引导着中国的经济改革。在中国特别是沿海地区亟待高度产业化、服务化的现在，建议探讨把限定区域的经济发达地区作为特区，构建内外资企业统一的竞争环境，更加有效地发挥外资企业的作用。

（一）广东省引进外资的状况与面临的问题

1. 广东省引进外资的状况

广东省作为中国改革开放以及这之后的应对全球化的试点，在经济改革和经济全球化方面处于领先地位并取得了辉煌的成绩。尤为成功的是形成了以劳动密集型产业为重点的出口导向型工业。由于有优惠政策，广东省在引进外资以及低廉劳动力供给等方面具有优越性，因此，以进行出口的劳动密集型产业为中心保持了很高的经济增长，并在中国的经济发展中起到重要的带头作用。

大量引入资金和技术，促进了广东省制造业的技术创新，提高了企业管理水平，在提高了国际竞争力的同时投资环境也迅速完善起来。但是，以出口为主导的工业化在进入 2000 年中期开始出现遭遇瓶颈的征兆。由于无效率的投资所带来的产能过剩，由于资源、能源的过多使用带来的环境污染，长期的经常性收支

顺差所带来的人民币升值压力，加之一般工人的用工也很困难，员工工资的上涨，原材料和燃料等生产成本上升都使企业所面临的商业环境逐渐恶化，也迫使广东省不得不进行经济结构的调整。

2．广东省进一步发展所面临的问题

改革开放以来，广东省引进加工贸易，有效地利用大量的低廉农村外出务工人员，形成了劳动力密集型、出口型的产业结构，但是，自2000年代中期开始，伴随着工资上涨、劳动力不足以及城市化导致的土地价格攀升，业务环境发生变化，企业难以获得稳定的收益。

（1）竞争优势减少。以往廉价劳动力是作为世界工厂的广东省最大的投资诱因，但是，目前形势已有了很大的变化。2000年代中期以后，劳动力供需压力及政府的增加收入愿望的共同作用，导致作为工厂劳动力基准的最低工资快速上升。同时，中国政府给予中西部地区各种优惠政策，促进经济由东部向中西部转移，使包括广东在内的沿海地区的优惠政策逐步减少，外资企业的投资环境也在发生巨大变化。另外，在中国，企业承担的社保费为工资的40%，也成为给企业经营带来压力的要因之一。

（2）从出口主导型向兼顾内需的成长方式转换。雷曼事件冲击后，出口增长减少，外需的贡献率也有很大的降低，同时最终消费支出的增长及劳动分配率的减少均出现阴影，因而，今后有必要通过提高劳动分配率及扩充社会保障来促进民间、政府的消费支出，以向兼顾内需的经济成长方式转换。

（3）完善法律制度（投资保护、知识产权保护、投资环境的改善）。为了商品制造的全球开展及发展服务产业，必须加入相关国际标准的贸易投资协定。鉴于此，有必要在投资保护及知识产权保护等方面进一步改善投资环境。

（4）外资角度观察到的问题点。

1）急剧上升的劳务成本。过去，广东省的出口产业是由内陆地区的外出务工人员支撑，凭借廉价的工资及可稳定地大量雇用而有优势。但是2000年代中期后，工资显著提升，自2010年后，年工资上涨率超过10%，同时企业需要承担社会保险等，对于外资企业来说企业负担大幅增长。对此，有必要针对制度的修改、废止及运用变更预留充分的缓冲过渡时间。

2）法制运用不透明，频繁而且突然性的变更。此前未曾接触过、接到通知后要求立即执行的事情很多。因而，对于有关重要政策的变更有必要设定充分的缓冲期间。

3）法律制度解释的不一致。法律的表述不明确，导致监管部门工作人员的解释不一致，从而使企业非常苦恼的事例很多，因而有必要进一步完善，避免部门间及工作人员的法律解释出现矛盾。

4）知识产权保护不充分。对于进入中国的外资企业，如何保护自己公司的知识产权是一个很大的问题。广东省政府尽管将技术革新作为高度产业化的支柱，但是在没有进行彻底的知识产权保护的商务环境下，难以进行技术转让，会削弱企业技术革新的动力。技术革新、自主品牌、深化研发都对产业升级极为重要，因此，有必要制定有关贯彻知识产权保护及防止滥用商务知识产权的恶劣行为的措施。

（二）基于日本经验而提出的建议

1. 作为地方振兴的策略，有效利用 FDI

订立像神户医疗产业城市项目那样的长期地区经济发展项目方案，以形成产业群，吸引外资企业。

2. 积极引进外商投资基金，为民间企业提供资金

在中国经济的稳定发展中，必须解决民营企业的资金筹集和信用管理等金融方面存在的问题。资金筹集和信用问题是紧密相连的问题，进行资金筹集时，企业如果没有确立信用就难以对其供给资金，企业如果没有筹集资金的过往经历就无法累积信用。在当今的中国，形成普遍认为可以给有风险但有前景企业提供资金的环境非常重要。

投资基金的优势在于：①灵活的资金筹集；②是支持企业灵活的事业战略的动力；③考虑到企业的内部管控的加强及价值提升，投资基金可为中小企业、中型企业的资金需求、成长及发展起到相应作用。

考虑到中国的金融改革是渐进性改革，所以是否可以把限定的经济发达地区作为特区，为改善环境而引进具有孵化器功能的风险投资基金及地区、企业重组型投资基金。

3. 进一步放宽限制，统一竞争条件

虽然在严峻的全球化竞争中不得不退出市场的企业有所增加，但是生存下来的企业都成为具有更强实力的企业，并有可能在今后的全球化竞争中更加迅速的成长。

近 10 年来，中国的银行、产寿险行业在取得很大发展的同时，各项管制也在逐步放宽。外资银行、寿险、产险的市场份额分别停留在 1.8%、4.8%、1.2%左右。2012 年，尽管实现了产险行业的机动车强制保险的对外资开放及证

券业的 QFII 等对外投资的限制放宽，但是外资依然受到各种各样的限制。

四、透明度与参与度：公开公平营商环境的关键要素

爱立信总裁兼首席执行官卫翰思：中国经济正处于转型的关键阶段。中国迈向市场经济的快速发展是近代历史上最伟大的经济成功案例之一。中国在建设符合市场经济要求的现代法律和法规基础发展方面也取得了巨大进步。为启动当前经济转型和结构改革，监管改革和行政简化被提上了议事日程，甚至已成为整体改革流程的重中之重。在过去几年间，中国中央政府已经大大提高了立法透明度，但仍存在进一步改进的空间。

（一）监管改革对于改善营商环境至关重要

中国在推动符合市场经济要求的现代法律和法规基础发展方面已取得了巨大进展，然而，尚有重大挑战亟待解决。在当今全球化及创新型、知识型的社会发展背景下，中国在计划经济时代设立的一些职能已经无法可持续发展，中国需要进行政府结构和民事服务的重组。

（二）透明度：监管改革的主要原则

有效的改革意味着将完善的监管原则融入监管及其他政策制定流程中，这些原则包括透明度、可信度和参与度。

中国在立法流程透明度方面已经取得了一定进展，并展示了不断提高监管透明度的决心。最近的研究表明，外资企业已享有对劳动法草案、反垄断法及许多行业专门法规发表评论的权利。随着中国法律和监管框架的不断发展，在政府的各项宣传材料中，已可见到越来越多的对提升透明度的要求。中国已经实施、修订并及时公布了有关法律，来促进透明度的提升，并通过官方文件予以强调。政府部门和机构已经在互联网上建立了网站，允许企业界和广大市民参与立法。

中国政府应当把握结构性改革的机会，进一步提高公共管理治理的透明度。透明度和公开性是建立问责制和树立信任的关键要素。凭借问责制和透明的公共管理，中国政府不仅能够提升立法水平和信任度，还能够进一步强化政府对现行经济与政治改革议程的承诺，并提高政策制定和政策实施的质量。公共管理结构的重大改革对中国政府来说的确是一个严峻的挑战。为了确保改革持久的成功，必须培养利益相关方的主人翁意识，如此一来，改革才能真正地通过公务人员的

文化和行为的转变体现出来，而不仅仅只是法律文本上的改变。此外，中国还迫切需要采取积极、创新的措施，使公共政策和服务更加透明、负责任且具备实效，以应对公民和企业日益增长的对开放的公共管理的需求。

（三）对广东的建议

1. 加强公众征询，优化公共治理

公共治理的透明度不仅仅是向公众披露信息。开放的立法流程是透明度的一个基本方面，特别是为所有利益相关方提供参加正式或非正式征询的机会。征询及参与征询的平等性对法规的质量和可执行性、经济活动的效率以及市场开放程度都具有重要的影响。在许多经合组织国家，公众意见被用作一种重要的监管工具，为政府决策提供更多信息，并提高监管的透明度、效率和有效性。这些国家还通过征询公众意见提高法规质量，加强法规合规性，降低政府和涉及公民的执法成本。

重要的是，中国将继续坚持市场开放的原则，改善其申诉制度。开发一系列工具已成为迫切需求，这些工具将能够使开放性转化为改善政府主要活动的具体措施，从而推动问责制发展和透明度提升。

2. 增加网络协作工具的使用，实现开放、亲民的公共治理

公共管理现代化已被公认为是社会发展与经济增长的先决条件。要采用现代信息管理实践流程。目前的电子政务系统可能需要进一步探索如何更好地利用创新的方法和工具，并评估这些创新方法和工具对政府政绩和公共服务的影响。互联网的技术和应用将成为政府实现开放、透明和亲民的公共治理的重要组成部分。它们会变得更加普及，因为它们让公民更方便地发出自己的声音，增加了市民与市民之间、市民与政府机构之间的信息流动，带来更直接的沟通。此外，公共管理部门采用信息通信技术来提供服务，不仅能够促进政府机构各个部门间的有效协调，更能使政府机构和公民的互动变得更容易。

在目前的运营组织框架内，电子政务改革不仅意味着个人和团体能够利用新技术削减人力成本，更能够重塑机构，改变其“隐居幕后式”的运作及与外界的互动模式。很显然，这些简单、符合大众期望的变化，例如企业注册登记手续的数字化“一站式办公”，很可能预示着行政管理流程的彻底变革。因此，开发完全集成的电子管理系统是对监管机构自身的一项深入的、长期的，并且需要付出代价的改革。同时，电子管理的逻辑基本符合“公共管理现代化”的逻辑——这两者都不断地质询和审视政府机构当前的组织逻辑和政策流程逻辑，并致力于增加对市民需求的回应。

在现代公共管理结构改革中，投资人力资本已成为战略实施的核心要素之一。由于改革要求公务人员不断提升技能，因此，教育和培训也是实现改革的重要手段。另外，通过公务人员在公共管理部门之间或是到私营部门轮岗培训，将使改革的大政方针与公务人员的职业发展相结合，有助于政府获得双赢。

3．提供相关政策环境，拓展高附加值服务业

融入全球价值链是中国崛起并成为经济大国的重要原因之一。全球价值链已成为当今全球经济的主要特征。随着技术进步和贸易与投资政策的改革，贸易成本在下降，生产过程已实现全球化、市场更加一体化。从长远来看，随着成本和工资的增加，中国与其他低成本经济体的竞争日益激烈，中国必须寻找到其他的比较优势。因此，价值链上下游其他环节的升级势在必行：上游环节包括研发、设计、制造关键零部件等；下游环节则包括市场营销、品牌推广、客户服务等。这些环节能力的提升将完善中国强大的制造能力，提高生产率，并增加价值。

从爱立信在广东的研发和制造运营来看，我们认为，广东加工贸易升级可以考虑在维修服务方面进一步提升价值。例如，我们希望在中国现有的生产规模基础上，进一步开展为我们在全球的客户提供设备维修服务，不仅维修在中国生产的设备，也能够维修那些不在中国生产的设备。然而，旧的或有缺陷的产品设备运往中国维修却受到了海关监管的限制。据我们所知，这类业务规划受到海关等部门手续限制的企业，爱立信并不是唯一的一家。为了促进服务行业的贸易和投资，政府需要改善海关手续，降低贸易成本，加速贸易流动，才能从高附加值国际贸易中获得更大利益。

五、通过创新提高广东的全球竞争力

BP公司董事长思文凯：30多年来，在中国改革开放和市场自由化政策的支持下，广东依托珠三角地区在国内和国际贸易中的天然优势，实现了惊人的经济增长。广东经济增长的驱动因素是工业化和城镇化进程，增长也造成了一定程度的环境退化。

许多地区都在寻求通过创新提高竞争力，从而实现未来的增长。各国政府在支持创新的政策措施方面往往大同小异。但是，各地区的硬件、经济和社会现状千差万别，在领导层素质及落实创新战略的方式上也各不相同。因此，广东的创新应从广东的实际情况出发，首先需要分析未来的威胁与机遇，特别是研究未来的技术发展态势。

必须注意的是，从变革的速度、研发需求和资本密集度来看，创新的性质在不同的产业部门大相径庭。例如，数码技术每隔几年就在全球范围内更新换代，而今天建造的燃煤电厂也许在今后 50 年内会持续运营且改变甚少。因此，必须采取差异化的方法实现不同产业部门的创新，这也为确定研发投资的重点提供反馈路径。

（一）广东的未来挑战与雄心

在我们看来，广东面临的挑战主要源自广东过去的发展模式——依靠廉价的土地、宽松的环境监管以及来自中国欠发达地区的廉价劳动力，制造用于出口的商品，而这种模式无法持续。

为应对挑战，在中国中央政府的领导下，广东省政府已呼吁进行经济结构改革：提升传统产业并发展先进产业；改善空气质量和水质；进一步建设能源、交通和信息技术基础设施；最为重要的是，积极推动创新，实现从“广东制造”到“广东创造”的转变。为引导经济朝上述方向发展，广东省政府做了大量工作。广东制订了许多发展计划和规划，每项计划和规划都列出了在相关具体领域要采取的行动。

（二）我们对创新和全球竞争力的理解

1. 界定创新

创新常常被错误地等同于发明，因此被局限于科学技术领域。尽管发明带来了主要的技术突破，但创新的范围远远超出了技术。今天，创新涉及社会和经济活动的广泛领域：获取财务资源的新方法、行政当局与公民之间的新型关系、新类型的大众传媒都是各种不同形式的创新。简单来说，创新是利用新思想、新技术、新解决方案和新的管理实践来开展相同或更好的经济与社会活动，从而提高效率并降低成本的一个过程。正是创新推动了人类进步。同时，也正是通过创新，企业得以利用内部和外部资源来提高生产率，满足不断变化的市场需求。基于同样的道理，正是通过创新，一个国家或地区才能建立相对于其他国家或地区的竞争力。

就基于技术进步的创新而言，必须注意到研发活动正日益成为一种全球化活动。现在可以从许多国家，包括这些国家中众多的研究机构，获取融入了技术进步而更加精细的产品。任何地区都不可能，甚至也不应该在技术研究方面保持自给自足，自给自足的封闭环境很难研发出最佳产品。

2. 通过创新提高竞争力

世界银行的一项研究表明，世界上最具创新力的国家也是在全球竞争力方面高居榜首的国家。而且总体而言，一个经济体的创新力越强，其竞争力就越高。这项研究分析了决定一个国家创新能力的共性因素，确定了下列最重要的因素：

（1）竞争性的市场结构。总体而言，竞争性市场结构鼓励创新，因为竞争迫使企业为了维持或扩大市场份额而不断升级产品。

（2）知识产权保护。在缺乏知识产权保护的情况下，开发新知识的企业将无法获得其高额研发投资带来的收益。但是，如果知识产权保护方式设计不当或保护期过长，也会阻碍竞争、知识传播和创新。因此，必须在构建知识产权保护机制方面实现适当的平衡。

（3）人力资源的质量和可获得性。创新流程的长期可持续性取决于能否获得经过良好培训的、致力于开发新技术的科学家和工程师的充足供应。

（4）研发方面的投资。政府和企业界在研发领域的投资对确保创新活动获得充足的资金十分重要。

（5）风险投资的支持。风险投资在创新链的商业化过程中发挥着重要作用。

（6）技术普及推广。技术普及推广涉及技术信息和专业知识的传播以及用户此后对新技术和工艺的采用。对于发展中国家而言，技术普及与推广可能比创造新技术更重要。

（7）工业集群的存在。工业集群是指企业、大学和研究实验室之间形成地理集中之势，在共享技术发展成果、人力资源和信息方面实现协同增效。一个集群内部运转的若干机制可支持创新和创业，例如获取资金的便捷性、对技术和市场的了解以及与协作方的快速联系。处在集群中的企业可直接获得本地化知识、进入专业劳动力市场以及专门的体制支持系统，并利用这些资源来维持基于创新的竞争优势。

虽然上述讨论主要针对国别层面，但我们认为对广东也有借鉴意义，特别是考虑到广东相对于全世界其他国家而言的经济规模。但是，在技术研发方面，通常只有将资源集中于具有持续比较优势的少数领域来进行攻坚才能获得成功。

（三）广东通过创新提高全球竞争力的途径

根据我们对广东所面临挑战的认识，我们认为广东的全球竞争力问题可大致归为两个不同但又相互关联的问题：

（1）广东如何保持竞争力作为外商投资在中国的首选目的地？

（2）相对于中国其他地区和世界其他国家，广东制造的产品和推出的服务如何保持全球竞争力？

创新对于广东维持其在中国增长引擎中的引领地位，继续吸引高质量的外国投资以及在全球竞争性环境中开发和销售更多高端产品与服务等方面发挥着至关重要的作用。

1. 营造一个有利于创新的商业环境并促进竞争

商业环境是企业投资于创新，即新产品和服务的研发和应用的最基本驱动因素。开放而富有竞争性的市场推动创新，后者反过来又提高该地区的竞争力。广东的人均收入和内需规模都在不断增长。满足这一需求为可能疲软的国际市场提供了应变能力。在欧洲，已经有研究建议设立一位主管创新的欧盟委员会专员，专门负责在欧盟范围内消除壁垒，推动创新。广东省政府不妨也考虑这一提议。

2. 继续加大对高等教育与研发的投资

在全球化的世界中，广东需要吸取来自全球任何地方的最佳思想与实践，以提高自身的竞争力。过分关注“自主创新”或“技术自给”会阻碍广东全球竞争力的提高。接受过高等教育和培训的人不仅自己可以创新，他们还能吸收来自任何地方的新知识。可以考虑成立有国际人士参加的广东省科学顾问委员会，来甄别与广东省未来发展相关的技术机遇与威胁，并支持在关键领域定向投资的决策。

3. 鼓励企业将高端活动落户广东

创新很少来自于闭门造车。高质量的对话，例如创造和开发新产品和服务所需的对话，最适宜面对面进行。将企业研发设施与广东的高校及研究所放在同一地点，这样的做法在全球其他地方也称为集群。这不仅能够促进创新，还能够增加省内的高收入岗位。同时，它还能在整个商业周期内提供更稳定的就业，因为研发工作着眼于长远，受短期市场因素的影响较小。

4. 针对关键产业部门制定差异化创新战略

创新的本质具有产业部门的属性。以数码、医药、能源和建筑行业为例，这些产业显然具有不同的研发需求和资本密集程度，资本资产的寿命相差巨大，因而变革的速度也有所不同。一部手机可能只存续几年，而一座燃煤电厂在建成后可运行 50 年。因此，不同产业部门需要不同的创新实践与支持政策。

我们建议针对广东发展至关重要的几个关键产业部门成立产业理事会。理事会由商界和学术界的利益相关方组成，包括国际代表，负责就该产业发展所需的各种政策选择为决策者提供咨询意见。科学进步可以影响到许多产业部门，这些理事会的建议和意见可为政府与企业确定研发投资的方向提供参考。

六、提高行业排放标准，创建公平竞争环境

马士基集团合伙人、执行委员会成员韩明森：海运的尾气排放已经成为大气污染的最大来源。而大型的远洋船舶由于其船舶的规模，构成了海运排放的主要部分。提高整个行业的排放标准，将对广东省人民的环境和健康有着显著和即时的正面影响；通过执行强制性燃油标准，将为参与低硫燃油转换计划的企业建立真正公平的竞争环境。

（一）马士基航运公司的目标和举措

参与《乘风约章》（国际远洋轮船公司为减少对香港和珠三角空气污染所签订的行业减排计划）的公司，实际燃油成本会有增加。马士基航运公司估计，每年成本增加超过100万美元。在香港特区，为帮助参与燃油转换计划的公司免除由此产生的额外支出，政府出台一项鼓励政策，即港口费减免50%。该项津贴，可以弥补清洁燃油转换成本的30%～50%，并且有助于确保公司不会因为使用清洁燃油而遭受经济“惩罚”，也确保污染将不会是一个商业优势。

所以为了成功的实行燃油转换，一个公平的竞争环境是必要的。令人鼓舞的是，香港特区政府已承诺出台强制性低硫燃油转换法规。据了解，如果香港立法会通过，此法规将于2015年1月生效。

（二）建议

创建公平的竞争环境的一种方式是提高整个行业的排放标准。可以通过监管者制定强制性的行业目标、奖励良好企业行为和惩治污染者来实现。我们相信，政府和航运业需要共同协作，解决船舶排放问题。广东省政府和香港特区政府的监管者也将迫切地需要考虑如何通过规章制度、激励机制等支持改善空气质量，至少为使用清洁燃油的公司提供一个公平竞争的商业环境。

我们还建议乘风约章的覆盖面逐步从盐田到南沙延伸至区域内的所有港口，并最终延伸至沿海其他区域，建立排放控制区。为了实现这一目标，我们建议分三个阶段：

1. 第 1 阶段：自愿性减排—奖励/补助

（1）扩展乘风约章覆盖至该地区的其他港口，在船只靠泊港口期间改用低硫燃油或在条件许可时使用岸电。

（2）促使企业加入自愿性燃油转换。

（3）增加政府津贴以更大程度地弥补清洁燃油转换成本。目前，政府补贴可以弥补实际增加成本的 30% ～ 50%，这个不足导致污染企业仍然享受一个显著的优势。

（4）政府积极说服未参与乘风约章的船舶经营人加入志愿行动。（尽可能确保一个公平的竞争环境）

2. 第 2 阶段：泛珠三角“低排放区”—强制减排：补贴合规企业、处罚不合规企业

（1）强制减排。

（2）初步范围可限制在船只停在泊位/港口期间，但适用于所有珠三角地区的港口。

（3）随后的范围将扩大到覆盖该地区海域。这将包括距离珠江三角洲地区海岸 24 海里的范围。

（4）船舶运营商可以提高燃油附加费与客户分担合规所需的额外支出。

3. 第 3 阶段：完全成熟的排放控制区

（1）在整个珠三角地区所有船只强制减排。

（2）在珠三角地区成立排放控制区，和世界其他地方类似（如波罗的海排放控制区、北美沿海排放控制区），应用国际海事组织颁布的法规或标准。

七、优化投资环境，加强企业与政府间合作

大众汽车集团（中国）总裁兼首席执行官海兹曼：行业与政府之间的合作，是建立法治化国际化营商环境的基础。市场经济的核心是自由经济和自我调节性。在此市场模式中，政府的主要职能包括：管理和营造一个充分竞争的市场环境，保证企业自由地进入市场并向所有企业提供公平的竞争机会。与此同时，企业的自主权体现在：选择最适合自己的企业结构，确定并研发具有竞争力的产品，选择最合适的生产地点，制定产品价格、建立相应的经销商网络。

（一）德国实行社会市场经济所创造的营商环境与模式

营商环境是构成德国经济优势的重要因素之一，同时也促进了德国的创新。而社会市场经济的关键就在于：通过经济发展促进社会进步。为了保障工商业的高水平发展、维护有效的法律基础和保护知识产权，政府务必要创造相关的条件，而不是直接干预企业的商业运营和战略决策。

政府在决策过程中，有必要参考专家和行业代表的专业意见。通过与企业领导和各方代表之间的大量沟通和接触，政府能够了解到行业的意见与共识。自由市场经济需要企业和政府双方都具有高度的责任感。新产品需要接受市场的检验，同时需要政府的有效监督和管理，例如，政府需要在法律上制定安全、技术和环境保护等方面的政策，以满足社会和公众的需求。

（二）对广东改善营商环境的几点建议

遵守国际规则、重视竞争环境和保护知识产权，将会促进新的开放、鼓励创新。我们相信大家对此有着广泛认可，今后会有更多"广东创造"的产品出现，"广东创造"未来将成为世界闻名的标签。一个透明、稳定、健全、公平一致并且可预期的法律与政策体系，是实现上述目标的基础。代表不同利益诉求的各方，如果都能参与到政策决策的过程，将有助于政策更加充分和完善。

另外，极其重要的一点是：一款汽车从最初设想到最终出产，需要大约10年时间。同样一个生产基地的建立，也要考虑几十年的生产任务。所以，法制和政策的长期性、稳定性，对于企业的经营发展至关重要，例如机动车的排放政策。这是跨国公司进行长期投资的基础。同时，企业的发展，还需要提供高质量的能源供应、完善的基础设施和宜居的生活环境。

法治化、国际化的投资和经营环境，是一个国家或地区经济健康发展的根本保障，对此我们有4点建议：

（1）法治化意味着完善、公平、一致、可预期的法律和政策。建议广东省政府在制定政策和法律的过程中，应该与行业和利益相关方进行充分的沟通，让各方充分表达意见和看法。在决定实施新的政策、法规之前，请给予企业合理的时间进行准备和调整。

（2）全球化和国际市场竞争，需要广东更加开放，而开放需要与国际通行规则接轨，建设对内资和外资企业一视同仁的公平竞争环境。政府对经济转型和创新的引导，应该通过一致的"游戏规则"来实现。例如发展新能源汽车产业，建议广东给予国际企业和国际品牌同样的机会，通过开放、公平的竞争，提升广东新能源汽车产业的发展。

（3）广东在实现将“广东制造”提升到“广东创造”的过程中离不开创新。创新是推动经济升级和取得长久成功的驱动力。而对知识产权的保护又是创新的基本保障。企业在本地的创新成果是衡量本地营商环境的一个重要指标。

（4）吸引投资需要完善的基础设施和良好的生活环境。基础设施不仅局限于能源和道路，也包括充电设施、高品质的燃油和天然气供应等在未来具有重要意义的条件。空气和水属于所有人，环境保护也同样人人有责，政府、公众和企业应该共同承担环保责任。

八、优化物流及运输软、硬能力，打造世界级物流网络

UPS公司国际总裁吉姆·巴伯尔：中国改革开放30多年来，广东省取得了惊人的经济发展。但广东要实现建成全球现代化基地和国家战略性新兴产业基地这一宏伟目标，则离不开世界级的物流网络和能力。

要成为具有竞争力的区域商贸中心，广东省应该重点考虑以下几个方面：第一，优化总体连接能力，成为战略性中心。将进一步开放航权，放宽跨境直通车限制，提高海关竞争力作为重中之重。第二，出台财政激励政策并提供更灵活的资格标准以保持区域性中心的地位。第三，加强人才管理，维持产业增长。

（一）采用国际最佳做法和优良政策优化增长模式

尽管在过去几十年里，广东省经济取得了显著且持续的增长，低效却威胁到广东作为中国最大制造和贸易中心的地位。广东要实现转型、创新并建成全球现代产业基地的远大目标，就必须重视这些挑战。

持续繁荣始终离不开有利于增长和提高世界经济竞争力的完善政策。世界正处于生产网络和全球供应链不断发展的过程中。通过发展高端基础设施，现代化的边境管理办法，开放外商投资和服务贸易，广东可以打造出吸引产业、外商投资和世界一流的供应链和物流公司的环境。

（二）借鉴国际先进政策、做法，优化物流产业，发展外贸经济

企业通过全球供应链安排商品生产和服务。产品加工及产品增值由多国共同协作完成。企业参与这些供应链的能力在很大程度上取决于政府政策：市场开放

程度、边境管理效率、信息技术能力、运输和物流服务基础设施以及商务环境。即使货物关税为零，面对既高昂又不确定的边界成本和低效及不可预知的物流服务的企业也无法同高效经济环境中的企业竞争。

在全球经济一体化背景下，广东贸易和运输能力与中国整体经济健康发展息息相关。为继续保持领先，广东省内基础设施必须具备世界一流的处理和加工数量庞大且快速流转货物的能力。拥有广州和深圳这两个世界最大和增长最快的港口城市的广东省应率先改革，发挥采取贸易便利化最佳做法的积极作用。

与中转物流中心连接点不同，广东必须配一个功能强大且现代化的基础设施和与之匹配的政策。在宽广的中国版图内投递和接收货物的能力是经济持续增长和进入快速发展新市场的关键。广东利则中国利，利中国之关键在于能够促进包括广东省在内发展的政策。

经济的稳定力、活力和国际竞争力与其迅速高效连接供应链的能力有直接关系。高效的核心是让货物和服务通过充足的实体基础设施自由流通，而且还应有以紧密联系平台为基础的公开高效的供应链信息架构。现代高效的供应链需要灵活的政策，从而使软信息基础设施成为可能，进而实现实体经济和信息系统的同步。不可预测性或低效率中断了供应链运行，阻挠了顺畅衔接。虽然没有十分完美的系统，通过灵活的政策辨别和消除障碍、瓶颈和低效率可以产出数十亿美元的附加值，营造出能降低经营成本、吸引产业和投资以及具有区域领导力的环境。（图1－3）

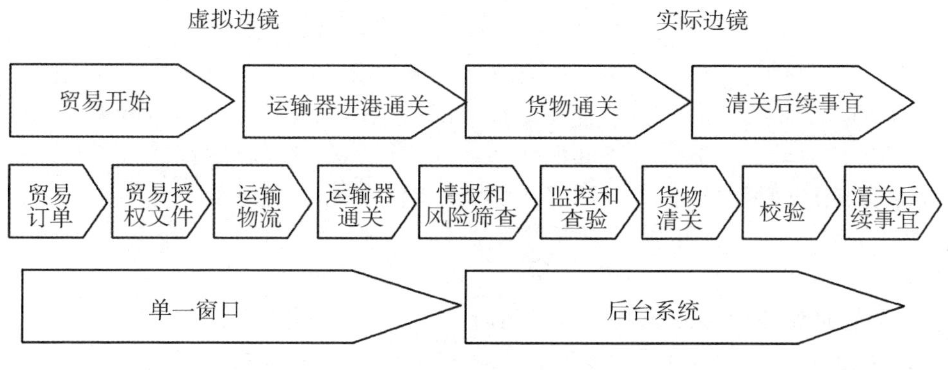

图1－3　边界管理基础设施流程

对于像广东这样的全球进出口贸易中心，三个关键政策有助于优化物流及运输能力：现代可靠的通讯和物流服务基础设施、现代化的边境管理下高效可预测的“软环境”、开放市场准入和减少发展和经营壁垒的商业环境。

1. “硬环境”：运输和通讯基础设施

优良的基础设施是健康经济发展的前提。在内陆市场，买家和供应商距离最近的贸易中心或港口城市数百英里，对深圳或广州这样的大型贸易中心而言，优良的基础设施是深入内地市场不可或缺的条件。可靠的基础设施可以降低采购商、制造商、供应商和零售商的不确定性，以便渗透农村市场或内陆城区市场，并有助于全国各地社会经济增长。(图 1－4)

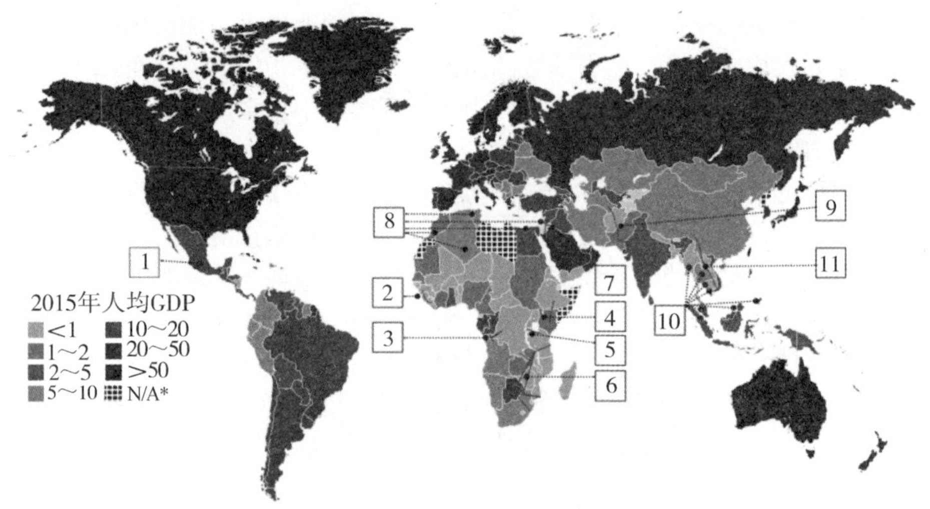

图 1－4 G20 高标准基建设施：典型投资

美国、欧盟和中国有一个重要的共性：需要促进商品和服务自由流通，流通领域不仅涵盖洛杉矶、鹿特丹或广州这样的港口城市，还应包括遍布全国或全区的消费者和销售商。只有通过不断向满足多式联运和联合运输的现代化基础设施投资才能完成这项艰巨的任务。联合运输的投资和协作不仅降低了仓储成本，提高了商业运输效率，而且能不断开辟业务新市场，建立和扩大新供应商及客户群。

2. 通过信息技术畅顺流程和降低风险

基建投资不能仅在公路、铁路及空港，现代物流中心也需要通过先进的通讯和信息技术提高效率和边境内外风险管理能力。几乎世上所有行政部门，无论是政府的还是私营的，都在关注电子记录和电子交易趋势。

许多其他港口未能顺应潮流。现在每艘集装箱货船平均可以装载 3000 多个集装箱，现实世界的“舱单”不是一张薄纸而是1000～2000页与圣经厚度相当的书籍。这些备案录不仅效率低，而且成本高。他们往往需要大量昂贵且可避免的货运和快递服务，而且还会因储藏需要产生租金。

电子记录的优点远胜纸张。电子记录更廉价、更环保而且较纸质文档更便于管理机构储存、查找和检索。电子记录更易标准化、高效传输信息，还能减少企业和政府机构的管理成本及负担。此外，电子记录得益于不断提高的技术可以不断完善流程和促进商贸。企业能够运用风险管理的信息技术，降低成本和不确定性。配有综合电子系统的海关行政管理，可以通过追踪等待时间和管理问题更好地掌握清关延误的原因。或许最重要的是电子记录使得货物申报的快速处理成为可能，从而缩短通关时间，减少边境瓶颈和延误。

但是，《2013年贸易促进报告》指出，仅采用电子货运追踪系统还不够，电子处理还离不开信息技术设施及政策投资。投资信息技术设施和政策能让电子处理达到最佳水平并带来实际益处。两个主要因素促成获利：首先，系统联运操作性、互联性至关重要，尤其是对于被众多不同部委或机构管理的经济体。比如，欧盟的各贸易中心采用通用的高度联运操作技术保持进出口手续的网络具有统一性及可预见性。这样有利于提高效率并为托运人提供更佳的可预见性。其次，所有系统必须足够强大和稳定，能够处理大量信息且不会有过载或故障出现。因系统崩溃造成的反复延误会使电子系统投资产出的效益化为乌有。

3.“软环境”：增强竞争力的现代化政策

繁琐或不可预知的边境管理系统是经济循环系统中的血栓，给发展和连接制造瓶颈障碍。对拥有各类港口和贸易中心的大型综合经济体，如美国和欧盟，实施紧密可靠和开放的政策一直是推动经济发展的核心。灵活的边境政策有助于实现政府部门和私营企业利益。（表1－1）

表1－1　政府部门和私营企业利益

政府部门利益	私有企业利益
降低整体边境管理成本	通过减少延误和信息支出削减成本
加强安全管理	实现更快清关与通关
提高情报与风险管理	规则解释，应用更具可预测性
交易合规性水平更高	资源配置更加高效
更有效地利用资源	提高透明度
更佳的公平性和透明度	

4. 出台交通运输政策并提高广东省与国内外其他城市的通达性

（1）天空开放。国家间的天空开放协议促进了商贸发展，提高了生产率，并提供了高质量的工作机会，从而促进了经济的发展。天空开放协议通过减少政府对商业决策的干预实现了上述成果。这些商业决策能够增加航空公司为顾客提供更舒适、更方便和更高效空中服务的自由度，它们包括航空公司对路线、运输能力、价格的决策。限制货机和客机直接限制了商业的发展，也阻碍中国扩宽并加深与其他国家经济合作的尝试。

（2）海关、贸易便利化。迅速扩张的经济常常被繁琐的、与贸易发展速度和深度不匹配的海关规定和流程束缚。例如监管流程标准化，不同经济政府机构间的协调，法律法规透明度以及对行政程序、法律法规及时准确的披露。（图1－5）

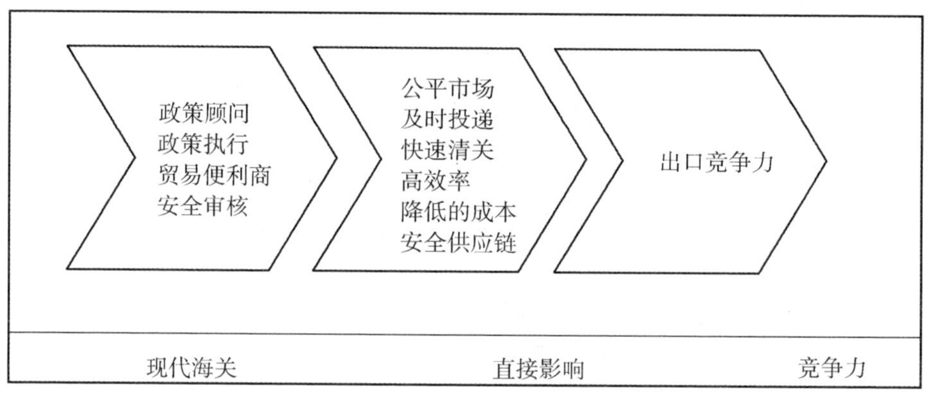

图1－5 现代海关在出口竞争力的作用

（四）广东保持和加强自身竞争力所面临的挑战与机遇

虽然这些复杂问题涉及政策领域且十分宽泛，但有几个不同政策领域可以帮助制定现代化边境管理办法，促进全球商贸流通。通过灵活通用的报关政策促进商贸流通，包括运输前的预申报和后清关核验；通过协调、统一的监管框架降低企业风险和不确定性；调整低货值门槛，使货运过程更顺畅，更简便；吸引投资、行业领军和世界一流物流企业的合作是已被证明有效提高国际商务效率的四个关键做法。

1. 通过灵活的海关申报和估值政策提高商贸流通性

一种提高商贸流量的方法是采用灵活但可执行的进口货物报关和估值政策。这或多或少能实现政策平衡。要求预报关可以提高管理者的风险分析能力并加快货物通关放行速度。但是，如果预报关系统要求信息大大提前于进口或出口，就阻碍了全球化供应链快速响应中的灵活性。

未掌握所有货物海关申报价值时允许放行，货物申报价值放行后再确认。这样的政策能提高业务的确定性并能让商业流通快速且流畅。美国海关署和边境保护局（CBP）采用“到达前处理系统”（PAPS）。当实际货物处于运输过程的不同环节，PAPS 在自动化环境下加速商业货运通关速度。PAPS 通过联通自动化商业环境（ACE）和自动定位系统（ATS）等系统，追踪每票货物的位移。

通过管理策略，最大化地提高边境管理能力和物流速度，提高“低值清关流程”的货值上限，使快递公司承运的货值较小的商品通关更快，也使有限的海关管理资源配置更合理，得以将监管重点放在高货值高风险的货物上。

2. 协调各地海关政策，降低政策风险带来的商业不确定性

在现代快节奏的经济中，贸易繁荣是必然的。如果买家、零售商或供应商能在一个具体时间框架内确定进口清关时间，那他们就对操作和资源分配更有信心。同样，这些市场只有在外部边界共同适用透明的规则时才能正常发挥作用。若监管系统不一致、不统一或不可预知，商业信心则会受损，而且风险管理更难且成本更高。2012 年世界银行物流业绩指数报告预测，运输中不可预知的延误所导致的可信度缺乏，比较长的平均运输时间以及较高的成本对商业更有害。

为了保持在全球范围内的竞争力，还需要实施先进的通信和信息技术战略来实施移动互联。整个欧盟不同的贸易中心采用通用高兼容性技术来维护网络的连贯性和进出口的可预见性。这样的系统还必须有一个具备受理上诉的能力且完整的法律机构，使托运人和海关行政管理等都可凭常规且有法律约束力的先例做出决定。

3. 调整海关低值免税额，使货运流程更顺畅、更简便

并非所有政策变动都是大规模综合性或耗费资金的改革。政府通过较高的“低值免税额”帮助中小企业，即对监管门槛以下，尤其是征收税款低于管理成本的货物免除清关手续。

当前亚太地区的低值免税额千差万别，从 1 美元至 1000 多美元。而全球统一或区域标准短期内很难实现，鉴于人均收入差别及各国需求不一，最低限额标准至少应保证小额交易费用不会过高以至于被阻断。这使中小企业能够加入到全球供应链中，并降低制造成本。

4．引进投资、行业领袖和世界级物流企业

无论是硬件还是软件，在没有客户的情况下只是一纸空谈。必备的基础设施能力和开放自由的投资和贸易政策有助于形成一个良好的商业发展环境，并能吸引更多知名企业在新兴市场的投资。目前，在世界贸易便利化港口中排名第一的新加坡港口，成为吸引外国投资和领先的物流企业的典范。

（五）给广东省的建议

作为中国改革开放的先锋、领先者和中国经济发展的原动力，广东省取得了惊人的经济发展。但是广东仍需要发展硬件、软件基础设施来支撑这些产业的发展。要促进和加快实现宏伟目标，广东应该从以下几点加强其物流竞争力。

1．提高交通运输连接能力

（1）航空连接能力。发展先进的制造业、现代服务业和战略性新兴产业越来越依赖于在全世界范围内迅速且高效地收发大量价格昂贵、时效要求高的货物。因此，广东省通过促成更高程度的天空开放，来继续扩展提高航空连接能力至关重要。给予主要航空公司航权，尤其是第七航权，将毋庸置疑地给航空公司提供更大的灵活性，扩大以广东为中心的航空网络辐射范围，这也将显著地提升广东与世界的连接能力。此外，应该给予货运航空公司关于起降时刻最大程度的灵活性，以便他们能够最高效地满足客户需求。

为了能够更好地与台湾联通，并且考虑到广东省面积广阔，只由广州白云国际机场全权处理所有与台湾之间的定期航空货运服务是不够的。因此，广东省需要有更多获准直飞台湾的机场、处理直飞台湾的货物，如深圳宝安国际机场。

（2）地面连接能力。为了能够加快产业转型和升级，广东省进一步与香港对接也至关重要。然而，企业无法取得香港和广东之间新的跨境直通车许可阻碍了两地之间货物的高效运转。为了能够提高与香港之间的连接能力，广东应为物流公司获得粤港直通车提供更多便利。

2．海关改革

提高国际运输广东省国内航段的效率也十分重要，这离不开海关各部门的支持和协调。广东省应该与其他省市海关进一步合作，为货物转关提供便利。同时，海关应该采用技术革新，并建立风险评估机制，因为海关在国际运输中发挥重要作用，清关时间可能会占据整个货物运输时间的25%甚至更长。此外，因为许多国际快递是在晚上处理，所以海关的灵活性和服务的充足性对广东也举足轻重。

3. 吸引投资

广东应该继续吸引更多的世界顶级物流公司在本省设立区域总部。广东省可以对区域总部设定更宽泛的定义，以便吸引更多的物流公司。现代物流活动包括运输、仓储、清关、信息技术研发、物流金融等。所有在广东注册提供企业支持和与总部相关的区域或者全球服务和业务的公司应该被认知为区域总部。被认定为区域总部的物流公司应该被赋予奖励和更大的灵活性和便利。

从很大程度上说，对企业最大的吸引力，同时也是许多地方无法提供给物流公司的是操作的灵活性。这种灵活性使得物流公司能够最高效地服务顾客。比如，物流公司需要具有在综合办公场所处理国际国内各种货物的能力，这里所指的综合办公场所能够为企业提供操作便利，使得企业能够为顾客提出最有效的解决方案。如果广东能够在这方面率先做出尝试，无疑会为广州作为物流中心在众多区域竞争者中脱颖而出加重砝码。

4. 吸引人才

广东需要扩大物流人才储备以便加强物流竞争力并稳固其作为物流领先者的地位。为了实现这一点，广东应该更多地与行业、大学和研究机构来量身设计培训和教育项目。这些培训和教育项目应该不仅仅局限于培养技术型人才，也应该致力于培养具备物流深度知识的物流专家，以应对不同行业对物流的需要。广东还应该带头提倡并提出创意，比如绿色供应链和电动车辆，并共同赞助论坛或者提供资金来支持旨在实现这些目标的活动。

九、引进外资推动环保商务升级

丸红株式会社会长朝田照男：1978 年改革开放至今 30 余年，中国经济保持了年平均速度 10% 左右的高速发展，实现了飞跃式的经济腾飞，这在世界的经济史上是显著的成果。

与此同时，经济发展所需的煤炭、石油等矿物能源的消费也飞速增长，水资源、空气、土壤的污染、公害问题已经逐渐成为社会不稳定的因素。特别是水资源是地球上所有生物生存必不可缺的物质，在环境问题当中关注度也最高。通过推进水务的民营化来改善资源配置的合理性，既可以减轻行政负担又有助于提高水资源利用的效率。但是值得注意的是，并不是要把水务完全交给市场去做，政府还是有必要进行适当的管理与监督。

（一）广东省现状

水资源在地球上十分丰富，但是其中大多数是海水，我们能够利用的河流、湖泊等淡水资源仅占水资源整体的不到0.01%。再加之最近几年，生活污水和工业废水排放到河流中，使本来就不充裕的淡水资源的质量进一步受到了威胁。

水到底是“公益物品”还是“私益物品”，这个争论一直存在。如果把水看作人类生存最为基本的物质，那么，水的价格应该通过政府人为地维持较低的水平。但是与此同时，想要保障水的稳定供给、污水得到有效的处理与回收利用，政府的财政负担就会加大。如果政府财政状况恶化的话，就会威胁到人民的生活以及生产活动。此外，水的价格过低的话，节约意识下降会造成水资源的浪费导致水资源的枯竭。相反，如果把水看作私益物品的话，价格应该顺应市场供求上升至市场平衡水平。这样人民的经济负担就会加重，贫困阶层很难购买到日常生活所需的水。如何权衡民间资本与政府的职责分工，要具体依据各国的历史、习惯、居民意识来定夺。

●水务民营化的必要性。

中国政府将水处理作为节能环保产业的重要环节，积极引进民间资本参与水务行业。但是在现阶段，向民间资本开放的领域还仅限于生活污水和工业废水处理。考虑到水的公共安全，自来水业务基本不允许民营化，自来水及污水管网都由行政管辖运营。

向民间资本开放了的污水处理等业务，也主要是通过BOT、TOT等方式，有时间限制地向民间资本开放。设施财产的所有权由政府保有，仅通过O&M将运营交给民间资本的形式也比较多。政府拥有水费的定制权，签订特许经营合约以后有些项目不允许提高价费。如果人力成本、药品、电价等运营维护管理成本比预定提高，民间资本就不能获取足够的回报。（图1－6）

（二）推进民营化

与水务民营化较发达的英国、法国、智利相比，中国存在两个主要的问题。第一，对民间资本开放的领域还仅限于污水处理等，今后有必要加大“从点到面”的开放。第二，积极地引进外资，可以有效地加快民营化的步伐。今后，在推进民营化进展中，需要改善这两点。

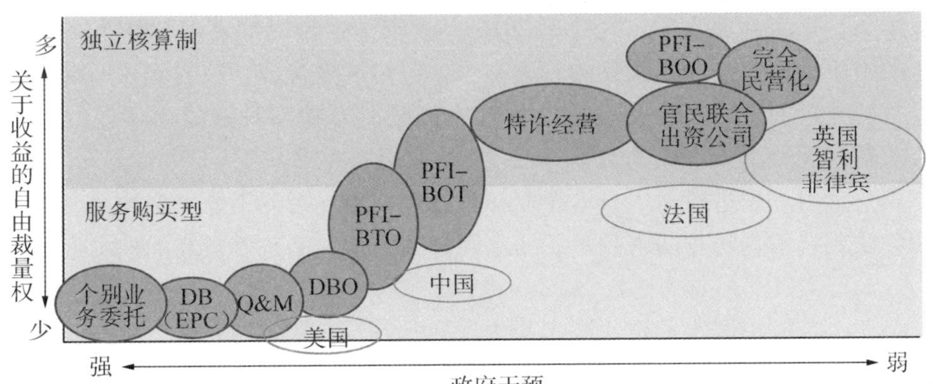

DB：Design-Build(设计–建造)
EPC：Engineering-Procuremen-Construction(设计–采购–施工总承包)
O&M：Operation&Maintenance(托管运营)
DBO：Design-Build-Operate(设计–建造–运营)
BTO：Build-Transfer-Operate(建造–移交–运营，设施所有权的政府Transfer:所有权移交)
BOT：Build-Operate-Transfer(建造–运营–移交)
BOO：Build-Own-Operate(建造–拥有–经营)
PFI：Private Finance Initiative(民间资金的充分利用)

图 1－6　水务民营化形态的变化

1. 扩大民营化领域

不仅仅是污水处理，还包括污水收集管网、自来水管网业务等，对民间资本开放的领域有必要“从点到面”进一步拓展。如前所述，中国目前民营化还限于生活污水、工业废水处理等领域。而相比在民营化较为发达的国家，自来水厂、污水处理厂、自来水管网、污水管网、查表管理、征收水费等全方位服务都可以由民营企业代替地方政府经营。

2. 积极引进外资

在民营化当中发挥主导作用的一般是国内的民营企业，但是外资也有内资不可比拟的积极作用。

第一，筹集长期稳定的资金。开展水务其中最困难的是缺乏长期稳定的资金来源。引进包括丸红在内的外资，可以扩展像亚洲开发银行、日本国际协力银行等稳定的资金来源。

第二，提高管理水平。丸红于2010年投资了安徽国祯环保，作为主要股东之一致力于积极引进国外优良的管理方法，包括风险管理、项目测评、财务模型等。这些先进的手法符合当地市场的具体情况，为提高安徽国祯环保的管理水平、效益状况做出了积极的贡献。

第三，引进先进技术。日本企业在膜处理技术、污泥干燥焚烧技术、海水淡水化、防震技术、防止漏水技术、污水回收利用等方面有着较高的技术实力与竞争力。

第四，支援中国水务企业“走出去”。丸红迄今为止在中东、南美、东南亚等国积极开拓水务市场。今后在与中国水处理企业加深合作的同时，携手到海外发展的机遇也会增加。

（三）深化市场化

中国的另外一个难题是：如何尽量减少政府的干预，给民间资本更大的自由。在中国包括自来水、电、城市供气等公用服务收费都在政府的掌控之下，以相对比较低廉的价格提供给国内居民。但是低于市场价格的价格体系，不仅助长了水资源的浪费，还不利于生活污水和工业废水的处理与回收利用，使水的质量以及水域环境更加恶化。

在这样大的潮流之中，广东省应该继续站在市场化改革的前沿，比如可以开展“公用服务收费市场化综合试验”等试点活动。推进市场化是要使公用服务的价费更加接近市场价格。

中国设施的建设运营交由民间资本，但是水费定制权还是完全由政府掌握。民间资本和政府签订运营合约以后，基本上政府很少批准提升价费。如果运营以及维护管理上成本超出预期，承包企业则很难回收投资，确保足够的利益回报。

在中国推进民营化以及水费的市场化，需要明确水费改定的计算方式、改定条件、改定频度等。既敦促民间资本自己努力消化一部分上涨的成本，又要保障民间资本有一定的收益回报。

（四）转换政府职能

中国政府在积极推进民营化与市场化的同时，作为政府应该发挥哪些作用，有必要重新审视和进行必要的转型。最基本的出发点是权衡水的经济性与公益性，这是政府应该发挥的重要作用。（表1－2）

表1－2　在市场化、民营化进程中政府应发挥的作用

	推动作用（维护水务行业的经济效益）	监管作用（维护水务的公益性）
民营化	① 创造良好的行业市场前景（强化供排水管道建设、促进污水的处理及循环再利用）； ②放宽准入条件（由点向面扩大，推动供排水一体化事业的民营化）； ③适当公开地方政府财政信息，财政情况恶化时给予支持； ④考虑汇率下跌风险； ⑤确保退出途径	①监管民营企业经营行为（包括监测水质、水量、水域环境、是否合理更新设备、有否努力提高效率等）； ②向无力支付水费的贫困阶层提供补助
市场化	适当调整水价	遏制过分收益
其他	① 发生灾害、重大事故时给予支援； ②防止水务公司和地方政府之间滋生腐败	

1. 作为推动主体

政府作为民营化与市场化的推动主体，需要保障水务有合理的利润与回报。民间资本投资水务一般关注以下六点：

第一，政府的水务发展规划。包括供排水管网的构建，生活污水和工业废水的处理、回收利用等，希望能够在政府的规划下顺利拓展。

第二，明确水费改定的规则和框架。水务是投资周期较长的行业，保障民间资本有合理的回报很重要。作为政府有必要明确水费改定的框架，并确保操作的透明性。

第三，适度公开地方政府的财政状况。以污水处理厂为例，所在地的地方政府是服务的购买方，希望能向相关企业适时适当地公开其财政状况。特别是污水处理项目，近年越来越小的地方政府成为事业的主体，这些小规模的地方政府在财政状况上有脆弱的一面，在其支付能力不是很好的情况下，希望省政府在财政上有一定程度的支援。

第四，确保合理合法的事业用地是民营化中重要的经营课题。作为政府有责任向此类事业项目提供合理合法的事业用地，这也是推动民营化与市场化的大

前提。

第五，汇率风险问题。如果出现人民币大幅贬值，外资企业的外汇结算收益会大幅度恶化。但是，同时我们也理解到仅以此为由提升价费在中国很难进行，只是希望在这种情况下省政府能够通过减免税务等给予一定的支援。

第六，确保撤资途径。如果承包了水务的民营企业业绩不好，想要退出该项目，应该保障在法律上和现实的执行当中有稳妥的退出途径。

2. 作为监管主体

政府作为民营化与市场化的监管主体，要确保在水务民营化以后居民也能以合理的价格购买到所需数量的优质的用水。监督监管的项目包括：要适时适度地监视水的质量、数量、水域环境状况，还要监督设备能否得到必要的更新、是否努力提高效率等。

此外，为了确保水的公益性，政府有必要保障支付不起水费的贫困阶层的生活用水。比如，为了权衡援助贫困阶层与促进市场化的两个方面，可以在统一自来水费以及污水处理费体系的同时，订立制度对低收入用户支付水费补助。

3. 作为行政负责主体

政府作为行政负责主体，在自然灾害、大规模事故发生时，应该给予承包运营的民营企业一定的援助。在防止民营企业与当地政府官员之间的收受贿赂等方面，应该发挥政府应有的监管鞭策职能。

第二章 构建开放合作平台

题 解

改革开放30多年，广东经济社会发展取得可喜成果，在相当程度上得益于对外开放，得益于我们构建开放合作平台的探索与实践。早期的经济特区就是对外开放的重要窗口和平台，后来涌现出的经济技术开发区、保税区、出口加工区、高新区等也是我省发展开放型经济的重要载体和平台。在经济全球化深入发展的今天，“开放合作平台”的内涵已经不仅仅限于实体的合作园区、合作项目，还包括高效便捷的合作机制、丰富多样的交流合作活动等，其重要性也随着全球经济活动的日益紧密而不断增强，推动经贸技术交流的作用越来越明显，成为深化全球经济合作的重要载体和支撑。

近年来，广东加大开放合作平台的建设力度，初步构建了国家、省、市支持政策和促进体系，取得了积极成效。广州南沙、深圳前海、珠海横琴三大新区规划获国务院批准，许多先行先试政策正在加快落实。中新（广州）知识城、东莞台湾高科技园、佛山中德工业服务区等开放合作平台建设稳步推进。依托行业协会联合开展对外经贸交流成效明显。与新加坡、泰国、越南、韩国和港澳方面的合作对话机制不断健全。广交会、高交会、加博会、中博会、国际咨询会等展会活动的带动力和影响力进一步扩大。截至去年底，世界500强在广东设立企业达909家；今年前三季度，又在我省投资新设和增资项目78个，投资总额超过40亿美元，其中许多项目就是通过各类交流活动和合作机制牵线搭桥引进的，最终落户在我省的新区或开发区。实践证明，我省开放合作平台是互利共赢的平台，既推动了广东开放型经济水平的提升，又为在粤投资的各国企业提供了广阔的发展空间。

当前，广东经济进入新的发展阶段，按照党的十八届三中全会的部署，我们要加快构建开放型经济新体制，用更大力度推动对内对外开放相互促进、引进来与走出去更好结合，全力打造广东开放型经济升级版，更好地以开放促改革、促创新、促发展。为此，我们将加快构建一批综合性高端对外开放平台，推动更加深入广泛的交流合作。

——充分发挥三个国家级新区的示范带动作用。加快落实国家赋予广州南沙新区、深圳前海新区和珠海横琴新区的政策措施，学习借鉴中国上海自贸区的方案和做法，推进申报设立自由贸易园区。推进外资管理体制改革，探索对外商投资实行准入前国民待遇加负面清单的管理模式，加快投资贸易便利化。重点将金融、研发设计、物流服务、会展服务、人力资源服务等生产性服务，以及教育、医疗、文化等生活性服务的对外开放拓展到新的水平，打造广东现代服务业对外合作示范区。

——加快推进国际合作示范园区建设。依托现有园区，创新开放合作模式和建设管理模式，突出引进发达国家的高端产业、优质项目、先进技术、知名品牌，打造一批主导产业突出、外资来源地相对集中的国际合作特色园区。加快推进中新（广州）知识城、中德（佛山）工业服务区、中德（揭阳）金属生态城、中以（东莞）国际科技合作产业园、中瑞（中山）产业园、中意（云浮）产业园、中韩（惠州）高新产业园等园区建设，推动各地与欧美发达国家合作建设高质量的国际合作示范园区。

——完善和创新交流合作机制。健全各类开发区、园区建设利益共享机制，探索跨国联合开发、引入战略投资者、吸引跨国公司成片开发等多元化开发机制。加快建设我省驻海外经贸办事处，探索将专业性、行业性对外合作事项委托给贸促会、海外广东商会、行业协会等承担。在提升办好广交会、高交会、加博会、中博会等实体展会的同时，着力打造永不落幕的网上展会平台，大力发展跨境电子商务，丰富交流合作渠道。创新引进来与走出去模式，深入开展产业对接、企业对接、项目对接、技术对接等，提升合作层次和水平。

广东在构建开放合作平台方面作了许多积极探索，也面临不少困惑和问题，比如：应该如何高水平地规划建设这些开放合作平台？如何在平台建设运营中更好地发挥市场主导作用？如何在开发区、新区的管理中融入世界先进理念和管理机制？特别是如何借鉴全球先进经验、接轨国际通行规则、加快制度改革创新，高标准高质量推进自由贸易园区等开放合作平台，进一步提高投资贸易便利化水平。

各位顾问所在的国家或地区在构建开放合作平台方面积累了很多宝贵经验，能够从各自不同的视角，与我们分享这方面的思考和见解，这将对广东构建开放合作平台给予很多指导和帮助。

一、合作教育与创新生态系统

卡内基梅隆大学荣誉校长杰瑞德·柯亨：广东经济发展的力量来源于多个方面，包括充满活力不断增长的中国经济以及广东已经具备的制造业实力，而另一个力量来源是合作，从长远来看，合作对于经济可持续发展和成功转型非常重要。

（一）匹兹堡的经验

匹兹堡在过去30年经历了重大的经济转型，因为其主要的工业、制钢和相关制造行业不再具有全球竞争力而崩溃，数十万的工人因此失业。但匹兹堡人非常顽强、坚定，并且善于合作。企业、政府和高校走到一起，重新发展城市经济，聚焦技术发展和卫生保健。匹兹堡吸引科技公司落户，例如英特尔和谷歌。联邦政府、宾夕法尼亚州政府和匹兹堡市政府拨款数十亿美元资金支持研究，研究又进一步转变成新的企业和新的工作。

匹兹堡非常幸运，拥有卡内基梅隆大学和匹兹堡大学这两所世界级的研究型大学。这两所大学在很多研究项目和依托于技术的经济发展上合作之紧密，在其他大学中并不常见。两所大学都鼓励教员和学生将新的想法商业化，创立公司。近年来，教员们已经创立了几十家公司——涉及机器人学、学习技术、卫生保健、数据分析学和能源技术。匹兹堡的成功是建立在承诺和合作上的。我赞赏广东省政府所展现的领导力，广东省致力于促进依托技术创新的经济发展，并将合作作为其战略的关键要素。这次会议确实是合作重要性、省长承诺和领导力的极佳例证。

（二）卡内基梅隆大学－中山大学合作项目

广东省认识到广东省未来的发展需要依靠对工程师知人善任的能力与和世界级学府研究的重要性，省长在2011年咨询会期间签署了关于卡内基梅隆大学和中山大学合作项目的协议。目前，两所大学的合作项目在实践上进展顺利，它是省长战略的一个关键因素，也是国际合作的典范。

卡内基梅隆大学－中山大学合作项目支持电子与计算机工程的研究生教育和研究。该合作教育项目也非常重视以创新拉动经济增长，教员、学生、政府和相关行业通力合作，发明新技术并将其商业化。研究生是这种创新过程的关键角色。他们通过课程学习增长知识，同时在导师的带领和指导下潜心研究。

卡内基梅隆大学－中山大学项目关注广东省硕士和博士教育的能力建设。通过招聘和培训，现在我们已经有6位教员，他们在匹兹堡的校园中工作一年后，将来到中山大学任教。项目将招收硕士研究生和博士研究生，他们将在两所大学中学习并获得两所大学颁发的学位。我们将联合研究集中在电子工程的四个关键领域：自动汽车、微电子机械系统（MEMS）、生物医疗器械以及智能电网和电力系统。卡内基梅隆大学在这些方面拥有强大实力，这些领域在商业上具有重要潜力。这些领域要求不同专业的人才共同合作。例如，自动汽车的研究和发展要求人工智能、机器人学、机械工程、电子工程以及软件和系统工程的专家进行合作。

卡内基梅隆大学与中山大学的合作大部分将在佛山市顺德区的中山大学－卡内基梅隆大学联合研究院进行。在那里，学生和教员将与企业合作，或创办他们自己的公司，将实验室的发明转移到市场上。在卡内基梅隆大学，创新是政府、大学和行业之间的三方合作，这有利于聚焦研究问题和商业化研究成果。我们一直在寻找恰当的方式让行业领先的企业成为我们的合作伙伴——分享他们昂贵和专业的实验室设施，例如洁净室，并将对市场需求的现实理解带到创新过程中。这让我们的教员一直处在前沿，并保持前瞻性。我们发现在探索过程的早期关注商业化能够催化发明，我们期待联合研究院发挥重要作用，让这一切在广东得以实现。

中山大学师生在卡内基梅隆大学学习时，将看到我们创新生态系统的其他要素：

（1）我们有一个技术转移办公室，帮助教员为他们的创意申请专利，帮助他们对接投资者，并且推动他们创办公司。

（2）我们有一项非常简单的知识产权政策：由于大学提供实验室和学生支持教员研究，它们向来可以在发明商业化带来的利益中分一杯羹。卡内基梅隆大学简化政策，规定大学拥有教员创办公司5%的股份。这种政策在教员中很受欢迎，政策实施不久，教员新创办的公司数量就翻了一番。

（3）我们有一个创新和企业家精神中心，提供课程、工作坊、访问讲师、学生创业孵化器，以及其他活动支持对创业感兴趣的师生。我们聚集科学家、工程师和对战略营销以及金融感兴趣的商学院学生，他们通常一起成立公司。该中心也举办商业计划竞赛，学生们为新公司力荐自己的想法，胜出者将获得一定的投资资金。

所有这些要素帮助我们在校园里营造出创新的文化，我们期望这也将帮助中山大学的学生像创新者一样思考。这些项目和活动反映了我们大学的重点，即利用技术专业知识在政府和行业伙伴的支持下勇于创新，提出新问题，或者以新的方式重新思考问题。这一切在卡内基梅隆大学进行着，在一个基于合作、创新和发明的文化中进行着。中山大学也致力于建设一个创新的生态系统和文化，并且这种系统和文化能够适应其所在的环境。

广东已经踏出为未来做好准备的根本的第一步，即承诺创造一个基于研究的教育环境。此环境以解决行业问题为中心，是一张培育人才和发展创新通道的育苗床，使广东省继续成为充满生机的世界经济中心。为继续这种良好态势，广东下一个关键步骤应该是帮助创造支持性的基础设施，使关注研究的教育将想法转变成商业技术和企业，建立起连接大学人才与研究和区域经济、全球经济的桥梁。

卡内基梅隆大学成功营造了点燃企业家精神和创立新企业的环境。现在于大学里创立起来的公司大约有 80% 仍留在所在的地区并继续发展，而 20 年前新创办的公司只有大概 25% 会留在匹兹堡。这种转变来自组织基础设施的建立，提供沃土让诞生于大学的新颖想法蓬勃生长。基础设施提供服务，吸引管理型人才与投资者合作，进行与创新想法融合的市场分析。这些组织也提供种子基金，帮助衔接研究的最后阶段与风险基金和其他商业融资的投资，它们也让现有的公司参与进来，这些公司有实力寻找到新兴企业需要的第一批客户。在广州寻找恰当的方式发挥这种作用需要的路径和形式可能与匹兹堡的不同，但建立这种创新的基础设施能够助燃创新之火，并将使区域中成功的新兴企业实现可持续发展。

中山大学所面临的挑战的本质是如何应对失败。这是研究生和企业家必须学习的一件事。大部分想法毕竟无法实现，或者无法按照一位学生所期待的方式实现。我们在研究型企业中需要学会将失败视为学习过程中的一个数据点。教育者的目标之一是帮助失败了的学生自己爬起来，重新开始。企业家也经常失败，他们需要重新思考他们的做法，或者改变他们的目标顾客，用一种不同的方式制造他们的产品。正如企业家们所说，他们必须“绕轴”转向，抛弃原来的想法，适应变化。所以创新也意味着学会放弃宝贵的想法，朝着一个新方向前进。

二、构建金融区域合作平台，推进粤港经济融合

汇丰控股有限公司集团常务总监王冬胜：广东是中国开始实行改革开放政策

最先发挥先行者角色的省份，实现带领经济改革迈向成功的一页。但随着其他省份陆续发展起来，以及当前国际经济形势变化，广东先前的角色亦逐渐褪色。广东经济其实已经发展至一个需要完全转型的地步，从改革开放以来与香港融合一起发展制造业的第一波已接近完结，应着眼展开融合的第二波，携手发展区域服务业。粤港之间要加紧深化合作，全面开放建构一个金融区域平台，方可提升粤港的经济竞争力。

（一）粤港金融区域平台的构思

20世纪末，中国推行改革开放，香港便逐渐将制造业转移内地，特别是在广东省珠江三角洲地区。利用内地充裕的土地及劳工资源，以前店后厂的粤港合作模式，将珠江三角洲最终发展成为全球制造业中心。粤港在制造业方面的区域融合，以广东省为生产腹地、香港为接轨全球销售市场的出口港，这区域合作模式取得空前的成功。

一如制造业前店后厂的发展模式，粤港的金融融合亦可发挥协同效应。以广东省为腹地，在金融服务中广东扮演前店的销售角色，好好利用及发挥省内庞大的经济储蓄潜能，将广东发展为拥有蓬勃的金融服务业的消费大省。而香港在金融融合中的角色则转为后厂，主要作为研发和引进金融产品的中心，以及作为省内金融业接轨国际市场的枢纽。

香港过往的金融业发展，其主要角色是替中国内地引进资金，提供国际水平的金融服务和市场运作。但现今中国资金富裕，经济亦发展至需要大幅提升内含值高的服务业的阶段。香港的作用因而将转为帮助广东建立金融服务业平台，引导资金外向投资，并协助内地企业走出去。粤港在内地提出开放改革后，第一波的经济融合是制造业，以广东作为庞大的生产腹地，经香港而营销全球。而下一波将是金融业的融合，同样以广东作为腹地，但铺设的却是全省的金融平台网络，疏导资金融通，经香港而接轨全球。

在人民币国际化的进程当中，虽然首先是建立一个庞大而有效运作的离岸市场，使人民币在国际贸易结算、投资和储备当中，扮演一定的角色。但最终的发展还是在人民币完全自由兑换后，离岸和在岸的两个市场得以接轨，才能把人民币国际化推向高峰，真正完全发挥人民币国际化的效用。要达到这个目的，在发展离岸人民币市场的同时，必须大力提升在岸市场的金融服务业，使其达致一个相当发达程度和覆盖面，方能在人民币自由兑换之时，在岸及离岸市场可以产生协同效应，避免出现因两个市场的发展差异，而造成资金大举流动所引起的金融震荡或长期市场混乱等情况。

因此，建设一个覆盖广东全省的金融服务业平台，具有双重意义。一方面是提升省内服务业比重，发展内需市场，令国家经济得以转型升级。另一方面则加强金融基建建设，提供多元化和高质素的金融服务，令庞大的资金潜能得以疏通发挥，为未来人民币全面开放造就稳定的条件。

就构建一个有规模的全省金融平台而言，除本地银行外，应多让拥有国际联系的港资或外资银行进驻及拓展。这一方面可以引进外来先进的研发产品及服务标准，以建立与对外经济相匹配的金融服务业。另一方面借着这些银行的国际网络，提供卓越有效的跨国服务，并建立广东省金融业对外的密切联系。

（二）推进构建平台的一些建议

1. 建立对外开放点

继深圳前海支持广州南沙、珠海横琴开拓跨境人民币业务，形成三点一线的格局以辐射广东主要的珠三角经济领域。容许在上述三地设立的内地企业，向境外的金融机构进行全面的跨境人民币融资活动，包括离岸人民币商业贷款、项目银团贷款以及发行人民币点心债等。企业筹集的资金可以自由投放在广东省内的自营项目。广东省则以此三个开放据点跟香港的国际金融网络接轨，这一方面可以发展离岸人民币业务，推进人民币国际化；另一方面对广东省的金融服务带来竞争，从而提升产品水平及扩大服务覆盖范围，推动服务业全面发展。另外，应容许港资银行设立在上述三个开放点的分行，与省内的分支机构之间，可相互提供跨境人民币贷款或资金调配。容许省内的金融机构，包括在粤的港资银行，接纳境外同一母公司下的金融机构所持有的点心债作为抵押，以获取在岸的人民币资金作离岸银行业务用途。这不但方便有关部门监管操作，而且大为降低借贷的跨境风险，为融通离岸和在岸的人民币的流动资金头寸提供良好有效的稳定机制。在中国迈向开放资本账户的目标之下，广东可率先在粤港澳自贸区内实现有限及可控的资本账户开放，为未来扩大开放范围及地域，打下坚实的操作及营运基础。

2. 拓展省内金融平台

大幅扩展港资银行在广东省内增设异地支行的经营网络。在遵从国家的金融监管及风险管理要求下，以先行先试的模式放宽或减免这些支行的营运限制及商业税项，务求在省内铺设庞大的和接轨国际的银行网络，增加省内金融服务的普遍性及多元化，对中小企业及个人提供便利及高层次的金融服务。这些网点不但作为银行金融产品内销的窗口，还是内地企业进行对外交易及融资的接触点。在公平竞争的市场原则下，让港资银行根据市场需求而自行决定分行数目及经营地点，以真正切合省内客户要求。这样，银行才有正确的市场诱因去加速扩展其经营网络。国家政策已经逐步迈向利率自由化，全面的市场运作却迫在眉睫，容许更多港资或外资银行在粤扩张，只会令广东省的金融服务业更具竞争力。在保险业方面，容许香港保险公司以营业机构形式进入，提供全面的保险产品销售及顾问咨询服务，以提升内地保险业的竞争及服务素质，以及促进多元化的产品销售。除落实《内地与香港关于建立更紧密经贸关系的安排》的补充协议附件十之下，“为符合资格的香港保险业者参与经营内地交通事故责任强制保险业务”外，应更积极考虑开放省内其他保险经营业务范围给予香港保险公司，藉以在省内建立全国最庞大的一般险和寿险市场。并容许在粤的香港保险业为跨境保险提供全面的客户后续服务，如跨境支持及申诉索偿等。另外，应考虑开放省内保险代理业务，推行粤港双方保险从业人员专业资格互认，设立投诉调解机制，令保险业销售专业化。

3. 融通对外金融联系

在先行先试的框架下，试行有限度的个人境外投资自由行计划，支持粤港两地证券公司开展合作。一方为省内个人境外投资者提供结算、交收及信托存仓等安排，而另一方则查核投资者背景，做出资金来源等尽职调查，以提升省内监管水平至国际要求的层面。容许未来在粤港资的全牌照证券公司，为省内投资者提供跨境投资服务。尽快落实两地交易所挂牌基金及其他基金产品互认，让省内投资者自由买卖该类产品。而两地监管机构应统一监控互认基金的质素，及共同处理两地投资者的申诉。要建设高质素的金融服务业，除有良好的金融基建平台及监管外，所依靠的是大量在不同领域的金融专业人才。培养足够的人才是发展服务业的先决条件，但若能引入及留住外来专业人才，不仅为省内人才供应提供弹性，更带来国际操作文化，令产品及服务迈向国际水平。一方面，广东应率先完全落实粤港金融及相关行业，如会计、法律合规等的专业资格互认。另一方面，参考新加坡及香港的模式，增加调拨资源以建立外来人士居住的相关配套措施，如国际学校、私营医疗、外籍人士社区等，以期吸引更多外来专才，建设更好的金融服务。

若构想中的粤港金融平台确立，则应大力对外推广宣传，以期吸引高质素的企业及金融服务机构，进驻广东营运以建设多元化的服务业。广东省有关的机构或部门，可考虑联同香港的金融发展局、贸易发展局等，共同推广粤港金融及贸易服务，特别是上述所提议的前海—南沙—横琴特别开放区和港澳间相关的离岸人民币业务。

构建粤港金融平台，不仅对广东省的服务业提升，以及内地整体的经济转型，有着莫大的贡献。而且，对未来国家开放资本账户，实现人民币完全自由兑换，亦提供十分有利的运作条件。但在建构平台当中，一定要抱着大胆创新的精神，以先行先试的政策态度，有条不紊地逐步落实一些破格的措施。广东的经济实力本就相当雄厚，要发展成为先进金融服务业的腹地是有着绝对的条件。配合香港作为对外的金融枢纽，实行中国改革开放以来第二波的粤港经济融合，相信粤港不难成为在区内，甚至在国际上一个举足轻重的经济区域。

三、深化国际合作，打造清洁高效能源强省

法国电力集团董事长兼首席执行官亨利·普格里奥：作为中国经济改革的先驱，广东目前正处于一个面临抉择的关键转型时期。实际上，这个中国的经济大省在经济、环境和城镇化等方面发展也不平衡。面对挑战，广东省政府制定新的战略，将以能源为轴心的绿色增长作为振兴全省发展的关键。能源基础设施建设需要巨资投入，只有长远规划才能确保能源政策的逐步实现。为了实现这一目标，现阶段广东省正在积极拓展并深化与国际公司的交流和合作。

（一）如何做强广东核电

就低污染排放的能源而言，核电在竞争力和供应安全方面独树一帜。正是因为这些优势，核电在广东省的低碳战略里占有独特的地位。2011 年 3 月发生的日本福岛核事故震惊了全世界。事故之后几乎所有拥有核电的国家都立即开始反省本国的核能政策。中国暂停了核电新项目的核准，并对所有核设施进行了一次全面安全检查。检查报告显示，没有发现重大的核安全问题。中国政府发布的《核安全与放射性污染防治“十二五规划”以及 2020 年远景目标》，不仅详述了核安全的相关工程和管理，还阐明了未来核电项目应满足的主要条件。所有这些措施都凸显了中国政府和核电业界在核安全方面的严肃性和专业性。

然而，严重核事故的风险加剧了公众对于核能的担忧。在一个大众传媒高度发展的社会里，信息无处不在，事实本身往往是不够的。谁传递消息，通过何种方式传递，有可能比传递的内容更重要。核电业界认为，如果人们能够更好地了解核电信息，他们支持核电的可能性就更大。因此，重视通过互联网、媒体接触

和对话等途径加强公众认知非常关键。

就全国而言，在中国未来核电发展中将起重要作用的内陆核电项目，也可能由于公众的不信任而受到影响。福岛核事故加重了公众的担忧以及对于内陆核电厂的抵触。此外，核电项目越是接近城市，公众的反应也会越激烈。因此，做好公众接受方面的工作是关系到国家在核电领域全局发展的关键性举措之一。做强核工业需要有一个相应的核电建设规划。广东面临的另一个挑战是，如何打造一个涵盖设计、制造、建设、调试、运营、拆除等核电站全寿期的区域性产业体系和相应的监管机制，以保证核工业强劲和持续的发展。

1. 广东面临的挑战

挑战1：公众参与核电事务是改善公众对于核电接受度的重要条件，也是保证广东省核电工业平稳发展的关键。

（1）公众咨询。一个核电项目在技术部门建议的基础上由政府或监管机构做出决定，而后告知公众，以期得到公众对决策的理解和支持。然而，这种试图说服人们接受这些决策和技术及其蕴含风险的沟通往往会被看成是在操纵民意。由此我们可以看到，传统的依赖政府或专家而缺少公众咨询的决策过程有其负面的效果。通过一个透明的方式尽可能快地和当地利益相关方接触沟通是必不可少的，并且最好能采取明确的态度、易懂的语言以及灵活的立场，而且采用直接和个性化的沟通方式。

（2）沟通。新闻媒体从来没有像今天这样成为大众的重要信息来源，这就要求对核电计划和建议做出准确的报道。长期发展起来的沟通手段能让核电企业更积极、直接地参与到公众的核文化的理解和培育中来。另外，也强烈推荐发言人培训，让他们善于将复杂的科技信息转化成公众通俗易懂的语言。核电公司还需要懂专业的人来回答媒体提出的问题。让内部员工来接受这些培训，因为他们是核电厂最好的代言人。

（3）地方社会经济计划。人们也非常关心围绕核电项目的社会、政治和经济问题。因此，给地方带来实惠以抵销社区感受到的风险也是增强公众接受性的一个途径。运营商应在项目前期就深入了解当地情况，并且评估如何在项目进展的同时让地方得到发展。

（4）跨境合作机制。由于核电站不容忽视的潜在风险以及公众对于核设施的极端敏感性，各国都有切身利益来加强跨境合作。跨境合作的一个重要方面是当处于边境的核设施发生任何异况时进行实时的信息沟通。法德两国有一个专门协议负责此事。及时无误地告知邻国主管核安全或者公众关系的机构任何发生的异况以及其评估是非常重要的。这样他们可以视情况快速回应和向公众提供专家的信息并且有效地应对任何无端恐惧和无根据臆言。同时为了在一个突发异况下跨境沟通不受干扰，法德两国负责公众关系以及灾难预防的主管机构间架设了专门的永久性电话线。

挑战2：通过一个有效的工业组织模式，持续改进在开发、在建和在运核电站的设计安全标准体系，增强核安全。

所有广东和中国的核电站通过吸纳包括福岛事故在内的最新的经验反馈都能满足最高的安全标准。今天中国已经拥有几十台在运营在建的CPR 1000及其同类机组，并且正在寻求发展新的堆型。中国核电可以通过改进在运营电站的安全性以及未来电站的设计，将寿期延长到至少60年，这些电站因此可以变得更安全和更高效。一个合理的工业模式也有赖于国际合作，特别是在核电规范与标准方面的合作，以提供更好的安全保证，为中国产品走出国门打下坚实的基础，以及为未来在国外开展联合项目铺平道路。

2. 对广东应对挑战、做强核电的建议

核电在广东省能源结构中占有重要地位。核电要取得长足持续的发展，公众接受是关键。广东省作为中国核电发展的先驱，可在公众接受性方面为全国做出表率，保障核电的可持续发展。加强公众接受性方面的工作可以通过采取下面一系列措施和行政工具，来增强核电透明度和公众的参与。

（1）公众需要知道核电项目决策有一个清晰、开放、透明的程序。独立检查的存在和信息透明（地区信息委员会、监管机构、专家以及独立的实验室）对于获取公众的信任至关重要。

（2）采取咨询以及公众参与核事务的方法有助于推动公众对核电项目支持。核设施的接受度取决于向所有利益相关方的及早咨询，并且这种咨询在核设施的整个寿期内都应该持续进行。

（3）建立一个通过不同的媒介实现的全面的沟通策略，改善公众对核电的信任度以及接受性。

（4）在整个电站的寿期，制定一项地方社会经济计划伴随每一个核电项目，可以成为获取公众支持一帖良方。当然，为了获取最优的效果，当地政府还需要能够解释清楚核电项目对老百姓可以带来哪些切切实实的好处。

（5）来自相邻地区的媒体压力和公众意见不会因地理边界而被阻断，并且可能对核电发展产生重要影响。当新建核电站地处与另一省份相近时，特别是像香港这样的特别行政区，成立一个省际区域性联合委员会或者联合沟通机制能够改善该区域核电项目接受性。

（二）推动燃气发电，走广东省清洁能源发展之路

1. 广东能源现状

广东省在全国燃气市场中发挥着举足轻重的作用。2006 年，中国第一座液化天然气接收站在深圳建成，从而奠定了广东省在中国液化天然气市场中的战略地位。此外，凭借拥有占全国 1/3 装机的燃气电厂（占全省装机 15%），广东省也在全国天然气发电市场中占据主导地位。据预测，2020 年广东全省燃气发电装机将达到 2000 万千瓦，但适用于燃气发电可持续发展的有效机制仍然在国家发展和改革委员会的研讨之中。

2. 燃气轮机联合循环发电（CCGT）对广东的意义

由于发电成本较高，单循环燃气轮机只适用于尖峰时段运行。与此不同，燃气轮机联合循环 CCGT 技术具有能效高、营运成本低的优势，更适于基荷发电及出力调节。在灵活性方面，CCGT 可在一小时内启动，并可在降低负荷的情况下保持较高的效率和环保性能。此外，众所周知，CCGT 比煤电更环保，因为它们不会产生二氧化硫，每度电产生的氮氧化物仅为煤电的 1/3。CCGT 还是应对气候变化的一个有效的工具，因为它们的碳足迹低于 400 克二氧化碳/千瓦时，不到煤电的一半。最后，CCGT 也可适用于热电联产，热电联供可以更高效地满足各城市和工业生产大量的供热需求。

3. 广东燃气轮机联合循环发电面临的挑战及发展建议

挑战：燃气轮机联合循环发电的可持续发展亟须政策框架。

根据广东天然气“十二五”规划，有 20 多个 CCGT 发电项目已经核准或将在此期间获批。然而，截至目前只有 5 个项目开工建设，似乎此类项目很多都面临着如何建立可持续商业模式的困境。基于法电的观察，主要难点如下：

（1）上网电价受到政府严格监管，且电价不能随着气价波动做出及时的调整。没有现行传导天然气价格波动风险的机制。在此背景下，相对较高的天然气价格，或气价上涨的预期，没有可行的能确保 CCGT 发电项目投资回报的解决方案。

（2）CCGT 发电项目所需气源很难得到长期稳定的保障。

（3）电网需要 CCGT 发电厂提供出力调节一类的电力系统服务，这就意味着电厂需要保留部分发电容量，但此容量却得不到相应的补偿。这种操作模式较昂贵，因为它需要频繁地调节负荷变化，比负荷运行的设备更容易磨损。

（4）目前的政策没有将 CCGT 发电的环境效益考虑进去，如零二氧化硫的排放量，以及相对煤电来说较低的碳足迹和氮氧化物排放量等。

4. 对广东推动燃气发电的建议

在政府层面制定和改善政策框架，与不同的利益相关者一同来起草天然气发电规划，建立创新性的市场规则，将联合循环燃气轮机发电项目的特异性，环保效益和市场尚未成熟的性质考虑其中，从而制定出有利于天然气发电长期发展的政策规划。

（1）与广东省天然气管网公司、南方电网、广东电网公司以及广东省有关当局如省能源局、省环境保护局等一起建立 CCGT 发电项目规划，并组织相关的招标活动。根据天然气基础设施、电网限制和热负荷区的分布尽可能地优化 CCGT 发电项目选址。

（2）制定一个相对公平的电价定价机制，充分考虑气价水平、潜在的价格波动等因素，保证 CCGT 发电项目的投资运营和可持续发展。电价机制有如下可能：标杆上网电价和优先调度可在以热电联产的 CCGT 项目上实行；用于出力调节的 CCGT 发电项目采用两部制电价（容量电价 + 电量电价）。

（3）根据不同的燃气发电技术来定义不同的操作模式和服务类型：靠近热负荷中心，采用热电联产模式，利用大容量的 CCGT 发电机组带基荷或腰荷；单循环燃气轮机用于尖峰时段运行，联合循环发电项目可用于基荷或出力调节。

（4）通过制定相关法规，加强天然气供应的安全性和提高供气商的履约率。保障供气合同的履行，可以为投资者带来更好的市场预期。

（5）制定电价时考虑 CCGT 发电项目的环境效益。

（6）鼓励 CCGT 发电运营商与燃气轮机制造厂商（如东方）的合作，以提高质量，优化成本。

这些措施有助于天然气“十二五”规划的实施，同时确保 CCGT 发电项目的作用得到充分的发挥。从长远看，天然气市场及其基础设施逐步放开打破垄断，也将促进竞争，有助于气价降低，逐步增加联合循环燃气轮机相对于燃煤发电的竞争力。

（三）低碳城市：能源为核心

1. 广东城镇化的挑战

广东正在逐步建立一个有效的多层次合作体系，并形成一个重点突出、拥有配套措施和各种独特优势的地区发展新模式。然而，与世界上大多数发展迅速的经济体和城市群一样，快速的城镇化和迅猛的经济发展也带来了严峻的挑战：城乡发展不平衡、社会缺少对流动人口的包容以及生态资本的退化。

在讨论城镇化率时，我们需要看到，若按照现有的只统计人口数量的城镇化率计算方式，中国的平均城镇化率可达到50%；然而，城镇化率也是对享受医疗、教育、社会和经济服务的程度的评估，若将这些因素考虑到城镇化率的计算中，中国的平均城镇化率则仅为35%，也就意味着近1/3的城镇居民未能享受城镇化带来的生活条件的改善。中国有关城镇化的统计应该做出重大调整。低碳城市的模式可促进对能源的整合与配置，促进建立低碳经济和低碳社会。合理实施低碳城市的模式有助于提升城镇化质量，在保持经济发展的同时改善自然环境，并确保社会和谐与融洽。

2. 低碳城市：定义和可测性

碳排放涉及城市中发生的几乎所有活动，因此，要从系统的角度去理解低碳城市的概念。实际上，低碳城市理念覆盖了许多与可持续发展有关的基本概念，一般来说低碳城市是低碳经济和低碳社会的统一体。核心是用较少的城市资源提供更多的高质量产出，从而促进经济发展、改善生活条件和保护环境。事实上，中国城市系统已开始采用低碳概念，在分析中国当前的低碳城市指标体系时，可以发现100多个指标已被使用或建议，不过只有少数指标与碳排放直接有关。涉及社会和经济的指标相对较少，大多数指标与水、能源和空气有关，这也反映了当前中国城市的迫切需求。

在确定低碳发展模式过程中，必须首先对城市的碳足迹进行评估，全面了解能源、建筑、运输、公共服务和工业等能源消费结构及其主要特征，随后制定相应的计划和指标体系。能源是低碳城市的核心，关系到城市的各个领域。因此，要密切关注各领域的经验反馈，并利用对信息数据的整合实现多领域的协同互动。制定相关规划的目标应该是既雄心勃勃又切实可行，借助恰当的指标体系和不同的数据评估框架，根据不同城市的具体情况设定特定目标但又具有和其他城市的可比性。最后，低碳发展应基于政府规章制度和国家社会经济发展规划的框架，制定长远的发展目标。

3. 节能建筑和城镇密度

低碳发展中一个最基本和首要的问题是减少能源消耗，提高能源利用效率。建筑的能效需要从两个层面上分析：建筑物本身及城镇层面。只有在建筑节能规划中合理地整合所在城镇的信息，才能在节能实践中获得突出的效果。城镇密度和微气候是城镇层面上两个关键的因素。

依据首批绿色建筑试点的经验反馈，中国公共建筑和居民建筑节能标准正在规划和制定当中，这也将逐步地影响建筑设计和建筑施工。然而，从一般建筑实践转向为先进的节能建筑实践的过程仍然漫长。除了技术创新之外，还需要进行体制改革、完善建筑规范和改变人们的生活方式。随着低碳城市发展的推进，低碳经济和低碳社会相伴而生，而人们生活方式的改变是低碳发展的主要动力。由于人们的环境意识仍然淡薄，能源价格仍然偏低或没有体现能源生产成本，开发商和用户之间存在较深的利益冲突，因此，不少市民不愿改变固有行为，不关心其房屋的能效，不愿投资购买或租赁节能设备。由此可见，自上而下的节能政策必须通过自下而上的具体措施得到落实，且二者之间需要相互配合执行。在节能政策的制定或实施阶段，可以通过基层组织和自发群体的积极作用，整合居民社区资源，为政策有效的推进减少阻碍。例如，推广能源分时计价和阶梯计价等更多与智能能源系统有关的创新性解决方案。需要强调的是，通过有效的公益宣传和教育手段，市民本身可以成为“低碳生活方式”的倡导者。

在推进低碳城市发展的过程中，需要合理地规划城镇密度和城镇形态，并将其与微气候相联系。城镇密度对建筑物能源需求的影响是复杂甚至是对立的。城市中心高度集中，土地利用密集有利于能源分配和运输系统的设计，但拥挤的状况可能会造成交通堵塞，破坏本地微气候，甚至产生不利的社会影响。若未经科学的规划，过分追求密集度，则会产生许多不利的效果。例如，集中的高楼大厦会阻碍城镇通风，使已有的城市热岛效应更为恶化，从而增加空调的使用，消耗更多电力；自然照明也会因遮挡减少，从而不得不使用更多电力照明，由于照明产生的热量导致使用更多的制冷能耗；另外，在密集的城镇区域中，用于收集太阳能的屋顶面积通常较小，从而限制了可再生能源技术的使用。居民和商业区过大的人口密度和集中度可能导致公共交通效率降低，对于处在发展中的城镇郊区，则影响更为严重。

建筑节能设计不能独立于城镇规划而进行，二者需要紧密的协调，否则很难实现真正地降低能耗，因此城市规划部门需要配备更为先进的集成度更高的信息系统和工具，对本地气候条件、过去和近期的城镇形态和居民行为进行更多的深入研究，充分了解各因素之间的相互作用关系。低碳城市发展应采用整体解决方案，不能是单个技术的简单叠加，且必须是跨行业和跨领域的交叉发展。分布式能源方案也应遵循类似的原理。

4．分布式能源：区域供冷

在炎热的夏季，建筑空调供冷是市民生活的依赖品，现今大多数城市供冷是通过个别或分散的暖通空调系统（HVAC）解决的，电网的负载较大。区域供冷系统（District Cooling Systems 或 DCS）提供了一个更加高效的供冷解决方案，通常由制冷（Chillers Plants）或冷热电联产（Combined Cooling & Heating Plants）两种方式供能。区域供冷系统有助于改善能源结构，提高能源供应安全、能源效率和土地利用，并且是一种更为环保的能源生产方式——所有这些都可为低碳城市发展带来重大贡献。需要特别说明的是，当区域供冷系统与恰当的储能技术相关联时，对电力负载管理可以起到更为积极的作用。区域供冷系统是当今能源界热门的话题之一，可为城镇节能规划带来很高的经济价值。其中冷热电联产大多应用于具备连续热能需求的工业园中，相关的供冷生产只作为一种增值服务。冷热电联产大多使用燃气作为原料，燃气的定价是投资者和运营商关心的主要问题。只有定价的长期透明，才能确保该技术的广泛应用，从而达到优化能源结构和稳定电力供应的目的。相反地，单制冷则不限于在工业园的应用也不受限于燃气供应。如果使用制冷并配以储冰技术，则可为区域供冷带来更大的潜力。

两种技术都涉及一个共同的议题，就是采取何种商业模式可保证项目的成功融资和运营。初始投资较高，融资方式单一，无法从供暖和供冷服务中获得收益。目前，自筹资金和 BOT/BOO/BOOT（即 B——建设、O——拥有、O——经营、T——转让）是采用的主要方式，只能由大型集团或企业完成。为加快区域供冷系统的发展，可以采用其他方式，如 PPP（公私合营）、ABS（资产支持型证券）和 SPV（特殊目的公司）。区域供冷系统项目在启动初期较为困难，风险较大，需要协调与配合的部门众多，因此还需要政府的大力扶持。

政府的扶持政策包括给予企业财务激励：一方面，必须确保有利的燃气购买价格和电力销售价格，促进冷热电联产项目；另一方面，区域供冷系统的关键设备造价昂贵，许多部件需要进口，因而政府可通过制定专项支持计划，例如省级的税收减免或专项资金拨款为设备投资提供补贴等，来降低企业投资成本并提高此类项目经济性，吸引更多的投资商。总体来说，区域供冷项目在中国仍处于论证阶段，需要同时具备电力和热能方面知识和经验的人才，这在中国企业中似不多见。区域供冷在发达国家已经趋于成熟。外资企业可在提供专项技术、人才培养和投资方面起到积极作用。另外，需要指出的是区域供冷关键设备的市场份额目前仍由外国公司控制。广东省具备燃气基础设施、市场型经济和利用国际专业技术和资金的优势，因而可以考虑将区域供冷作为其低碳发展的首要策略之一，成为该技术在华南地区的重要标杆和参考。

5. 工业领域：能源自主的工业园

在低碳发展中，降低工业领域的能耗强度是首要问题之一。研究表明，广东省的产业结构调整已表现出积极效果，第二产业和第三产业成为当今最具改善潜力的领域。为了有效地改进工业领域的整体效率，强有力地推动创新型低碳城市发展，有必要提出一个更为集约和高效的模式：独立工业园区。

中国的工业园类似于乡镇即工业、商业和居民活动等共存。这样一种互补的能源消费结构更适合应用分布式能源及可再生发电技术，并可通过余热利用、废料回收等来提高产能利用价值，由此实现工业园大部分的能源自给自足。能源自主工业园的重要特征是具备控制中心和微型电网，借助这些技术可以将上述多元化的间歇性能源生产方式高效地整合和管理起来，其中信息和通信技术作为骨干设施是必不可少的。然而，能源自主工业园的实施并非如此简单：现有政策上区域分布式电厂不易获得建设和运营许可，且在技术可行性上需要进一步实践论证。

为了发展此类项目，可以适当调整广东省能源法规，澄清工业园区内各种能源设施的运营权和归属权等相关规定。在保证能源自给的同时，工业园需要与更大的区域进行双向的电力或热力/冷力等能源交换；改革价格机制，确保参与此类项目的运营商具有经济和法律上的保障。如果该模式可行，工业园将可以为更大区域范围的电力需求响应和智能电网解决方案的实施储备反馈经验，从而推进整个城镇的智能能源网络的建设。包括运营商、生产商，甚至信息和通信技术供应商在内的所有参与者之间的共同协调仍将是一个重大的挑战。

6. 智能能源

智能能源系统在可持续性的城市发展中有着重要作用，它符合城市发展的各种新趋势，如新能源利用、基础设施节能和污染物减排等。借助于信息和通信技术的原理，智能能源网络综合了各种“智能化”的局域电网解决方案和主动需求侧管理的理念。这些新技术可以帮助优化现有电网资源的利用、减少或推迟电网投资、实现智能电网建设，从而推动城镇可持续发展，其效果在大型城市尤为突出。

7. 对广东建设低碳城市的建议

低碳城市路线图必须坚持长效机制、以人为本和综合治理的原则。确保城市数据的可用性和共享性，在此基础上建立一个政府、企业和国际机构的协作框架。评估各个城市的碳排放情况，全面了解能源、建筑、运输、公共服务和工业等领域的能源消耗结构及其关键特征。利用决策支持工具制定发展路线，建立科学的指标体系，论证目标的可实现性。同时，指标体系应具有一定的适应性和在不同城市之间的可比性。

促进建筑物和分布式能源系统的用能效率，推进建立“低碳生活方式”，通过各种信息渠道以及服务方式，结合试点建筑改造项目的成果，引导社区居民改变行为方式并了解新的生活方式对能源消耗和环境的宏观影响。将能源规划纳入城市整体规划：确保城镇设计和城镇密度规划从区域整体发展出发，运用适当的信息系统和工具；开展本地城镇微气候研究，以改善城市的宜居性为目标，研究城镇规划和城镇热岛效应之间关系及相互影响。

在区域能源解决方案中，优先考虑区域供冷系统。制定一个长期和清晰的燃气定价政策，以吸引对冷热电三联供燃气系统的投资。对于需要进口的核心技术，制定税收减免政策或提供专项扶持资金，以降低投资成本。与掌握核心技术的国际公司开展合作试点项目。

利用智能能源系统有效整合城市各相关领域，如分布式能源生产、运输和需求侧管理，从而充分利用现有资产，同时持续降低碳排放水平、改善城市环境。着手在城市范畴内开发基于智能计量设施的配电智能电网示范工程。在广东省的示范工程项目中，加强需求侧分析，研究和建立有效的评估方法和科研成果的产业化。

引进和消化外商的技术和投资。一些先进的国际企业已在成本的降低、用户体验、参与规则和合作机制等方面拥有丰富的实践经验。建设能源自给自足型示范工业园区，进一步提高工业能效，以便为在更广阔的城镇环境中应用智能能源解决方案积累实践经验，加强技术储备。

（四）法国电力集团与广东合作建议

1. 核电

作为广东省核电的第一个合作伙伴，法国电力集团希望继续与中广核集团合作，参加在广东的 EPR 机组和百万千瓦级核电项目，以便更好地与中广核分享法电的运营经验以及对在法国完成的所有核电厂的改进，包括福岛事故后的改进。中广核集团和法国电力集团将携手中法两国设备制造商，开发世界上首个中法联合反应堆，并共同开发国际核电市场。尽管中法两国国情不同，法国电力集团在核电公众接受性方面采取的做法中，有一些有价值的经验可与广东省政府和核电同行共同分享。法电愿意协助广东根据本地情况进行适当调整。

2. CCGT：燃气轮机联合循环发电

为了制定推进燃气轮机联合循环发电发展的创新政策，可以建立一个由有关各方组成的专家工作组，国际专家可以参与其中并分享各自的经验。作为项目开发方、投资方、运营方和一体化的电力公司，法国电力集团愿意贡献、分享其在优化生产管理、规划新容量和制定上网电价等方面的经验。此外，法电也可以与广东的发电公司交流技术经验，以便优化在广东使用 GE、西门子、三菱重工等公司设备的运维成本和绩效。最后，法电希望参与广东燃气轮机联合循环发电项目的开发、投资（包括控股）和运营。这些项目可以作为示范项目，以检验未来的创新政策。

3. Low Carbon City：低碳城市

在低碳城市发展过程中，法国电力集团已成功实现了多个基于智能能源系统的示范项目，并在许多关键领域获得了大量的经验反馈，可以更好地处理成本、效益、预期目标实现、商业模式、合作与开发机制等问题。一般来说，城市低碳政策的制定往往是跨领域、跨部门、跨专业的。法国电力集团愿意与广东省各城市建立长期合作关系，并为城市相关低碳政策的制定、低碳城市的规划及低碳项目的实施提供广泛的专业支持及量化的依据。智能能源解决方案是促进多领域协同工作的一种创新方式，法国电力集团有能力提供科学的解决方案和技术支持，为广东省各城市的低碳发展事业开创新的机遇。

四、构建汽车产业合作平台，推进产业结构高端化

POSCO 代表理事副社长张仁焕：广东省扮演着历史和地理的国际化关卡角色，这种背景引导着主要国际化企业投资的持续扩大。为了保持产业竞争力，首先，广东省要推进产业结构的高端化，指引构建各产业之间的平台。为了保持投资和竞争力之间的良性循环关系，加强核心制造业和原料、ICT、能源等产业之间的战略性连接，将形成以多样化产业平台构成的产业生态体系。

（一）中国汽车产业与 POSCO

为了应对随着中国汽车产业的急速成长的汽车钢板的需求，POSCO 在中国持续扩大供应量。从 2000 年年初开始，在中国国内主要汽车商生产地构建了加工中心，持续稳定地供应汽车钢板，应用 EVI 扩大对汽车商的技术协助，持续扩大了汽车钢板的供应量。POSCO 在中国内拥有 15 家加工中心，2009 年汽车钢板

销量已达到 100 万吨，但是仅以出口方式不能满足供应需求，所以决定在广东省建设投资汽车钢板镀锌项目。考虑未来国内外投资条件，正在构思汽车钢板在当地的生产扩大。（图 1－7）

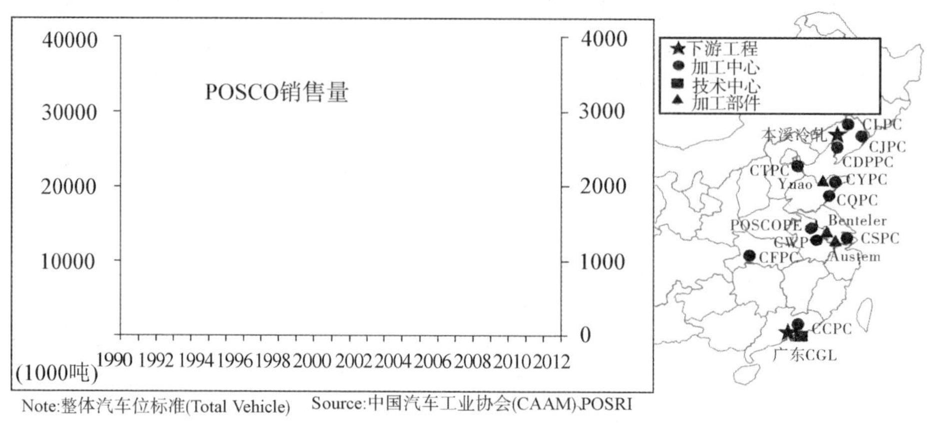

图 1－7　中国汽车生产及 POSCO 汽车钢板销售量

（二）POSCO 的汽车平台战略

POSCO 基于到目前为止构建的以海外营业办事处、加工中心、生产基地联网以及海外主要汽车商之间的合作关系为基础的国际化领导力，以超高张力钢板以及钢材加工配件、个性化 EVI 活动为基础的技术领导力，与原料产业和汽车配件加工产业连接，个性化应对汽车商的需求，设定了具有竞争力的 POSCO 特有的汽车平台的构建目标。（图 1－8）

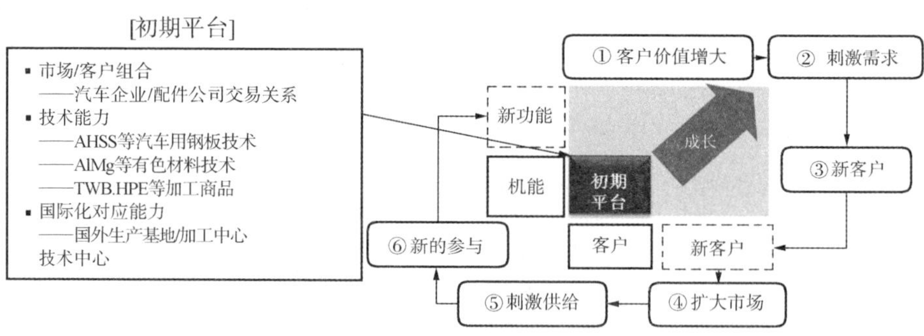

图 1－8　POSCO 的汽车平台战略

目前，POSCO 不仅有汽车用钢材，也持有铝材、镁等有色金属原料、二次电池、钢材加工配件、电动汽车车架等有关汽车的多样化产业组合，以销售、联网、国际化加工中心、技术中心运用为汽车商的合作渠道，从国际化角度出发，整合运用汽车相关固有资产的 POSCO 特有的汽车平台构建，提供整体解决方案，从而被誉为与主要汽车商共同成长的合作伙伴。（图 1 -9）

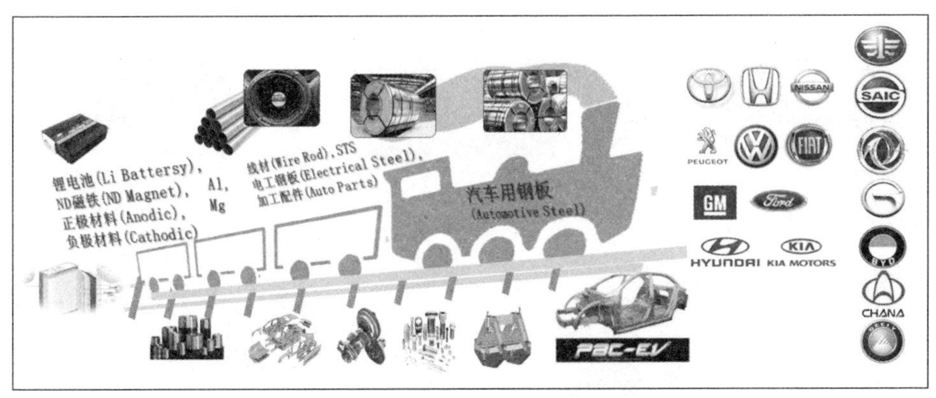

图 1 -9　POSCO 的汽车平台

（三）汽车平台在中国扩大的课题

POSCO 正在世界最大汽车生产销售国家——中国市场构建汽车有关的整体解决方案对应体系。同时也在当地构建钢铁、生产、R&D、市场拓展、加工/流通、配件等技能。特别是在广东省，已构建完成汽车镀锌钢板以及硅钢工厂、加工中心、技术中心、营业所、二次电极等据点，目前正探讨更多的投资机会。尤其是广东浦项汽车板公司为了应对高级镀锌钢板的自筹比重达到 90% 的政策，在当地供应汽车钢板，不仅起到巩固当地制铁地位的作用，而且是中国汽车平台战略的出发点。

扩展性应用钢铁产业的经验和力量，在钢铁产业整体价值链上重新定立 POSCO 的角色并追求崭新的价值观。首先，在核心产业——钢铁行业，以全球顶尖整合产品供应商（Global Top Integrated Player）为目标，为了实现这个目标持续发展绿色科技（Green Technology），计划推动早期商品化。另外进一步扩大世界一流（World Best/World First）产品的开发及销售，把力量集中在新市场的开拓上，即能源钢材开发和销售。积极应用钢铁产业的经验，在镁板材、针状焦、高纯度硅铁等综合原料行业里，也将成长为国际领先企业（Global Leader）。钢铁产业是能源密集型产业，所以扩大及应用到目前为止的能源经营经验和技术，计划以钢铁产业为基础的能源行业扮演全球能源解决方案提供者（Global Energy Solution Provider）角色，也将成为燃料电池、新再生能源、海外 IPP 事业未来成长的动力。（图 1－10、图 1－11）

图 1－10 POSCO 商业投资组合策略

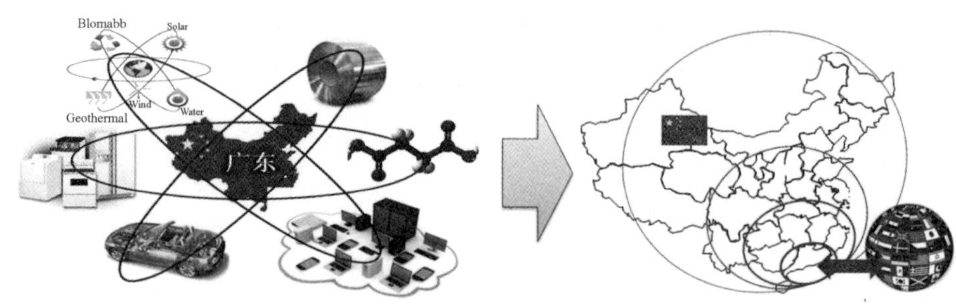

图 1. 11 中国广东省产业竞争力提高方向

五、中国与德国：共同的未来、共同的挑战、共同的经验

鲁道夫沙尔平战略咨询交流有限责任公司董事长鲁道夫·沙尔平：中国正在进行从量到质、从“中国生产”到“中国制造”的经济结构转型。中国将通过创新和资源有效利用提高国际竞争力。但尽管如此，就像德国在出口快速增长最初的几年，中国也面临着沉重的负担。而国际性的挑战，如气候变暖、原材料及能源短缺等也给世界和中国的经济发展蒙上了一层烟雾。人口将会呈现老龄化的发展趋势，并且将有越来越多的人居住到城市里，这也是一个全球挑战。中国借助其创造美好健康生活的愿景，向世人展示所有这些挑战都可以用积极的心态去

面对，这也是全球的希望。

（一）中国的发展是无与伦比的

35 年前，中国还是一个贫穷和欠发达的国家。改革开放政策从根本上改善了中国人民的生活水平。历史上还没有如此迅速、如此彻底、如此成功的转型的例子。

每一个进步都能改善人们的生活，但每一个进步也同时带来挑战。在第二次世界大战的摧残之后德国严重受创，所有的发展都回到了原点：包括人们的精神、道德、政治、经济，包括社会生活等。重建的速度很快，同时社会差距也在扩大。快速重建的同时人们没有去考虑干净的河流、健康的土地以及新鲜的空气。老旧的工业又很快地得到建造，没有人关注原材料或是能源的有效利用。许多生产出来的产品并不好，但至少在最开始满足了基本的需求。德国在出口方面非常成功。付出的劳动都有收获，德国货币受到有效监管并同美元挂钩。所有的这些后来都发生了改变，因为我们必须学习，必须变得更好。这同我们所经历的社会和政治分歧所带来的阵痛是分不开的。

中国和德国在过去的若干年间极大地加强了双方的政治经济关系，也为了世界出口冠军的头衔进行了激烈的竞争，而中国在 2009 年就取得了这一成果。从这些不断加强的关系中，中德双方卓有成效的合作也在不断地进行增长。我们应当利用这个良好的合作基础，并不是为了相互教导，而是为了相互学习以及共同成长，并通过这种方式迎接挑战实现希望。这也是中国和德国长期合作的基础。

（二）一个模式

广东省“揭阳市中德生态金属城”（以下简称“揭阳金属城”）将在 8 年的时间内，在一个总面积 2300 公顷的土地上建造一个全国金属产业的现代化中心和高端集群。这个项目已被作为中国经济新发展的基石。德国通过质量标准和先进技术将为这个项目贡献一分力量。在同揭阳金属企业联合会的合作中我们设计了一个揭阳市中德生态金属城的总体规划。该总体规划主要是实现更高效更可持续的执行价值创造的过程。中方和德方的合作伙伴建立起了一个强有力的关系网络，那些在揭阳市中德生态金属城落户的企业都可以从这个关系网络获益。职业教育、技术基础设施、企业合作对揭阳金属城的成功来说是必不可少的，也是中国从德国经验中获益的。

1. 职业教育

中国由于人力成本的增长以及产品生产科技因素的增加对工作人员，尤其是技术工作人员的资质要求越来越高。同时在现阶段中国市场转型也对高素质人才有快速增长的需求。我们在德国已经将上述培训和学校教育进行了结合，并将其融入“双元制教育”中。这样做的最大好处是将理论和实践中的知识相结合，毕业生可以由此拓展知识领域，同时为企业提供了一位可以马上入职的合格员工。德国在这方面已取得了巨大成功，双元教育已逐渐成为德国对外输出的重要领域——令人兴奋也引领未来。我们也将这一可持续性的体系以高校的形式引入揭阳金属城。这一项目的规划与实施将基于中德伙伴的紧密合作。

2. 技术设施

技术设施的战略规划与建设主要以资源持续利用的规划为重点，包括确保创造实力，以及对德国标准的水经济和废水技术问题的答复。首先，我与我的合作伙伴共同关注水与能源供应。我们严格遵照环境保护的原则。可持续性的地下水经济与处理系统的运行与可再生能源的供应是一样的——如风能和太阳能。目标是按照经济性和生态性的原则在揭阳金属城开展工业循环经济，这也是对中国其他金属产业的一个示范。我们希望也必须利用先进的技术设施积极接受全球化的挑战。

3. 与企业的合作

为协助揭阳金属城的建成和推进其发展，我们带来德国金属产业的企业与之进行合作，双方都将从德国知识与德国技术标准转移中获益。揭阳成为国内外高科技企业的聚集地，德国企业也从巨大的市场潜力以及中国对高品质产品的日益扩大的需求中获益。揭阳金属城是一个有未来导向的项目，是中德成功合作的有影响力的典范。

六、加强现有开放平台，建设更健康、更具创造力的广东

瑞士诺华制药公司：在过去的20年里，广东充分利用各种平台，如开发区、合作伙伴等，成为中国最富裕的省份和第一出口大省。然而，临近省份不断增长的竞争力，加上人口结构和健康发展趋势所带来的挑战，对广东省继续保持竞争力、不断提高人民生活水平的能力提出了新的要求。与江苏、浙江、北京等省市相比，广东省居民平均预期寿命相对较短，居民在享受医疗保健方面尚不平衡，慢性病负担逐渐加重，创新产业发展缓慢。作为一家全球性的制药企业，诺华认

为，健康和创新是现代经济重要的驱动力。健康的人口是提高经济生产力的关键，与此同时，创新产业，例如制药企业能够更好地抵御全球性的经济和金融危机。

（一）广东：各省中的佼佼者

过去25年来，广东利用开放的合作平台推出各项创新和友好的商业政策，并藉此成为中国各省中的佼佼者。这些政策不仅推动了经济发展，成为中国最成功的典范之一，也对社会发展产生了显著的影响，帮助提升了广东省居民的生活水平。

尽管广东在过去25年实现了巨大的发展，但挑战依然存在。广东作为中国经济发动机的地位在近些年受到了其他新兴省份的挑战。快速的城市化进程也对广东省的可持续经济发展模式形成挑战。巨型城市越来越多维持其发展所需的工业资产垄断了大量资源，而这些资源本应被分配给更具创新性的产业。

鉴于其人均国内生产总值水平，广东的平均寿命与全国趋势相符。然而，尽管广东的平均寿命76.1岁高于全国平均水平72.7岁，其他经济较发达省份的平均寿命如江苏（76.6岁）和浙江（77.6岁）已经超过了广东的平均寿命。有的省市甚至达到了更高水平，例如北京为81.4岁，而上海则达到了82.1岁。（图1－12）

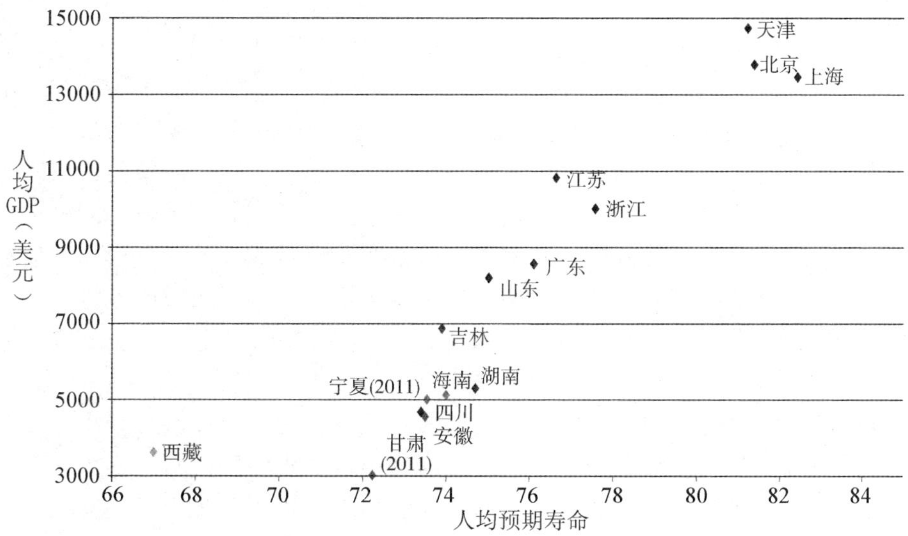

图1－12　2012年各省区市人均国内生产总值和人均预期寿命

而当广东的人均寿命与其他亚洲邻国或地区相比时，广东面临一个更大的挑战。日本、香港和韩国，以及其他名义国内生产总值达到相似水准的经合组织国家的人均寿命明显更高。（图 1－13）

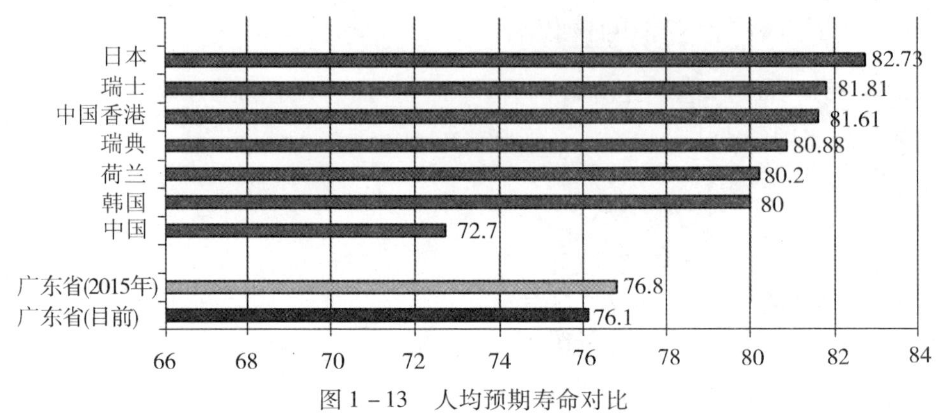

图 1－13 人均预期寿命对比

广东省还面临财富分配不均的问题，89.9% 低于贫困线的人民生活在农村。因此，尽管广东的人类发展指数高于全国平均水平，但依然低于亚洲邻国和地区。

（二）政府的举措与诺华的建议

作为一家全球性医疗企业，诺华严谨根据自身的专业知识，针对两个关键领域提出建议，即“通过改善健康提高国内生产总值”以及“通过创新实现可持续增长”。这两方面的建议将支撑现有的政府平台，并进一步推动广东省经济发展，提高竞争力。健康和创新是现代经济的重要驱动力，因为健康的人口对于提高经济生产力而言非常关键。与此同时，创新产业，例如制药企业，能够更好地抵御全球性的经济和金融危机。开放平台曾是广东取得成功的基础，而政府加强开放平台的新政策也创造了新的机遇。诺华希望把握机遇，与政府及当地医疗工作人员合作，提高人民整体健康水平，促进创新，确保广东省的长期可持续发展。

●广东省的政府工作重点：加强公共医疗服务，提高可及性和公平性。

根据最近公布的政策重点，广东省政府将通过为省级医院直接提供资金、增加医疗设备、增加病患就医渠道，从而解决看病难和资源分配不合理的问题。做到这一点非常关键，不仅可以缓解城市医疗机构超负荷运转的压力，也可以改变社区医疗中心使用率过低的现状。此外，政府还在努力加强县级医院的人才培养和技术培训，从而提高这些医疗机构的管理和服务水平。

根据政府公布的重点工作，诺华提出了相应建议，以进一步解决医疗服务资源分布不均衡的问题，同时为更多人提供享受个性化医疗服务的机会。诺华非常赞赏并支持广东继续加大在医疗保健方面的政府投入，但仅仅依靠这一点并不能确保提高患者满意度、增加就医渠道或是改善健康产出。因此，诺华也就提高医疗系统的服务效率提出了相关建议。针对医疗体系成功经验的研究显示，要建立一个好的卫生服务体系，应选择采取如下一系列措施：

1. 注重预防

最好的医疗体系的目标是预防疾病，而不是治疗疾病。这是提高人口健康水平的最有效方式，通常也是一种负担得起的方式。

2. 初级医疗“守门员”模式

随着广东省的人口愈趋富裕，疾病负担将从传染病和紧急医护转向慢性疾病。在世界各地，在此类疾病管理方面表现最出色的医疗体系都是那些设置了初级医疗保健专业人员的体系，这些专业人员是病患的“第一停靠港”。这些“守门员”对病人的健康肩负全程责任，在需要的时候转诊至专家，整合跨专业的诊断、治疗建议。

3. 专业集中三级医疗

我们也主张提高专业性很高的服务的集中度，例如急性中风的治疗。对这些服务进行整合通常会提高服务质量，因为单独的三级医疗中心会达到临界规模，这样同时也能降低病人的花费。

4. 每天使用系统的、以实证为基础的指导方针

最先进的医疗体系会通过越来越系统的分析法来指导医疗服务提供者，以改善病患人群的治疗效果。通常来说，这些方法包括以下因素：

（1）可靠的疗效数据以及以实证为基础的干预治疗。对于整个医疗体系而言，能够产生并收集精确、标准化且全面的医疗信息至关重要。当前的现状是难以获得医疗专家的专业诊疗意见，也难得获得衡量干预治疗效果的相关数据。缺乏有效的协调，缺乏强大的电子医患数据，都会影响医疗服务体系内不同层级之间数据交换和转诊治疗的效率。

（2）基于实证的治疗指南，采用适当的治疗方法。对数据的分析将会给如何优化治疗提供清晰的指导。实施以实证为基础的治疗指南将会节省大约5000万美元，并避免患者承受使用吸入性糖皮质激素而引起的严重副作用。

(3) 正确诊断。患者的许多疾病在初期常常被错误诊断，使得患者忍受痛苦，并造成没有必要的医疗费用支出。对医师进行简单的具有针对性的培训能够很快解决这一问题。

(4) 对于能够有效预防和治疗疾病，且降低医疗成本的技术，应取消准入限制。比直接采取最有效的治疗方案相比，如果基层医疗服务的质量不过关，最终每个病人需要支付的医疗费用会更高。

(5) 初级医疗“守门员”和专家之间的合作。在美国，医疗公司凯泽永久医疗集团通过采用“疾病管理小组”模式来改善对糖尿病患者的医疗护理，从而解决初级医疗“守门员”和专家间如何有效合作的问题。这一模型为医疗团队创建了论坛用于讨论患者的病情，并要求整个团队为治疗结果负责，结果，糖尿病人的血压管理和筛查率都到了改善。与此前的体系相比，这一模型取得了显著的成果，还因此得到了患者和医生的表扬。

●关键措施

设计并普及一套基础的预防性医疗服务（预防、筛查并诊断、一线医疗）。

目前，广东的城市地区和农村地区在医疗可及性上差别很大，这反映出了收入的差距。提供一套针对所有人的基础医疗服务将会使得所有收入阶层都能得到预防性医疗，从而防止最容易生病的人群如农民工因疾病遭遇经济危机。这一工作需要针对一套核心的有效的服务内容达成广泛共识，根据疾病类型和社区需要对这些服务划分优先等级，设置可量化的产出并进行跟踪，改革基础的融资机制。

政府可以提供咨询平台，供所有相关的医疗利益相关方投入资源，并协助这一基础医疗服务体系的发展。与类似诺华这样的企业合作可以推动最佳实践，与世界知名的医疗专家的交流，将协助解决省内医疗需求。建立一套一体化的以社区为基础的医疗体系，并备有一套合作良好的“守门员”和转诊体系。社区中心的医师应该发挥医疗服务体系的“守门员”的作用。“守门员”体系应该对所有医疗需求提供初诊服务，提供长期的针对每个病人的保健咨询，确保面对大部分医疗需求提供综合服务，确保在需要其他服务时，可以协调上级医疗机构或同级医疗机构。

因此，“守门员”系统需要对资源和病患进行有效分配，给予合适、有效的治疗。全面的医师培训应包含家庭保健和社区相关元素，能够有助于打造一个医疗保健体系，整体解决可防范的疾病。制定在诊疗机构外进行的医疗护理培训也能通过有效全面的模式节省相当可观的医疗费用。开放性平台是最理想的工具，通过这些平台，可以在不同辖区之间、在公立和私立机构之间分享最佳实践。

（1）关注优质的二级和三级护理，提高服务质量和成本效益。医疗保健系统研究显示，集中护理会带来更理想的结果。医院行业的新架构为实施更出色的医疗研究提供新机遇。广东政府可针对大学、专业团体和地区提供了一个能了解当前体系架构的平台，从而最大程度地利用较大规模专科医院所提供的机遇。建立卓越中心，一方面将提高病人护理质量，另一方面也将带来更优质的医师培训机会。

（2）实施以实证为基础的治疗策略，使得高质量且合适的医疗服务能够提供给所需的病人。广东可以通过以下方式改善医疗质量：提高数据获取的质量，编制以实证为基础的准则，通过充分的省级定价和补助政策，提供对新型、高质量药物的广泛获取途径。广东的医疗体系应该确保病人能得到最有效的药物，以防范后续的并发症，鼓励使用高质量的药物，不论是通用药物还是新型药物，都应该采用已在一线产生了良好效果的药物。诺华非常支持使用通用药物，这种方法可以节约系统开支，当然前提是必须建立一个强有力的病患体系，而通用药物也已经过国际标准证实是高质量、具生物等效性的。在当地提供高质量的药物和医疗服务，能够提高病人的治疗结果，减少在疾病周期的后期所需要进行的药物干预的数量。这一体系节省下来的费用可以被重新分配，进行创新的、高价值的干预治疗。

●广东省的政府工作重点：加强特定疾病的防控，降低发病率。

来自世界各地的最佳实践案例说明，主要疾病是可以得到有效控制的，但前提是在一个全面的、强化合作的医疗体系之下。例如，美国的医疗体系显示，对于一个糖尿病得到较好控制的病人来说，平均的住院费用是2500美元，而控制不好的病人就是6000美元。此外，糖尿病治疗水平差还会影响经济增长和发展。数据显示，糖尿病相关的非直接成本合计造成582亿美元的国内生产总值损失。为了改善治疗结果，居于领先地位的医疗管理机构凯泽永久集团，凭借全面的医疗体系模式，为170000名患者提供了一套糖尿病控制项目。包括：

（1）改变生活习惯：戒烟、运动、健康饮食、控制体重。

（2）以实证为基础的药物：阿司匹林、血管紧张素转换酶抑制剂、他汀类药物、β－受体阻滞剂。

（3）为病人提供便利：减少门诊、实验室测试和剂量滴定的次数。

（4）多方位医疗合作：护士和药剂师扮演更重要的角色。

（5）数据：根据治疗结果收集的病人数据和医疗方案做出决策。

广东的决策者因此可以通过一个更谨慎的方式控制已确认的重大疾病，同时设立清晰的目标来衡量投资回报。根据最近公布的省级数据，诺华建议建立一个基于疾病的系统，旨在预防、筛查、诊断和控制省内各项疾病尤其是高血压和糖尿病。

政府也可考虑将白内障列为广东省的重点疾病。全球来说，白内障是造成可预防失明的主要因素。根据2009—2010年失明预防计划，广东有753000名视觉残疾人士，近22%的3～7岁儿童受视力障碍困扰。根据2009年一项针对居于广州市荔湾区成年人进行的有关视力障碍的患病率和原因的研究显示，白内障是造成失明和低视力的主要原因。受教育程度较低的患者的失明率最高。这个结果与全球失明群体表现出来的趋势一致。

因此，白内障若不通过当前的标准护理，比如白内障手术，则会成为一个重大的医疗负担。就眼科治疗服务而言，中国各地仍在就医渠道、医药费用负担能力和眼科护理的品质方面存在差距。在中国22000名眼科医生中，仅有约50%的医生有能力做白内障手术，而大部分善于做外科手术的眼科医师都活跃于城市地区。

●关键措施

在2～4项重要疾病的预防和治疗方面注重基于实证的干涉手段和疗效。广东政府可考虑设置一个项目，确保白内障得到符合标准的治疗。最近几年，科学技术取得了重大的进步，通过手术已能成功治疗白内障。白内障手术是五项成本效益最高的医疗干预项目之一，同时也是唯一一个能有效恢复和保持视力的治疗手段。白内障管理项目可包括以下元素：通过教育宣传，提高患者的疾病意识，加强全科医生在白内障诊断、治疗和转诊方面的能力，为眼科医生提供实用的培训项目，优化手术结果。

政府可与各利益相关方，例如非政府组织、专业联盟以及医疗器械及制药企业进行广泛合作，成功开展白内障管理项目。

1. 在疾病进程的每个阶段，优化护理服务，评估系统绩效指标

通常而言，数据可用性对这类项目来说，可以是主要推动因素，也可以是关键障碍。广东可以针对重要疾病，建立电子病患数据程序，捕捉最佳系统绩效指标，并将其与基准比较，从而确定潜在差距和改进优先级。成功的疾病管理项目是对人力资本的投资，确保生产力人口始终保持高效，从而鼓励经济发展。

推动创新，打造具有创新活力的产业。创新是可持续经济增长的重要推动因素。新兴市场增长通常从“劳动套期保值”开始，通过简单的手工劳动促进早期经济增长。不过，随着时间的推移，当一个新兴省份走向成功时，工资会增加，基本手工劳动者的本地薪资水平的竞争力也会下降。因此，为了保持其在国内经济增长的领先地位，广东必须升级产业链，关注具有更高附加值的产业，比如创新医药产业。

发展良好的创新医药产业可以在广东的发展和未来增长中扮演重要角色。此外，即便在世界金融危机期间，制药行业的就业情况也要比欧盟其他行业更具弹性。2010 年制药行业的就业率增长了 1%，而当年所有其他制造行业的就业率都出现了同比负增长。

类似地，在所有行业中，基于研发的制药行业在研发方面的投资比重一直是最大的，即使在经济动荡和金融危机时期也是如此。相比于其他高科技产业，医药行业年均研发开销要比航空和国防产业高 5 倍，比化工产业高 4.5 倍，比软件和计算机服务产业高 2.5 倍。

2．广东省政府工作重点：加强创新能力

●关键措施

强化与医院的合作，提高研发水平，开发更多转化药物，增强临床研究能力，储备本地知识，拓展研发网络。

强化全球行业和本地医院的合作也将鼓励投资，为满足本地的迫切需求提供解决方案。扩展当前的研发网络可确保扩大其在全省范围内的广泛影响。这些网络将通过支持“为中国制造”的创新发展，解决本地需求，而并非为了便于生产“在中国制造”的低附加值产品。另外，扩张研发网络还能创造学习机会，加强公共和私营部门间的人才流动。

1．创建生物仿制药的标准化途径，将广东塑造为中国和全球的行业领袖

生物仿制药代表着医药领域的新前沿。广东可走在这个新产业的前端，通过制定创新的政策，加快生物仿制药的审批流程。这会让广东省成为中国甚至全球的行业领袖。此外，和小分子高质量非专利药类似，生物仿制药也为创新营造了条件，在专利过期后，随着治疗费用的降低，有助于实现可持续的医疗筹资体系。

使用大学和学院等平台投资人才建设，有针对性地开发教育项目，为关键行业提供熟练劳动力。

全球企业例如诺华这样的公司能帮助政府开展多样化的培训/学习项目（研发人才培养计划、博士后培训计划、实习生计划等）并与当地学术研究机构进行合作，联合培养人才。

2. 广东省的政府工作重点：通过侧重研发来刺激特定行业的发展

诺华认为，下述关键措施将有助于激励对本地研发活动的投资。诺华相信，中山国家健康产业基地和其他国家经济开发区在落实这些政策方面将扮演领先示范的角色。通过这样的方式，它们将会成为国际合作的优秀平台，进一步提升研发能力。

●关键措施

改善海关监管控制，为高级研发所需的行业设备和创新产品的进出口提供便利。在其他司法管辖区出现了成功案例后，广东应该简化普通业务流程，促进研发行业的发展。比如上海就精简了海关流程，简化了相关规章制度，使得公司能够跨境引进关键技术，建立先进的研发设施。

向法律专业人士和执法机构提供培训，确保他们能够始终如一坚持实施知识产权法。为了吸引创新行业，广东也需要确保知识产权法和监管政策能够保护公司投资。中国已经采取了强化知识产权的措施，但是相关法律仍然未得到始终一致的贯彻。广东应当确保法律专业人士接受知识产权法方面的严格培训，从而提高该省实施此类法律的信心，从而提高竞争力。

通过关注这两类与创新相关的政策措施，我们希望广东能够在未来经济增长中在最具吸引力的产业，即医疗保健产业内促进经济发展。政府须制定一个完善的政策，覆盖影响研发活动的不同领域，促进研发；透过参照其他竞争区域成功实践的措施，广东可借鉴最佳典范，继续采用具前瞻性且友好的商业政策，支持行业发展和扩张。

第三章 推进产业技术国际合作

题 解

产业技术进步和创新是推动经济社会发展的核心原动力。加强产业技术国际合作，不仅有利于牢牢把握产业技术的前沿动向，而且有利于实现强强联合、优势互补、创新发展。近年来，广东高度重视科技创新工作，坚持把打造创新型广东、提高科技对经济发展的引领支撑能力作为核心战略任务来抓，主动融入国家和全球创新体系，广泛集聚国内外创新资源，大力推进科技、金融、产业融合发展。目前我省已同40多个国家签署了50多项科技合作协议，涉及新能源、精密制造、新材料、现代服务业和信息化等众多领域；建成了70多个国家级和省级国际科技合作基地；技术自给率稳步提高，并形成了新型显示、软件、生物医药、新材料、新一代通信和LED等6个年产值超千亿元的新兴产业群，有力推动了产业转型升级取得明显成效。

当前，广东正处在深化改革开放、加快转变经济发展方式的关键阶段，迫切需要提高科技对经济社会发展的引领支撑能力。我省将密切跟踪世界产业技术创新新趋势，以新一轮科技革命和产业变革为契机，大力推进产业技术国际合作，努力在全国率先建成创新型省份，成为全国创新型区域、国家战略性新兴产业基地、亚太地区重要的创新中心和成果转化基地。着重将抓好以下几方面：

一是拓展产业合作领域。瞄准全球产业链高端，着力引进世界500强企业，在轨道交通设备、精细化工设备、新材料生产设备、飞机零部件等制造领域开展高端合作，引进先进技术改造提升传统产业。扩大服务业对外开放领域，争取在金融、商务会展、养老医疗、教育文化等领域加强国际合作，提升我省服务业发展水平。

二是突破关键核心技术。围绕产业转型升级的关键领域技术创新，强化基础性、前沿性技术和共性技术平台建设。实施重大科技专项，着力在智能制造、新兴信息技术、生命健康、新材料、新能源、节能环保等领域，推动重大产业技术的跨国协同攻关、协同创新，解决制约广东产业发展的技术难题。

三是创新国际科技合作模式。完善“哑铃型”国际科技合作模式，健全专利保护制度，探索有利于多主体合作的长效机制。支持跨国公司和科研机构在广东设立研发总部、工程中心、技术孵化平台等机构。同时，扶持引导广东企业、高校和科研机构"走出去"，建立国际联合实验室或研究中心，主动参与国际科技合作。

但是我们也清醒地认识到，在推进产业技术国际合作过程中，广东也存在着一些亟待解决的问题。如：如何寻找产业互补的合作空间，实现优势互补？如何完善合作机制，实现互利共赢？如何借力全球创新资源，提升本土科研机构和企业的创新能力？

各位顾问在所属产业技术方面有丰富的经验，在广东推进产业技术国际合作的领域、机制、模式等问题上，顾问们的宝贵意见将给广东带来重要的启发。

一、智能技术助力广东经济可持续发展

ABB 集团执行副总裁柯睿思：中国经济正在经历转型期，发展更注重质量和效率。同时，成本的增长、资源的稀缺和环保形势的严峻使得新技术成为推动基础设施和产业升级的主要动力。广东处于中国经济结构调整的前沿，在致力于提高经济增长质量的过程中，有必要提高生产力水平并解决产业升级、能源安全、污染物减排和可持续的交通运输等重要议题。智能技术为应对这些挑战给出了综合的解决方案，自动化、智能电网和绿色交通方案可以通过最大化地利用资源同时减少这一过程对环境的影响来提高生产率。

（一）提升广东的生产效率

1. 提高工业生产率和资源使用效率

广东的企业已经面临阶段性的"用工荒"问题。而人口统计显示中国的劳动力人口数量还在不断萎缩。为应对生产和劳动力成本攀升以及产品需求扩大的问题，广东需要提高生产率以及资源特别是能源的使用效率。为了应对这一挑战，制定有利于技术进步的政策会产生最佳效果。这不仅因为技术革新可以提高劳动效率、实现产业升级，而且可以保持广东的全球竞争力。从长远来看，广东对技术的政策支持有助于将宝贵的人力资源提升到更高的价值链中。

2. 提高能源效率

广东面对的另一重挑战是如何满足日益增长的电力需求。来自广东省统计局的数据显示，2012 年全省的能源消费总量几乎是 2001 年的 3 倍。广东在深耕城镇化和发展高端产业的过程中，仅仅增加电力供给是不够的，还需要提高工业生

产中的能源使用效率。工业使用能源不仅占据了广东能源消耗的绝大部分，也给广东的环境带来了负面影响。为确保能源使用的可持续，广东有必要升级工业设备，采用低能耗的解决方案。

（二）实现环境的可持续发展

1. 增加可再生能源使用

广东在为提高能源使用效率寻求解决方案的同时，也有必要通过引入新能源和可再生能源来实现能源消费的多样化，升级能源消费结构。在广东现有的能源消费结构中有近一半是煤，严重影响了广东的环境。广东在2012年还从其他省份购买了1145.9亿千瓦时的电量，这一数字相较于2011年增长了23.6%，也就是说广东24.8%的电力消费需要依靠省外支持。而增加可再生资源的使用可以帮助广东在确保能源自给自足的同时，显著降低环境污染。

2. 降低二氧化碳排放

伴随汽车消费增长而来的尾气排放增加是经济发展带来的又一重环境挑战。2012年，广东的汽车保有量已经超过2000万辆，其中私人汽车拥有量相较于2011年增加了15.8%。随着汽车消费的不断增加，广东省需要为不论是公共交通还是私人交通都找到一种环境友好型的解决方案。这些方案同时还能增强广东的物流运输能力，促进经济效率提高。

二、鼓励技术创新，推动产业转型升级

美国艾默生电气公司总裁兼首席运营官孟瑟：广东省正处于转型升级的关键时期。广东省需要同中国其他省份甚至是其他国家展开在人才、资源、资金、技术和市场方面的竞争。中国内陆地区的发展意味着广东原有的许多优势正逐步丧失。广东营商环境的不断升级，将决定其对未来发展所需资源的吸引力。通过不断改善运营环境和进一步向可持续发展模式的转变，广东省能够化挑战为机遇。这将需要政府的前瞻性和执行力。

（一）广东亟待解决的问题

广东在过去30多年为中国的发展做出了诸多贡献，包括提供就业、促进经济发展和贸易增长等。然而，该省将逐渐需要与其他省份，甚至是其他国家进行人才、投资、科技和市场领导地位的竞争。中国内陆地区的发展意味着广东省享

有的传统竞争优势将会逐渐消失，广东省发展新型经济势在必行。

展望未来，广东省也正面临多方面的挑战。过度开发导致的环境恶化是一个值得关注的问题，因为当地居民期待能有更好的生活环境，公司也需要评估环境对其运营状况和员工健康造成的影响。

此外，目前已在广东经营或计划在广东投资的企业不仅面临着运营成本和劳动力成本上涨，以及留住人才的问题，同时在获取平等参与竞争机会上也遇到不同程度的挑战。某些企业为获取不正当的竞争优势而进行违法操作，这种行为不应被容忍姑息。因此，严格、公正且具连贯性的执法，对于吸引并留住企业、创造可持续的经营环境来说至关重要。

（二）艾默生的建议

1. 提升数据中心能源利用效率，助力信息技术产业发展

广东省拥有中国最为先进的电信网络之一，并一直以来在中国的通信网络发展方面占据领先地位。此外，银行、物流、采矿及制造等行业的信息化及“大数据”的发展都提升了对数据中心的需求。需求量增加也令数据中心设备及其能耗的管理成为一个重要的任务。广东省目前正在整合珠三角地区的电子通信网络，其省会城市广州也在全国电子通信中发挥着战略性的作用。

然而，广东的信息科技行业仍面临诸多挑战。广东位于华南地区，这是中国人口最密集地区之一，并且面临供电紧张和高电价的问题。这带来了关于运营成本、资源利用和安全问题的隐忧。我们建议广东省政府向相关企业推广数据中心的节能理念。相关措施会鼓励信息科技供货商携手合作，推动该行业向新的高峰发展。

减少数据中心的能源消耗，并维持它们的整体表现和可靠性，对经济和环境都至关重要，特别是在中国，许多数据中心的能源利用率都很低。节能方面的成功需要不同设备供货商之间的合作。

广东省政府可以帮助提升企业在数据中心节能方面的意识，并建立相关标准来加快部署。中国工业和信息化部在五年计划中已为此制定计划，包括降低数据中心电源消耗量 8% 。

广东省政府可以联合业界，如信息科技设备供货商、冷却和电力系统供货商，采用最新的技术。政府还可以和业界共同努力，推广最佳的节能措施并提供相关补贴。这些努力不仅能保护环境，还能降低企业日常运营成本，助推广东省工业的可持续发展。广东省政府还可以考虑配合国务院关于加快信息技术市场发

展的政策，出台细化措施来推动省内数据中心的优化，使其成为科技创新进步的助推剂。

2. 推广食物垃圾回收，推动环境保护

中国正经历迅速的城市化进程，中国消费者对食物提出了更高的要求，政府也需要投入更多的资源来处理垃圾。因此，我们建议广东省政府采用新的方式和技术来处理这个问题，从而解决对社会及环境的潜在威胁。

政府可以着眼于改善食物垃圾的收集和处理。根据发达国家的经验，处理得当的食物垃圾可以变成有用的资源，因为这些垃圾可以被转化为能源和肥料。许多发达国家的城市和政府已经展示了如何将这一问题转化为有利于社会和环境的机遇。

垃圾量的迅速膨胀和垃圾处理过程中对于填埋和焚烧方式的过度依赖，已经对环境造成了严重影响。广州市最大的垃圾处理地——兴丰垃圾填埋场承担起全市大部分生活垃圾的处理任务，目前已严重超出负荷。广州还计划再征地1000亩用于垃圾填埋。新建垃圾填埋场和扩大填埋容量非常昂贵，更不容忽视的是，垃圾场周围的居民一般会反对在其周边建造垃圾填埋场。这情况令人担忧，但其实也是一个被忽视了的发展机会。

食物垃圾的处理并非易事，由于垃圾通常含大量水分，所以很难被燃烧。如果废弃的食物在地下被分解，它会产生甲烷的温室气体，该气体的温室效应比二氧化碳强20倍。如果处理不当，垃圾燃烧过程中还会产生剧毒气体——二恶英。食物被分解还会产生污染周围居住环境的臭气。然而，如果我们采取另一种不同的方式来收集和处理食物垃圾，将会化难题为一个机会。

一个解决方式是鼓励已连接现代污水处理系统的家庭，安装并使用食物垃圾处理器——通常被称为垃圾粉碎器。同时还应升级废水处理设施，使其有能力将食物垃圾转变成有用的资源。越来越多的废水处理系统开始采用一种名为厌氧分解的技术，以便将诸如香蕉皮、肉和鸡蛋壳之类的食物垃圾转化为沼气，这是一种含大量甲烷并能作为能源的副产品，剩下的固体残渣可被转化为肥料。该过程可有效地生产可再生能源和有用的材料，减少食物在分解过程中产生的温室气体和臭气。为了使整个循环再造过程变得更有效率，城市需要找到一个低成本、有效率的方式，来收集并运输食物垃圾。

艾默生建议广东省政府采取一个整体且具有针对性的策略来管理食物垃圾的处理。政府可以通过更新诸如居住设计标准和绿色建筑评价标准等文件，将食物垃圾处理器定义为废物分离设备，以此鼓励食物垃圾处理器的使用。我们也认为，食物垃圾处理器应该包括于未来政府家电补贴计划之中。政府还应增加在废水处理回收设备上的投资，从而将更多有机垃圾变成能源和肥料。

3. 投资可再生能源，保持经济增长势头

中国日渐成为能源的主要使用者，保证能源生产对经济发展至关重要。和其他国家一样，中国在发展经济的同时也在努力减少温室气体的排放。作为中国的主要生产基地，广东省在节能减排方面做出了巨大努力，并且有效地生产化石燃料和广泛使用可替代能源以达成该目标。

从目前情况来看，继续投资可替代和可再生能源是非常重要的。我们建议广东省政府努力吸引业界参与本地能源市场开发，鼓励他们将地区性乃至全国性能源项目的基地建于广东。

改善能源结构的第一步是重视其效率，这意味着减少能源生产过程中化石燃料的使用。目前中国已经开始着手这方面的发展。我们鼓励广东政府设立能源消耗的相关规范，以此鼓励先进环保技术的运用。我们期望这些措施将会吸引主要的行业领导者在广东省投资和开展可再生能源项目。这样也有助于吸引领先的能源公司在省内投资。除此之外，政府也可以通过财务激励的方式，鼓励领先的技术供应商在广东设立研发和运营中心。通过这些措施，广东将会具备明显的竞争优势来支持相关行业的发展，这将对行业的发展起到深远持久的积极影响。

在我们看来，更广泛地采用高级智能仪表、控制和自动化技术将帮助改善化石能源领域的效率。从风能、太阳能到地热和水力发电，可再生能源生产基地正在全球不断发展，使得能源结构多样化并减少发电中对化石燃料的依赖。但可再生能源的生产安全和盈利问题颇具挑战性。运营商需要电力专家协助进行更有效的技术方案部署，以确保这些设备从投入之初就以最高效率生产。

4. 进一步投资冷链基础设施建设

经济的快速发展以及中国社会的人口变化使得中产阶层日益壮大，这将改变社会整体的食物消费结构，而对高质量的食品需求将会增加。国内和海外市场对于大范围高质量食品的需求正在不断增加。中国的消费者期望能享用更新鲜、更安全的高质量食品，他们也愿意提高在这方面的消费支出。这一转变会为食品生产厂商、物流公司、零售商和餐饮业带来新的发展机遇。然而，这也会增加目前已十分紧张的冷链基础设施所承受的压力。为了给广东居民提供高质量的食品，并强化广东在国家物流节点上发挥的作用，冷链业需要进一步的投资和相关技术来支持整体运营和改善终端服务的质量。我们建议广东省政府加快冷链基础设施的建设，并利用智能监控技术来有效利用这些设施。

目前，广东省内提供冷链服务的公司规模相对较小，布局分散，这使得销售网络覆盖面不够全面。另外，较发达的珠三角与省内其他地区在物流的发展水平上差距悬殊。这些因素阻碍了冷链物流的广泛的运用。建立更加完善的冷链设施将会为食品生产行业和零售行业的发展带来新机遇，最终将会使消费者获益。大规模的设施扩张及升级对支持国内消费、提供发展机会以及改善人民生活水平是十分必要的。

除了投资冷链设施，如何有效率地管理冷链也是确保食品质量和安全的关键。例如，食品必须被正确地储存和运输，运输车辆和储货仓库的温度必须得到有效的检测和控制。尤其在夏季，冷链系统需要长时间全力运作，以确保在运输过程中的每一站点都保持正确温度。采用最新技术和拥有高效可靠的系统是整个冷链发展的关键，其回报也是相当可观的。

行业规范和标准对冷链业在中国的发展至关重要。中国政府三年前宣布了冷链发展的计划和引导。这在确保食品安全和减少浪费方面是重要一步。然而由于不同地区的气候、地理环境、饮食习惯和基础设施的不同，我们鼓励广东省政府加快在食品运输和储存方面建立地方规范和标准，并为相关企业提供财政上的支持。规范的标准和激励措施将会鼓励食品生产商、物流公司、储存设施营运商、零售商和其他相关企业及机构，重新审视及规划食物运输的方式，增强基础设施方面的投资，并采用最新技术。该过程应包括对整个起点到终点冷链系统的规划，以适当地扩展容量，并针对冷链中最薄弱的环节加以改善。这有助于提升节能和安全标准，并鼓励智能监测系统的部署，进一步提升效率。

三、依托高科技，逃离中等收入陷阱

忠利集团首席保险执行官兼意大利忠利集团董事长巴比诺特：广东省正在通过追求依托高科技的发展走出中等收入陷阱，高科技发展领域的国际合作将有助于这种转变。增加无形资本、信息技术和自动化在金融服务行业中的运用，高科技创新的融资，科学研究领域的合作都是可开展国际合作的理想的科技发展领域。

（一）经济－金融服务中的计算机

在保险、金融服务方面，可以考虑 IT 将影响保险业的两个主要地方。第一个是内部监管管理部门活动的合理化和自动化。IT 的另一个获益与日常工作的自动化无关，而是与更好测量精算风险有关，可以更好定价并使风险更低。自动化对于这些活动的生产力和服务质量的影响是巨大的。然而，上述对于保险成本的整体影响对于最终顾客而言还不够大，这是由于这些生产或内部监管活动相对而言是最终定价中一个相对较小的组成部分。其他两个大的组成部分是索赔成本和销售成本。尽管网络和电话在销售渠道中起主导作用，保险的某些区域更难实行自动化。自动化的障碍之一在于交易的规模，特别是储蓄产品和人寿产品，需要通过安全的方式处理支付问题。

（二）创新系统的融资

创业过程是微妙的自发性行为。所有参与创新工作的人，包括企业家和天使投资人这类小参与者，通常都是在以个人能力工作的，完全没有必要用限制性的权威来吞没他们。

另一方面，当地政府可以帮助设立加速组织以及帮助确立大众融资机制。这些举措能够补充目前创新型中小企业的融资计划，即：创新基金计划，这个计划主要基于项目补助金。另外，中国仍有足够的空间去进一步消除种种创业壁垒，尤其是创业公司的行政负担，以及允许创业公司自由进入网络和服务行业。

某些专家认为，即便是中国的教育系统，也存在过度偏向工科教育而非纯科学教育的问题。与国际社会观念进行交流融合是另外一个重要的领域。中国需要营造科学家能得到更多尊重和奖励的文化氛围。同时，应当对教育体系进行改革。

促进年轻创业者的发展是非常重要的，否则几家大型企业掌控研发领域的可能性会很高。创业资金较少的年轻人可以进军的领域之一，是应用软件开发开放式平台或至少开放式标准的引入，将会是一个起到重要作用的因素。

（三）企业可以向风险基金公司学习的地方

从风险投资行业吸取的关键教训之一就是关于持久力。机构投资者对风险基金做出的承诺是具有约束力的。现在将这种经验同企业风险投资相比照。公司对创新倡议的承诺都过于变幻无常。常常就因为新的高级官员的上任就能够使过去的努力付之东流。第二点值得公司借鉴风险基金的方面就是薪酬方案设计。当为从事和指导创新活动的员工构建奖励方式时，公司就面临了重要挑战。传统的与短期表现相连接的绩效薪资可能会导致负面情绪的出现。另一方面，公司常常回避任何逆转的暗示。一个运作了几年的企业风险投资团队会很骄傲地吹嘘，他们还没有让投资组合中的任何一个公司倒闭。

1. 激励机制

公司所面临的更常见的问题就是如何给予研发实验室的人员合适的奖励。一旦方案设计不正确，错误的奖励就会扭曲员工的行为。理想的奖励结构不仅可以鼓励关键部门的进步，而且，如果多数团队成员都为项目做出了贡献，可以确保所有的人员都受到嘉奖。

一个具有决定性，但常常被忽略的一点是，对失败的容忍不仅要求重新思考薪酬方案，也要思考选择项目和筹资的方式。从为了解释为什么不执行一项投资提议而雇佣了“魔鬼鼓吹手”的风险投资团，到对项目筹资的决议严重依赖外部专家意见的公司，都说明了这个问题的重要性。

另一个重要教训是关于投资于知识转化的重要性。一个好方法就是创建一个专门的团队，致力于将知识从合并和企业投资转化回公司。企业风险投资团队在大部分的项目是很重要的。这些投资者需要像独立风险投资家一样对投资组合公司仔细评估、参加董事会会议并提出战略指导。而在某些方面，他们的工作要简单得多。具有代表性的一点就是，公司提供所有资金，省去了他们取得资本的艰难过程。但在其他方面，他们的工作就非常艰难。企业风险投资者不仅要负责管理创业型公司与一个常常是发展缓慢的公司之间的棘手对接问题，尤其还要成为这些公司与风险投资共同体之间的“大使”。那些面对本地政府官员的投资者有着相似的问题，政府的职责是在董事会层面上监督风险投资基金的计划，因此，学习更多的企业风险投资经验对他们来说也相当重要。

2. 退出机制：首发与企业并购

风险投资基金最初的投资目的是在确定的时间范围内取得满意的绩效。到达固定期限时，基金投资则会以可能的最高价兑换成货币。退出机制通常在进行投资时就已经确定，但是，随着时间的推移，可能出现由业务和市场的类型引起的内源及外源性的变数，会影响到资本退出的选择。

（1）首发和暂搁注册。相对于计划的资本支出扩张，首发筹集的资本过多。太多的闲置现金抑制了股价，而且造成了控股股东滥用基金的可能性。部分原因是首发或资本发行巨大的固定费用，以及在许多情况下中国资本市场二次发行的限制和不可获得性。在西方国家，二次发行在多数情形下只需董事会通过即可得到批准。在中国，证券法规定二次发行必须经股东大会通过，然后再得到证监会的批准。这种规定过于苛刻，不能帮助公司获取所需资本以扩大其生产能力和市场占有率，法律应该修改。

（2）除牌规则。有必要加强有关的除牌规则。在深交所只有两次除牌，而在纳斯达克上市的中国股票有多达20次被除牌。一种可能是，中国的首发规则在公司盈利方面要求较纳斯达克要严格，两市的股票质量的确不同。另一个，也很麻烦的可能就是，中国对上市后的监管要比美国宽松。

有些专家认为，与其选择一个虚伪的短期繁荣市场，中国证监会还不如通过深化当前改革，增加投资者的信心来努力支撑现在的股票市场。然而，这个策略也仅仅是一个权宜之计。在1994年、2005年和2008年，政府尝试着操纵大陆证券所，结果表明关闭首发的大门只会引起股价的短暂高涨。同时，那些没有资金的被搁浅的公司以及私募基金公司就不能以现金回报其投资者。这些评论者认为，中国证监会应当放弃企图操纵市场这种徒劳无功的努力，而应该集中精力出台措施来增强投资者的信心——例如加强对会计实务的监管。

3. 退出：首发对应企业并购

企业家更喜欢同独立经营者合作的重要原因是维护其自主权。假如业务增长和回报都保持在正轨上，众所周知，受金融利益驱使的风险投资公司对于发展的看法更加开明。相反，当投资组合公司的最佳利益同企业风险机构的商业计划相左时，就会出现紧张局面。

（四）保险行业中的高科技革命与激进的金融创新

1. 高科技对于保险业的颠覆影响

（1）营销方法。销售流程的组织原则是使得供需对口。保险与金融服务通常是卖而非买，而互联网通过允许顾客购买他们需要的保险正在对其做出改变。如果保险是卖而非买，这就意味着人们要么不知道他们需要购买多少保险，要么推销给他们并非真正需要的产品。另一种可能性是人们需要购买保险，但时机不对。来自网络购买的大数据的广泛使用，以及顾客网络耗时的逐渐增加，将减少上述不匹配，并对保险服务的提供有着深远影响。即便更为传统的推销型销售方法仍然可行，电话推销仍然可能，互联网使得拉动型的销售模式开始出现。

（2）客户洞察和销售建议。大数据的可用将改变客户信息搜集的方式，并有可能使产品更好匹配客户需求，特别是拉动驱动的销售渠道。然而，顾客在对他们的保险范围需求进行评估时总会犯典型错误，并且有可能出现更多错误，因为风险认知与信息设计有关。

（3）承保。互联网的出现对于承保过程有着复杂的影响。一方面，在搜集顾客购买和索赔习惯的大量证据方面的潜力将使得定价更佳，可使产品更好地满足需求。另一方面，互联网特别是基于TM的购买非常快速、简单，将使得承保与常见的代理商的销售相比更富有挑战。最后，存在逆向选择的问题。在拉动型销售中这尤其是一个问题，顾客很可能愿意购买那些能让他们获得索赔的保险。此外，这或将导致基于产品复杂度的购买渠道更为专门化。

2. 金融创新和监管：共同演化体系

金融创新常被认为对社会进步起到了积极作用，然而它也常因最近的全球金融危机被诟病，能够保护客户而又不阻碍创新的好的监管非常重要。关键特征之一是要有好的反馈机制。

监管对于保险业网络和社交媒体创新作用有以下影响：

（1）对基于网络的销售创新进行监管的意义。对于网络和TM销售行为的监管富有挑战且极为复杂。诸如如何辨认客户、文件的电子签署、处理基本的隐私授权等基本问题在互联网第一波扩散浪潮中已经确定。自动化带来的越来越多的益处、社会媒体的传播及手机在极其简单和用户友好界面方面的演化，都是新的挑战。使中介商通过提供不同服务能进行自由竞争的开放式方式对于市场细分是可取的，电子代理中的规模经济更是如此，因为有可能是一个玩家垄断整个市场。

纵向整合需要被监管吗？让生产商自身聚集比完全拆分更重要。最终，在纵向整合的不同层级存在多个体系比完全细分要更好。每个互联网网站都应有完全透明的所属关系。

创新与竞争。任何时候某个行业出现颠覆性创新，都存在整个行业完全重组的可能性。此外，还存在创新是来自现有群体还是后进入者的问题。就互联网而言，后进入者最合逻辑的影响必须与保险代理有关而非保险产品。这种情况下，现有群体可在传统的面对面渠道上进一步发展互联网及直接销售渠道予以回应。有许多在线价格比较网站存在，并与保险公司的直接互联网渠道进行竞争。

（2）大数据对监管的意义。另外一个需要新的规定及政府、学术界和市场玩家更为创新的合作领域便是大数据。首先，在隐私保护和以加密方式传递大部分数据进行风险管理两者中需要平衡。隐藏个人姓名同时允许使用颗粒数据的技术是存在的，并将出现更多技术。因此，这方面进行改进的希望是存在的。

此外，中国在家庭投资组合行为方面的数据非常有限，而这对于更好地评估客户对保险的需求却至关重要。广东政府可以组织调查小组与大学和金融中介合作。这些数据应进行加密，在付费情况下，也可以提供给私人运营商。

需要政府、大学和金融中介进行更多合作的另一个领域是对保险索赔费用研发良好的索引号码。索赔的所有费用是按照索赔频率和索赔费用的乘积计算的。

通常，索赔费用高于一般通货膨胀。这对于长期责任保险业务，如健康险而言，至关重要。

3. 新产品研发：其他市场受欢迎的金融创新示例

创新与监管取得更为平衡的另一个领域是金融创新在全球的传播路径。跨国保险公司常常为不同区域提供不同产品，其中一些可以引入中国。

整付保费指数关联型保险与财富管理产品。如果能够正确执行，创新的一个例子来自指数关联型寿险产品。这些产品将无息债券与衍生产品关联起来。从某方面而言，他们与中国极为流行的财富管理产品类似。但是它们的设计更佳。这些产品比财富管理产品更为透明，因为或有求偿报酬事先都已完全确定，并在投资者的条款清单中进行公开。如果互惠信贷中的实际情况出现，通常收益是能保证的。这些产品为银行和寿险公司提供了更好的竞技场，因为他们可以被包装成结构债券或整付保费产品。监管中需要矫正的最为重要的问题是无息债券中的破产风险，这应该仅限于政府、大型商业银行和保险发行公司。

收益与抽彩相关的资本合约。整付保费指数关联型债权的一个有趣变体是有奖资本储蓄保单。这些与前面所述类似，区别在于或有求偿报酬与股票市场无关，而是与国家发行的彩票有关。取代向所有投资者支付与其余额成比例的传统利息形式，这些有奖储蓄（PLS）账户采用抽彩方式，向某些投资者定期支付可观的费用，投资者获奖的可能性与其账户余额成比例。

四、促进合作型创新，实现自主创新

日立集团会长（董事长）川村 隆：广东省在“十二五”规划中明确积极实施自主创新战略，以创新驱动产业结构转型升级。实现这一目标，需要研究并制定具体措施，推动企业踊跃走上创新发展之路。

●对广东省推进创新的提议。

在中国和广东省的“十二五”计划中，创新都是重要的构成要素，强调根据“自主创新”战略推进创新。我结合日立在全球开展合作创新的经验，对广东省实现自主创新提出以下三点建议。

首先，构建有助于实现“自主创新”的广东省与外资企业的合作创新框架，尽快创造出成功的合作案例。广东省应通过构筑企业－大学－研究所的合作体制，强化与中央政府的合作关系，推进研究体制和研究设施的建设，从而促进创新。在推进构建该合作框架的同时，也应加速引进外资力量，激活其创新能力以提高创新实效性。通过引进外资力量，在实现人口减少和老龄化的创新，以及同时实现环境保护和经济成长的方面，广东省都可以借鉴发达国家的经验和知识。后面两项提案正是针对此内容的措施。

其次，奖励创新活动。现在在中国，从事创新的主体正从政府研究机构向企业大面积转移，由此可见推出如优惠税制、补助金等可以激发企业创新积极性的强有力的奖励措施势在必行。当然，这里所说的企业也包括外资企业，需要实行省内企业和外资企业一视同仁的措施。

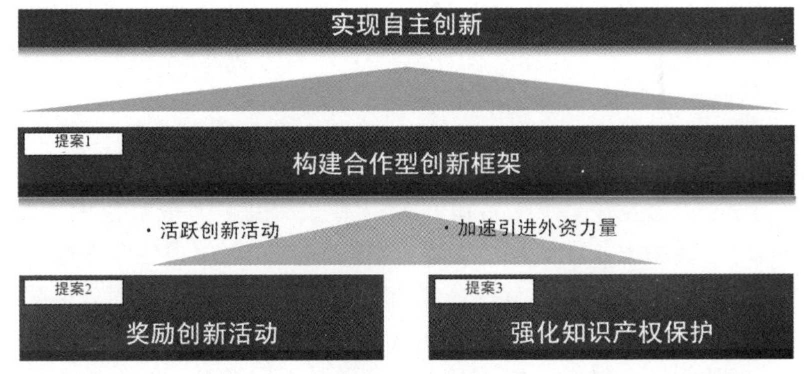

图 1－14　构建保护知识产权的制度基础

最后，建设并强化保护知识产权的制度基础。无论进行多少创新，如果创新的成果不能被作为知识产权得以充分保护的话，就会大大阻碍创新热情。包括日本企业在内的外资企业都将知识产权的保护水平视为外国投资环境中最重要的要素。为加快开展和外资企业的合作创新，中国亟待完善知识产权相关的制度基础。

五、提高制造业能源和资源效率，推广电动交通促经济转型

德国弗劳恩霍夫应用研究促进协会主席诺伊格鲍尔：随着资源可用性、资源匮乏、资源价格波动、能源供应、环境问题及气候保护等全球性问题的重要性日益凸显，可再生能源、节能、环境保护、环保节能汽车等值得重点关注。为实现经济可持续增长，在发展工业和社会经济的同时应兼顾资源效率和环境保护问题。因此，有必要开发高科技创新解决方案，不但满足本地及国际市场需求，更体现珍惜有限资源、保环境、注重长远生存和适应的宗旨。

（一）制造业能源和资源效率

在先进制造业领域，提高能源和资源效率是当务之急。所有人口都有获得财富、现代化产品和科技的权利，更有获得清洁水源、食品、生活空间和完好环境的基本需要。资源效率对经济、生态和社会发展具有重大意义。从经济学角度看，资源效率意味着用等量甚至更少能源和材料生产更多产品。节省的资源具有重要的经济和生态价值，因此，人人都应注重提高资源效率。提高生产过程资源利用效率的明智方法源于东方哲学，即注重全局，统筹考虑系统中所有要素的相互关系。

（二）制造业资源效率研究模型

资源可用性、能源供应、环境问题和气候保护被视为全球最重要的“大挑战”。未来有必要使能源、新产品和创新技术惠及更多力争富裕的人群。为此，不但应深入推广使用太阳能、风能、水能和生物质能等可再生和非化石能源，更为重要的是提高资源效率。只有结合全面降低能耗，可再生能源方能切实得到广泛采用。然而，减少能源使用未必意味着放弃使用。相反，减少能源使用有助于发掘潜力，推动创新。材料、能源和人力资源是有限资产，其有效利用对保障经济、生态和社会可持续发展至关重要。在全球范围内，我们需要摒弃“以最少投资获取最大利润”的传统范式，转型为“用最少资源创造最大价值”的着眼未来的新型范式。

提高效率四步骤：

1. 确定主要参数

第一步是确定生产过程的材料和能源利用参数。此项工作要求建立生产过程透明度，相关能源和材料利用状况，包括需求、损耗、供应等应妥善记录，以便实施智能过程控制。

2. 优化单个生产过程

在生产过程层面，评估单个零部件生产可优化程度，即单位产品节省能源和材料的程度。横向思维有助于确定提高资源效率、减少工艺步骤的零部件生产新方法。即便只是单个零部件的微小改进，在批量生产数百万单位的情况下也能产生巨大效果。

3. 提高流程链效率

观察流程链务求使各单个生产过程相互协调，共同提高资源效率。在复杂系统中，需要利用智能分析和控制技术，以此提高电机和传动装置、加速和减速阶段效率，并协调单个生产过程使之达至最佳负荷或闲置时间。机器设备的设计应从节能角度出发统筹考虑，这样能使所有单个生产步骤实现整体协同效应。

4. 考虑工厂整体

全局观认为，应考虑工厂整体与其中各组成部分的关系以及人力资源的有效整合问题。根据全局观，可从资源优化角度分析整个工厂。分析重点包括找出填补能源流和材料流漏洞的可能性，如某一环节产生的热能可用于满足其他环节的供热需求而非任其浪费，或如何提高材料循环利用效率等。空调、照明和物流等更多、更广泛因素也应纳入效率评估范围。对此，测量和评估能源利用参数的能力起关键作用。

（三）电动交通

1. 普及电动交通的驱动因素

一般情况下，消费者选择购置何种车辆决定电动交通普及效果。消费者关注的重要因素包括汽车价格、折旧、续航里程以及型号、功能或品牌吸引力。然而，这些消费者关注的因素亦取决于经济、政治和技术因素，如石油和电力价格，影响汽车价格和续航里程的电池创新成果、充电基础设施、税收优惠，甚至公共交通基础设施、城镇化和就业模式以及汽车制造商所提供的型号多样化水平也可能成为驱动因素。

2. 技术因素

在技术层面，尤其是电池研发领域的创新成果仍是一项关键因素。该领域的创新成果在很大程度上影响车辆最终成本和续航里程，进而影响车辆吸引力。目前，电池成本最高占电动汽车总成本的50%，仍不适合长途行驶，这一点传统燃料车辆仍占明显优势。

3. 其他电动汽车支持因素

电动交通普及涉及减轻车重（例如使用轻质材料）、提高零部件和系统的整体效率以及实现高效设计。中国国内汽车行业由此产生以下问题：国内汽车制造商应投资多少研发费用以进一步完善传统汽车和内燃机技术，中国是否应考虑跨越式发展，仅专注于电动新能源汽车发展。

通常，汽车分析师均认为所谓的插电式混合动力汽车或增程式电动汽车可能是进入电动交通时代的更好选择，而且这类车比纯电动汽车有更多的市场准入机会。然而，插电式混合动力汽车相对笨重、效率不高。技术和经济因素如何关联，研发投资可能会影响技术发展过程，而技术发展会如何影响经济因素等问题也因此变得清晰。

4. 能源成本

石油和燃料价格以及电力价格是决定车主车辆运行成本的主要因素。如果每单位距离汽油或柴油的价格成本远高于电动汽车的充电成本，电动汽车的折旧速度将远远超过化石燃料价格相对便宜的情境。

5. 基础设施和服务

所有电池驱动汽车均需充电才能正常运行。因此，发展合适的充电基础设施是成功普及电动交通的关键。公共充电服务站仅作为一项辅助设施，充电站方面的额外挑战可能会出现在人口稠密的城市地区，停车空间可能稀缺且收费昂贵。除电力成本之外，还会额外产生停车费用。

在此背景下，有关方面提议实行电池交换模式。然而，此类系统成本高昂，其要求的电池技术标准化可能不符合电动汽车和电池制造商的利益。从技术而言，这一概念可行，但从经济角度而言似乎不具备可行性。新能源汽车对个人使用的吸引力还取决于公共交通服务或汽车共享等服务的可用性和成本。

总体而言，我们必须谨记，只有电动汽车所需能源是可再生能源时，方能充分显现电动交通的益处。因此，电动交通与整体能源政策以及树立旨在改善能源管理的智能电网概念息息相关。与此同时，交通管理领域的整体改善有助于显著提高整体交通效率和减少污染。未来，智能基础设施或汽车－X 概念可通过信息集成系统提供车辆附近最近的充电或电池交换站等信息。

6. 消费者因素和政府激励措施

弗劳恩霍夫系统技术和创新研究所的研究还认为消费者偏好、收入状况和驾驶模式是普及电动交通的重要因素。电动、新能源汽车售价仍显著高于传统汽油或柴油驱动的汽车。正如许多新技术所面临的情况一样，电动汽车在技术和可用性方面仍然存在缺陷，只有少数用户愿意接受相对高昂的价格。但在德国，相对较强的生态意识和新能源汽车的积极持续发展态势也对电动新能源汽车的发展产生了积极作用。企业还可通过增加自有车队中新能源汽车的份额为发展新能源汽车做出积极贡献。在中国，新能源汽车仍因过于昂贵而导致公众难以负担。因此，价格较高且功能有限的电动汽车更加缺乏吸引力。但可通过修订政策对选择新能源汽车予以财政奖励，同时惩罚选择传统和高排放或低效汽车的做法。政府激励措施，例如发放纯电动新能源和插电式混合动力汽车抵扣券或补贴等，减税或选择偏好车牌号段，有助于促进普及电动交通，减轻公众经济负担。负面激励措施，如征收排放量相关税费，在抑制高排放车辆使用的同时也可鼓励客户购置新能源汽车。

除功能性之外，品牌和设计也在消费者选择汽车过程中扮演重要角色。尤其当汽车也被视为一种身份象征时，车身小但价格昂贵的电动车的直观吸引力更小。然而，有针对性的公关活动能够引导公众改善对电动汽车的形象认识。通过开展公开活动或树立公众榜样将有助于新能源汽车建立人们认同的积极、创新、时尚形象。

第二篇　思想的交汇

——论坛实录

随着经济全球化的不断深入，科技全球化迅猛发展。各类研究与创新主体功能重新定位，相互间的依赖性不断增强；世界各国面临的资源能源环境等诸多问题，并非一国一己之力可以解决。如何不断强化合作意识、大力推进开放式创新是全球各国应对上述难题共同的挑战。长期以来，广东省委、省政府高度重视环境保护工作，坚持把环境保护作为推进生态文明建设的重要工作来抓。广东在全国率先通过立法建立了区域大气污染联防联治机制和跨行政区河流交接断面水质保护机制，严格控制“两高一资”、产能过剩和重复建设项目，严格落实污染减排问责制和一票否决制，并同时加快工业园区绿色升级改造，使推动环保的各项工作取得显著成效。然而，在下一阶段新的形势下，广东依然面临着许多新问题、新挑战。首先如何进一步发挥环境保护参与科学调控的基础导向和倒逼机制作用，切实加强环境综合整治；其次，如何着力健全有利于环境保护的激励和约束机制，努力提升发展质量和效益。

针对这两大宏观而务实的问题，2013 年 11 月 22 日，来自世界各地的 21 位顾问及各方代表云集广州，分别召开“产业转型再造核心竞争力”、“环境保护与绿色竞争力”两场主题鲜明的专题论坛。专题论坛上，顾问及各方代表各抒己见，深刻分析了我省在加快产业转型升级及环境保护与绿色竞争力面临的新形势、新挑战，为我省推进工业和社会经济可持续发展、环境保护及提升绿色竞争力提出了新思路、新举措。

第四章 环境保护与绿色竞争力

【上半节】

时间：2013 年 11 月 22 日
地点：广州东方宾馆
主题：环境保护与绿色竞争力
主持：省环保厅副厅长 黄文沐
演讲人：广东省人民政府副秘书长 江海燕
美国卡内基梅隆大学荣誉校长 杰瑞德 · 柯亨
法国电力集团亚太区执行副总裁 高德龙

【主持人引言】

黄文沐：“环境保护与绿色竞争力”专题论坛是 2013 年广东经济发展国际咨询会的一次重要活动。环境保护事关国家振兴、民生福祉和持续发展，今天我们邀请了政府部门、行业龙头企业代表和世界知名专家学者亲临会场，相互交流、深入探讨如何实现绿色发展、低碳发展与循环发展，主要目的是与省长顾问、有关专家学者共同探讨以环境保护倒逼经济转型，进一步提升我省的绿色竞争力。

【论坛发言】

发挥环境保护作用，破解环境资源约束，提升绿色竞争力

江海燕：广东是中国改革开放的先行省。改革开放以来，广东坚持以解放思想为先导，以改革开放为动力，推动经济社会发展取得了举世瞩目的成就。2012 年，全省生产总值达 5.7 万亿元，占全国的 1/9；财政总收入 1.47 万亿元，占全国的 1/7；进出口总额 9839 亿美元，占全国的 1/4。与此同时，我省高度重视环境保护工作，坚持把环境保护作为推进生态文明建设的重要工作来抓，在全国率先通过立法建立区域大气污染联防联治机制和跨行政区河流交接断面水质保护机制，严格控制“两高一资”、产能过剩和重复建设项目，严格落实污染减排问责制和一票否决制，加快工业园区绿色升级改造，推动环保的各项工作取得明显成

效。2012 年，全省万元 GDP 化学需氧量、氨氮和二氧化硫、氮氧化物排放强度均比“十一五”期末大幅下降，生态环境质量综合评价居全国前列，为促进全省经济社会持续健康发展做出了重要贡献。

当前，倡导绿色发展、低碳发展与循环发展，既是世界经济发展的必然趋势，也是各国各地区的共同追求。此次论坛以“环境保护与绿色竞争力”为主题，围绕众多热点前沿话题展开研讨，必将为我省更有效地发挥环境保护作用、破解环境资源约束、提升绿色竞争力带来新思维、新动力。广东将以此为新契机，在促进经济结构战略性调整、加快转变经济发展方式的过程中，坚持把绿色发展、生态立省放在更加突出的位置，进一步发挥环境保护参与科学调控的基础导向和倒逼机制作用，切实加强环境综合整治，着力健全有利于环境保护的激励和约束机制，努力提升发展质量和效益。我相信，在大家的共同努力下，广东的环境保护和绿色发展一定会取得更加令人瞩目的新成效，为促进经济持续健康发展做出新的更大贡献!

量化影响，系统化分析解决环境污染问题

杰瑞德·柯亨：环境保护这个主题对中国人民和广州的领导人来说，特别是广东省的人民和领导来说都是至关重要的。我想和大家分享两个理论上的观点，我认为，这在我们思考如何制定改善环境的政策时是非常重要的。我的第一个观点是：我们一定要量化环境污染所造成的影响。这是至关重要的，因为这是制定合理政策的基础，而这些政策又必定会影响到生产、消费产品的大众，因为他们也会制造出污染。第二个观点是系统化的方法。

首先，关于量化影响这一方面，我的观点主要是来自于 2010 年美国发布的一个非常重要的报告。此报告由美国科学院、国家研究委员会和美国国家工程院共同发布，报告的名称是《能源的潜在成本、能源生产和使用所产生的未被评估的后果》。我本人是国家研究委员会的主席之一。报告的主要观点是：在自由的经济氛围下，中国正在逐步努力建立自由经济体。在此体系下，价格是引发消费者和生产者行为的关键信号。也就是说，作为一名消费者，我决定购买东西的时候，价格是非常重要的一个参考因素；在生产者进行经济生产时，考虑使用何种原材料，生产成本降低时，价格也是重要的参考因素。因此，我认为价格是市场活动，如生产、资源使用价值等的一个关键信号，对消费者和生产者而言至关重要。

在自由经济体中，价格反映了资源和产品的真正价值。当人们开始根据价格来做决定时，我认为价格实际上在很大程度上影响了人们的行为。如果价格没有

准确反映产品实际价值的话，人们和公司企业都无法做出对社会最优的决定。也就是说，如果污染没有考虑在生产和消费之内，那么生产和消费的价格其实是远远被低估了。举例来说，汽车使用的汽油，其价格如果包括了生产成本和使用汽油产生的污染成本，则价格就真正体验了汽油的价值。相反，如果没有考虑到汽油的污染成本的话，汽油价格是被低估了。这些未被估价的价值或内容，以经济学家的说法来解释，就是所谓的“界外效应”或者是“外在效应”。评估“界外效应”或“外在效应”是非常重要的，因为这将影响到定价的准确性。

此次报告我们首先将所有损害都累积起来进行计算，并且报告中列举了大量实例。例如，2005 年的美国共有 406 个火电厂使用煤炭发电，他们未被估价所造成的损失总计达到 620 亿美元，其中未被估价的部分包括了健康成本，即人们呼吸到由火电厂煤炭燃烧所释放出来的物质所造成的健康危害。实际上，每生产 1000 瓦时的电就损失 3.2 美分。此外，我们发现在各个地区和厂址所造成的危害是不一样的，尽管污染程度不一样，但是报告的结果是基于平均值所得的。预计美国所有的火电厂未被估价而造成的损失达到 620 亿美元每年。对此，我们提出的解决方案是对煤炭发电的火电厂进行征税，而火力发电的电价应当包括所有火力发电造成的健康、环境影响。如果征税成功，那么电价就能准确反映出电力的所有价值。

我的另一观点是系统化的方式。我们在思考如何解决环境污染问题的时候，主要应该考虑两个方面：一个是自然体系，譬如一条河流，它是一个体系、一个系统，上游排污，下游的人民将会受到污染危害。如果广州的污染物排放到珠江中去，那么深圳和香港将会受到影响。此例子从表面看，广州要管理的环境只是属于广州部分的水体，但实际广州受到的污染也来自上游的影响，江河流域的空气污染也是一个重点问题。所以要进行管理的话，必须将此看作一个整体，广州也是只整体中的一部分。

每个城市都有空气受到污染的区域，区域内人们就会受到空气的污染。城市的污染物随着空气的流动而蔓延，风下游的居民也会受到影响。所以，污染的区域也应是一个体系，会相互影响。说到这里，我认为我们应该采用“生命周期”的分析方法。也就是说，火电厂不能只考虑火力发电，开汽车不能只考虑汽车燃油，我们必须考虑到整个生产活动的生命周期，即从生产到最终废物的排放的全过程。

“生命周期”分析法应用在交通能源方面极为重要。从油井开始到废气排放结束的整个“生命周期”被划分为以下四大阶段，这样能够更好地帮助理解汽车运行中对环境所造成的影响。生命周期的第一阶段是原料，包括燃料的提取、运输、提炼过程。第二阶段是燃料，即我们生产过程中所使用到的燃料和能源。第三阶段是汽车，汽车本身的排放。第四阶段是操作，是指汽车运行时排气管和蒸发性的排放。

人们开车时不能只考虑到汽油的燃烧，还要考虑到“生命周期”的四个阶段，这才是我们需要分析的全过程。日常使用的每辆汽车都经历着这个“生命周期”。当然，除了汽油可以作为燃料以外，有些电动汽车使用的是生物燃料，譬如玉米。

加快建设市场规则，实现发电用电的可持续发展

高德龙：电力是经济发展、社会进步所必需的商品，在2012年世界展望会上可以看到世界仍有13亿人缺电，26亿人在日常生活中使用生物质燃料，如烹饪，这会带来非常严重的空气污染，包括室外和室内的空气污染。中国能源需求方面在全球占据重要的位置，在2035年，预计中国的一次性能源的需求量占全球的三分之一。作为经济改革的“排头兵”，处于发展阶段的广东必须通过一系列的抉择来应对转型。

广东省是中国的经济大省，但是广东在经济、城市化、人员流动及日常生活中存在反差。为应对挑战，广东政府下定决心，要通过经济增长作为发展战略核心，从而振兴广东省。绿色增长发展又是工作的重中之重。能源的基础设施建设需要大量的资本投资，另外也需制定能源政策，要依赖长期的政府规划，规划需要循序渐进慢慢实施。为实现这一目标，广东省也积极与跨国公司寻求合作，共商解决方案。而法电公司也愿意成为广东省的合作伙伴之一。

对发展强劲的中国而言，获取能源不是一个简单的慈善问题，而是一发展大计，也是重中之重。此类国家应该制定国家发展的愿景，使得包括电力在内的能源规划能够更有利地服务于社会，实现国家的发展目标。

【下半节】

时间：2013年11月22日

地点：广州东方宾馆

主题：环境保护与绿色竞争力

主持：广东环境保护工程职业学院博士 陈英

互动嘉宾：美国卡内基梅隆大学荣誉校长 杰瑞德·柯亨

法国电力集团亚太区执行副总裁 高德龙

广东省社会科学院研究员 赵细康
深圳能源集团股份有限公司总经理 王惠龙

【论坛互动】

技术创新、人才培养与绿色科技革命

现场提问：当今以环境保护、能源节约、废物利用以及新能源和代用材料的开发应用为主要特征的绿色科技革命在全球范围内蓬勃兴起，科技革命离不开技术创新与人才培养，在前面的演讲中，柯亨教授也提出了怎样推动创新的一些观点和做法，要实现我们的绿色科技革命，我想请问柯亨教授，您认为我们在现实过程中间应该如何来做这件事?

杰瑞德·柯亨：首先第一点我们实际上在技术方面已经有了一定的进步，我们在美国常常听到政客们说环境保护是一个巨大的力量，无论是在我们的国家或者是任何的国家环境保护都是需要很大的投资，这是很难取得的一些事情，因为这涉及大量的能源和资源，难以完全满足。考虑到现代生活的需求，中国的方方面面都会涉及环境和资源，在一个国家，在一个社区，我认为连环境的保护和资源的保护都是一个难题，那么，我将再次提到我们的外在性和外部因素，以及我提到的系统化的解决方案。在提到外部因素效应的时候，我们可能需要考虑到的是一些税收的问题，但是在我们的国家，在美国是很难对税收提起一个新的议案。对于系统化的解决方案，我认为是比较合适的，我们如果是在考虑到环境的成本的时候，很多的专家以及研究机构，他们常常也会提出一些比较糟糕的观点。根据我的观察，我想很重要的一点就是高德龙先生刚才提到的低碳未来，在低碳的发展中，我们必须需要考虑的是降低 CO_2 的排放量等，这个方法对于我们的未来是非常重要的，特别是我们在解决环境气候变化的时候。但是，在中国我们也不仅仅需要去考虑环境变化的问题，有近期的一些空气质量的问题，比如说在北京空气的质量已经真正地对人们的健康造成了影响，在大气中有很多硫化气体、氢氮气体等。如果我们大量地使用火电和天然气就会加重这种污染。所以，我的观点就是低碳未来对于中国来说是非常重要的，你们必须要马上对此采取行动而不应该再浪费时间。

核电安全以及消除公众对核电的恐惧心理

现场提问：在全球特别是我们国家的经济发展过程中，能源应该说是我们重要的瓶颈，然而最近几十年来，能源紧缺已经成为世界性的特别是我们国家面临的严峻挑战，一方面传统能源的大量消耗给环境带来了巨大压力，另一方面就是清洁能源的发展由于技术、经济的问题也受到了一定程度的制约，因高德龙先生在上半节介绍了法国核电发展的相关情况，对比中国和法国两者，法国的核电占发电总量的80%，而中国仅仅占2%；我们也注意到法国的核电站很多是内陆沿河而建，而中国的核电站都在海边。那么，就想请高德龙先生介绍下法国政府和企业在核电安全以及消除公众对核电的恐惧心理方面的一些经验和做法，以供我们广东省的经济发展的能源保障提供一些参考。

高德龙：我们确实也看到了在中国很多的核电厂是建在海边的，但在中国西部也具有很严重的缺电现象，所以我们若能够沿河而建核电站将是一个很好的解决方案。实际上，法国在20世纪70年代也曾经面临着类似的问题，当时法国政府决定要大力发展核电站，现阶段我们法国有80%的电力都是核电提供，这是我们政府做出的一个非常正确的决定。

在这个问题上我有两点与大家分享，第一是关于技术的，在技术上简单地说，我不想跟大家争论什么，但是在法国我们超过2/3的核电站都是沿河而建，有1200个反应机组是建在内陆地区，我们总结出的所有经验和研究都表明，内陆核电站在安全性上可与滨海核电站相媲美。在建立核电站的工作过程中我们需要运用大量干净的水源，所以将核电站沿河而建或是建在海滨，实际上是差不多的，都没有问题。也许人们会提到一些潜在的事故，或者是运作上的问题，以及建立核电站的后果，但我认为在这些方面，河滨和海滨核电站并没有太大差别。

除了技术方面，另外一点就是与人们的沟通和交流方面，我们需要给人们提供一种交流和咨询的机构，这一切都必须建立在透明的制度和独立控制下。至于如何为新电站选址，我们会先有面向公众的讨论和辩论，会听取人们的意见，然后告诉人们我们所面临的选择是什么以及我们将如何做出最优的选择。实际上对我们对每一个核电站我们都建立了当地的信息委员会，组织起当地人们去了解到核电站真正的数据和信息，实时给当地居民提供各种各样的信息和关于环境影响的相关资料，并提供参观的机会，等等。核电站基于透明政策的基础上，组织实时的沟通赢得公众的信任，主要方式包括每周网站的更新、免费热线电话、组织参观核电站的信息中心以及定期发布新闻等，对于重大事故我们会及时向民众通报，同时我们会告诉当地居民核电站的风险和影响有哪些，我们也组织一些应急演练并邀请当地公众参与。

环境保护与提升绿色竞争力

现场提问：长期以来许多人都认为经济的快速发展会带来很多环境问题，环境保护抓得越严，对经济发展的限制性也会越大，这两者似乎是一个矛盾的共同体，那么到底严格的环境保护是否会影响经济的发展，请社科院的赵细康研究员就环境保护来提升绿色竞争力方面谈谈个人的看法。

赵细康：这次省长国资会的主题就是提升国际竞争力，我们今天的主题就是探讨环保和竞争力之间的关系。环境保护与绿色竞争力的问题我想是所有人尤其是政府都很关心的，环保措施太严了，企业竞争力会不会丧失？企业会不会"跑"？国际上也曾就这些问题展开讨论，发达国家环境严了，一些产业会不会跑到发展中国家；发达地区环境严了会不会跑到落后地区，这是大家非常关注的问题。我个人综合研究的观点是：短期有不利的影响，长期具有积极的影响，这出自著名的管理学家波特提出的"波特假说"。刚才柯亨教授提到环境问题的根源是外部性，环境保护就是要把环境外部性内化到企业当中，成本一定会上升，所以我们说成本不上升那肯定是假话。也就是短期存在不利的影响，要购买设备等，一定会导致产品价格上升以致影响竞争力。

但是，在短期的不利影响过后是具有积极效应的，主要有三点。第一是创新效应，有了大量的研究、个案观察，环境政策出台后与环保相关的技术专利数量会有明显上升；第二是先发优势，因为绿色环保低碳是未来经济发展需要，谁先做谁就先抢占这个市场，这是一个市场优势，在一个地区一些有竞争力的企业成长之后其产业结构也会改变，因此该地区的整体竞争力反而会上升；第三，关键问题是我们如何把握短期和长期之间的关系，我觉得这是政府需要妥善解决的问题，既然短期有不利影响，那么政府就要想办法帮助企业渡过转型的阵痛期，环保成本上升了能否在其他方面降下来，这亦是政府政策设计的技巧，政策本身其实也有差异，有些政策是高成本的，而有些政策是低成本的，所以我们在政策选择的时候应选择一些低成本的政策，我想这是我们政府的角色所在和职能所在，这也是国际上通行的做法。所以对环境保护和竞争力之间的关系，我的观点是短期悲观，长期乐观。

做好清洁能源的开发与应用

现场提问：广东省经济处于高速发展阶段，对于能源的需求很旺盛，同时，广东省的能源全部依赖于省外和进口供应，除了核电之外，广东在大力发展清洁能源，如垃圾发电。深能源集团在我们省乃至全国，在清洁能源方面具有举足轻重的领先地位，请深能源集团的王慧龙总经理谈谈您对我们生产发展清洁能源有什么建议以及我们怎样将清洁能源的应用和开发做得更好？

王慧龙：广东在全国的经济地位以及环保地位都很高，但是现在广东政府包括广东的发电企业都感到很纠结。纠结在于：广东是个电力需求大省，也是发展大省，但是广东现在总的瓶颈就是广东是个资源贫乏的地区，广东的天然气发电在全国最多但广东并没有天然气，要靠大量进口；广东也没有煤，煤大多是从北方包括内蒙古、山西通过大秦铁路运到广东；广东在南方，但是光伏资源也不富足，事实上广东几乎没有太阳能发电；广东的风资源在海上有一部分，但风资源也不发达。所以广东的电力资源从哪里来呢？第一是火电；第二是西电东送，从云南、贵州将电输送到广东。所以这几年广东的环保压力极大，污染物排放总量要降下来，广东省政府做了很多工作，我们广东煤电企业包括火电企业也做了很大的贡献。我们也意识到电力企业要发展好首先要做好环保，做发电就要做环保，如果环保做不好，企业非常辛苦，没法存在。刚才主持人讲广东怎么发展电力瓶颈问题，煤电在广东的珠三角几乎没有落脚的地方，但在广东不发展煤电就没法发展；广东的核电在全国的所占比例也比较大，但是要落地也很难。

所以我想广东目前主要的发展方向是：第一是高效清洁化生产传统的煤炭行业，现在广东70%的电力需求还是来源于火电，这一部分需要清洁化、高效化。目前中国的煤炭的热值转化效率（即热值转化为电能）不超过14%，也就是说有86%都浪费了，形成温室气体排至大气或者形成固体废物和废水排至地面。所以我们的电力发展越多，如果环保跟不上，那么广东的污染程度会越来越高，所以广东的环保压力很大；第二是新能源问题，刚才说过广东无法发展光伏资源，风电只能在沿海发展，其他地方也不可能，但是广东的分布式光伏能源还是具有很大的发展空间，这部分广东还不到1%，接下来我们深能源准备在惠州、潮州、深圳布设一些光伏分布室，还有分布式的天然气发电和能源的综合利用项目。

通过价格政策内化企业外部不经济性

现场提问：刚才柯亨教授也介绍了环境问题很多是外部化的问题，实际上广东省也有注意到这个问题，怎么样通过价格政策使得外部的不经济性能够内部化，包括物价行政主管部门成立的环境价格处。那么，我想请柯亨教授谈谈如何制定一个合理的价格才能够更好地内化企业外部的不经济性，我想请您给我们广东省的政策制定方面提出一些建议。

杰瑞德·柯亨：其实刚才赵细康教授也提到了，如果要制定一个定价策略，比如说通过税收作为一个参考来定价的话，要确保我们制定的税收能够和污染带来的环境危害是直接相关联的。以燃烧煤炭发电的火电厂为例，火电带来的损失、危害，外在性即包括氮氧化物、颗粒物等均排放至大气中，若要让施加在这上面的税收有效，就要让其与产生了多少吨的氮氧化物相关，而不是用了多少吨的煤相关，或者要确定一个具体的税制，而税制是和发电量相结合的，比如说发了每1000 W的电，那么一度电应征收多少钱，按照发电量来确定电价或者税制，还不如根据发相应的电量带来的环境污染来的有效，这是我们讲的以外在性带来的环境污染，环境风险以及危害为参照物来确定税制。所以你要根据污染的情况来确定到底应征什么样的税，而不是使用了多少能源，这是比较切实可行的。到底我们的哪些做法给环境带来了哪些危害，到底带来了哪些污染，这与我们定价体系建立是直接相关联的。

价格的政策调整与能源企业的效益

现场提问：电力系统应该说是全省污染排放的大户，那么价格的政策调整可能会对能源企业的效益产生直接影响，就这个话题我想请问我们王总：价格政策变化会对企业造成什么影响？

王慧龙：这个我首先回忆一下柯亨教授提出的一些想法，他的想法很对，因为尽管这几年我们节能减排等环保工作做得很好，脱硫、脱硝、正在进行的除尘、深度脱硫以及接下来要做的脱汞，但我们现在的电力价格没有充分体现资源的价格、环保成本、污染物对健康影响成本。刚才柯亨教授提到应不仅仅考虑到原料成本、管理成本，还应考虑到税收，通过税收还有其他费用将对环境、对健康的影响的成本加上去，这个思路是对的，我个人是赞成的。但是有一个问题，中国的电价不管你加多少钱，怎么往下游转移，比如我把煤炭价格加上运输成本、管理成本、环保成本、清洁化成本、污染对人体健康影响成本，最后定价可能很高，但是社会定价、工商业用户和居民用电几乎没辙，那这个成本由谁支付？这是一个很纠结的问题，就是说你要一个企业生存发展，它必须有利润体现，当然这不是说企业不承担社会责任，而是一个企业的生存必须考虑一定时期社会经济承受的总量，社会经济企业承受能力来考虑。我相信美国的社会机制、市场竞争机制、价格形成机制是很顺的，中国实际上不顺，美国电价不一定比中国高，它整个国家体制、经济结构、价格调整机制等非常协调，我们不顺就比较困难。刚才说广东是天然气发电大户，但天然气成本太高，目前的三个电厂只有从澳大利亚进口的那一家是盈利的，其余的都是亏损的，靠广东省政府补贴，靠长期补贴是不可持续的，这怎么办？所以，成本的增加，社会成本的调整即环境成本的调整包括税收的增加一定是全社会综合的系统，这跟我们社会经济发展的各个阶段是密切相关的。

杰瑞德 · 柯亨：我想补充两点，也是回应刚才王总所说的。王总提到的非常重要、非常有价值，看看我们如何把外部因素内在化。首先，我们要根据产品带来的一些损失或者风险来进行征税，而不是简单地指使用这个产品。比如说对于深圳能源集团，不是根据其发了多少电而是根据 SO_2 的产生量来征税，若 SO_2 排放量高的话我们税收就高一些，若通过电力来征税就没有什么实际意义了，也就是说环境税或发电税要根据排放的污染物的实际含量来确定。刚才王总提到公司将通过清洁生产的方式来控制二氧化硫的排放。另外一点，我们要发展并完善的定价措施，从而让企业能够将巨大的价格压力转移一部分出去，也就是说消费者在用电的时候必须要承受更高的电价，若我们有一个税是针对发电污染的，政府收税后应将其用于补贴老百姓以缓解老百姓承受的经济压力，因民众承受较高电价是由于政府增收了企业的税，而企业将其转移至民众身上，我觉得这个方法还是能够比较有效地帮助我们将一些外部因素内在化的。另外，我们对公司企业也有一些激励机制让其能够控制污染。

第五章 产业转型再造核心竞争力

时间：2013 年 11 月 22 日
地点：广州东方宾馆
主题：产业转型再造核心竞争力
主持：省科技厅厅长 黄宁生
演讲人：德国弗劳恩霍夫协会国际合作部主任 劳乌尔·克林纳
德国大众汽车集团（中国）执行副总裁 杜思凯
广东工业大学校长 陈新

【主持人引言】

黄宁生：“产业转型再造核心竞争力”专题论坛是“2013 年广东经济发展国际咨询会”的一次重要活动。转型升级既是广东从传统优势向创新优势的必然选择，也是广东实现弯道赶超的必经历程。今天我们邀请了政府部门、行业龙头企业代表和世界知名专家学者亲临会场，主要目的是与省长顾问和有关专家学者共同探讨如何为广东打造以科学技术为支撑的创新优势，实现广东经济转型升级，培养“珠三角”新型核心竞争力。

今天的论坛将围绕我省产业转型升级的现实需求，以增效技术和电动交通为切入点，在国际视野下探讨广东如何在发展工业和社会经济的同时兼顾资源效率和环境保护，实现经济可持续发展，为我省产业发展提供有益借鉴和路径参考。

【论坛发言】

陈云贤：广东战略性新兴产业发展和制造业高级化已具备一定基础和条件，但从总体上看仍然处于初级阶段，还需要破解一系列难题，才能实现可持续发展。在此新形势下，如何加快产业转型升级，从而在新一轮国际竞争中持续保持竞争力，正是举办本次广东经济发展国际咨询会科技论坛的宗旨所在。随着经济全球化的不断深入，科技全球化迅猛发展，各类研究与创新主体功能重新定位，相互间的依赖性不断增强，资源能源环境等诸多问题，绝非一国一己之力可以解决。因此唯有不断强化合作意识、大力推进开放式创新，才有可能应对上述全球共同的挑战。

制造业能源和资源效率

劳乌尔·克林纳：随着资源可用性、资源匮乏、资源价格波动、能源供应、环境问题及气候保护等全球性问题的重要性日益凸显，上述主题值得重点关注。可再生能源、节能、环境保护、环保节能汽车等已被纳入中国“十二五”规划（2011—2015 年）。据《中国日报》报道，至 2016 年，广东计划将在交通基础设施领域投资 7751 亿元人民币（1260 亿美元）。这为关注电动交通和提供城市必要的基础设施提供了良好契机。

在先进制造业领域，提高能源和资源效率是当务之急。目前，全球人口为 70 亿，据联合国预测，2030 年和 2050 年，全球人口将分别增至 82 亿和 96 亿。据预测 2050 年，中国人口将超过 13 亿，占全球人口总数的 15%，其中 65 岁以上人口占 24%。

所有人口都有获得财富、现代化产品和科技的权利，更有获得清洁水源、食品、生活空间和完好环境的基本需求。但今天，在世界许多地方，这些基本需求已岌岌可危，而未来形势将更加严峻，除非人类改变资源利用现状。

如果目前的资源消耗速度不变，未来，镝、钕、铋、镓、锗、铌和钯等材料的供应形势将相当危急，而这些材料对于生产手机、风力涡轮机和太阳能电池等高科技产品是不可或缺的。

过去 10 年间，中国经济发展速度惊人，在实现联合国发展目标的道路上取得显著进步。根据世界经济论坛发布的最新全球竞争力指数，中国在 144 个国家中排名第 29 位，中国可持续性水平的低下对其排名产生了一定的负面影响。

除在纳米技术、生物技术、新材料、信息与通信技术及可再生能源技术等未来新兴技术方面持续进步外，工业生产仍是中国经济的重要支柱，这一点与德国类似。

2011 年，中国汽车产量占全球总产量 23%，经合组织和金砖四国出口总量中，14% 来自出口冠军中国。然而，成绩的背后面临着资源和环境挑战。中国二氧化碳排放量占全球 29%，人均资源消费量从 1970 年全球平均水平的 31% 激增至 2008 年全球平均水平的 162%，是前者的 5 倍。金属和工业矿物领域的增长幅度尤为明显。在此背景下，资源效率问题愈加重要。为此，中国政府已采取有力措施，如在“十二五”规划期间（2011—2015 年）着重发展可再生能源、节能、环保、清洁节能汽车等。

资源指能源和材料，资源效率对经济、生态和社会发展具有重大意义。从经济学角度看，资源效率意味着用等量甚至更少能源和材料生产更多产品。弗劳恩霍夫系统与创新研究所（ISI）一项调查显示，受访企业估计其生产过程中材料使用量平均有 7% 的节省空间，相当于每年可节省 480 亿欧元。节省的资源具有重要的经济和生态价值，因此，人人都应注重提高资源效率。提高生产过程资源利用效率的明智方法源于远方哲学，即注重全局，统筹考虑系统中所有要素的相互关系。

资源效率对经济、生态和社会发展意义重大。能源、材料和人力资源是有限资产，有效利用这些资产对保障经济、生态和社会可持续发展至关重要。在全球范围内，我们需要摒弃“以最少投资获取最大利润”的传统范式，转型为“用最少资源创造最大价值”的新型范式。

实践表明：提高资源效率需要具备全局观念，统筹考虑生产过程的各个环节、机制、子系统以及它们之间的相互关系；生产过程的每个步骤，如从单个零部件的生产到实现工厂整体优化的智能控制，其中每个步骤均有提高资源效率的潜力。弗劳恩霍夫协会可为提高生产过程资源效率提供支持。

电动交通的重要性

劳乌尔·克林纳：随着中国经济的日益繁荣，乘用车需求不断上升。2005 年到 2012 年间，中国乘用车新车销售量翻两番，目前继续呈现上升趋势。这也使得中国二氧化碳/温室气体排放量、化石燃料量和石油进口量高企不下，且呈现上升趋势。因此，提高电动汽车市场份额对于石油/燃料安全、减少二氧化碳排放量和改善可持续性而言非常重要。2012 年，中国汽车销量约为 1930 万辆，其中乘用车 1550 万辆。新能源汽车只有约 27800 辆。这意味着中国国内电动汽车市场存在巨大潜力。

德国和中国都在考虑增加新能源汽车，尤其是如何提高电动汽车市场份额的政策和市场策略，藉此减少温室气体排放量和化石燃料消耗量，并达成可持续发展的重要目标。中国在“十二五”规划中提出，到 2020 年纯电动汽车和插电式混合动力汽车（即“新能源汽车”）累计产销量达到 500 万辆的目标。能否成功实现这一目标取决于若干相互关联的有利因素，包括技术、基础设施、成本、经济激励措施、政策和需要公开和优化的市场报价，这些因素是提高该目标的吸引力和可行性的基本保障。

德国政府宣布将在 2020 年之前实现 100 万辆电动汽车上路的目标，理想情况下，该目标不含额外（公共）采购推广计划。德国和中国的情况类似，目前德国新能源汽车的推广进程仍然落后于期望水平。最新报告显示，目前（2013 年第三季度）中国已有大约 39800 辆新能源汽车投入使用，该数字在德国为

16000 辆。因此，两国迄今仅实现各自 2020 年普及目标的 1% 左右。

尽管如此，凭借最佳技术（尤其是电池技术和充电基础设施）和社会经济条件（成本、相较汽油/柴油与电力资源的有利比率和吸引力），如能做出正确选择并配合激励政策，德国仍然能够在 2020 年之前实现 100 万辆电动汽车上路的目标。为制定正确战略并创造富有吸引力的激励措施，政府需要考虑最终影响消费者是否最终选择新能源汽车的诸多因素。了解技术、经济、政治和社会影响因素和它们之间的相互关系，从而制定以目标为导向的政治、经济和社会发展策略，最终达成目标的首要任务。

弗劳恩霍夫系统技术和创新研究所进行了一项经济评估，该研究以购买了纯电动汽车和（插电式）混合动力汽车的拥有者所花费的总成本作为主要参数。研究分析了影响电动交通普及效果的潜在因素，这一分析将有助于优化电动交通普及战略。

一般情况下，电动交通的普及效果由消费者选择购置何种车辆来决定。消费者关注的重要因素包括汽车价格、折旧、续航里程以及型号、功能或品牌吸引力。

然而，这些消费者关注的因素亦取决于经济、政治和技术因素，如石油和电力价格，影响汽车价格和续航里程的电池创新成果、充电基础设施、税收优惠政策、公共交通基础设施、城镇化和就业模式甚至汽车制造商所提供的型号多样化水平也可能成为驱动因素。

弗劳恩霍夫系统技术和创新研究所进行的这项经济评估研究得出最终结论：在新能源汽车适用的最佳条件下，德国可在 2020 年之前实现 100 万辆电动汽车上路的目标。即使在不利情况下，实现 15 万辆至 20 万辆电动汽车上路的目标仍然可行。该研究还设定了不同情境，主要基于评估消费者使用电动汽车耗费的总成本，涉及其驾驶模式，可用充电方式和货币激励措施（如税收优惠、轻松贷款等），以及技术和经济因素，如燃料价格、电力价格、收入状况、电池创新成果和替代交通方式。这项研究充分说明了各因素之间的复杂关系，例如电池创新成果可以降低汽车价格，延长车辆续航里程，吸引更多汽车制造商投产，从而增强电动汽车对新兴消费群体的吸引力。此外，燃料价格与电力价格之间的差异水平也是一项影响因素之一。基于此项研究，下文将列出对中国电动交通评估和战略较为重要的若干相关因素。

中国有潜力在电动交通领域发挥主导作用，投资新能源汽车是缓解日益严峻的能源可用性、气候变化和可持续发展等挑战的未来之路。中国和德国均制定了到2020年新能源汽车投入使用量的宏远目标。然而，目前两国目标实现进展较为缓慢。

为提高新能源汽车的市场普及率，评估和制定适当战略时，必须考虑不同技术、经济、社会和政治因素以及它们之间的相互依赖性。因此，在战略制定过程中，必须从整体角度着眼于相互交织的多个因素，包含能源和气候政策、研发行动、基础设施建设、产业规划和消费者利益，这些因素相互联系，不可分离。制定战略的过程中还需要开展系统研究和规划，例如针对具体地区的环境，发展合适的基础设施，或选择投资新能源汽车的最佳行业和制定消费者激励措施。

弗劳恩霍夫可通过分析相互关联的复杂因素提供支持，这些因素影响电动交通的相关选择，也是制定进一步推广新能源汽车之实用战略的必需信息。

优化广东投资环境

杜思凯：法治化、国际化的投资和经营环境，是一个国家或地区经济健康发展的根本保障，我们非常赞赏广东省对此问题的重视，这是广东的希望所在。我们有4点建议：

首先，法治化意味着完善、公平、一致、可预期的法律和政策。建议广东在制定政策和法律的过程中，应该与行业和利益相关方进行充分的沟通，让各方充分表达意见和看法。在决定实施新的政策、法规之前，请给予企业合理的时间进行准备和调整。例如在排放和其他环保方面。

其次，全球化和国际市场竞争，需要广东更加开放，而开放需要与国际通行规则接轨、建设对内资和外资企业一视同仁的公平竞争环境。政府对经济转型和创新的引导，应该通过一致的“游戏规则”来实现。例如发展新能源汽车产业，建议广东给予国际企业和国际品牌同样的机会，通过开放、公平的竞争，提升广东新能源汽车产业的发展。

再次，广东在实现将“广东制造”提升到“广东创造”的过程中离不开创新。创新是推动经济升级和取得长久成功的驱动力。而对知识产权的保护又是创新的基本保障。企业在本地的创新成果是衡量本地营商环境的一个重要指标。

最后，吸引投资需要完善的基础设施和良好的生活环境。基础设施不仅局限于能源和道路，也包括充电设施、高品质的燃油和天然气供应等，这些条件在未来具有十分重要的意义。空气和水属于所有人，环境保护也同样人人有责，政府、公众和企业应该共同承担环保责任。

大众汽车将积极参与广东的经济建设，为广东的发展做出贡献。首先，大众公司将进一步扩大投资并且引入先进制造和绿色生产技术。大众汽车集团在广东佛山的工厂已于2013年9月25日正式投产。该项目，一期产能为30万辆，总投资181亿元。大众汽车计划继续在广东投资153亿元，用于佛山项目二期30万产能的扩建。大众佛山项目引入了最先进最环保的制造和生产技术，佛山二期项目计划将同时生产最新技术的新能源汽车。

第三篇　高端会晤

——省领导对话洋顾问

2013 年 11 月 20 日至 22 日，广州东方宾馆高朋满座，群贤毕至，21 名来自不同国家、说着不同语言的“洋顾问”抵达广州，共同为广东拓展开发领域、提升国际竞争力出谋划策。他们之中既有来自生物医药、汽车制造、能源化工等先进制造领域的“巨头”，又有来自金融保险、科研服务、贸易、现代化物流等现代服务业领域的“领军人物”。

会议期间，广东省委书记胡春华，省长朱小丹，常务副省长徐少华，省委常委林木声，副省长招玉芳、陈云贤、李春生会见了远道而来的贵宾们。在一场场会见中，顾问们为广东扩大开放领域、提升国际竞争力献计献策，使广东与世界的共赢合作前进了一大步。以下是省领导与部分顾问会谈时的精彩片段。

第六章 胡春华会见国际咨询会全体顾问

时间：2013 年 11 月 21 日

地点：广州东方宾馆

胡春华：广东经济发展国际咨询会自 1999 年首次召开至今已是第 9 次、第 14 个年头，14 年来，各位顾问积极向广东建言献策，带来全新的发展理念和成功经验，推动一批先进制造业和现代服务业重大合作项目成功落户，为广东加快发展和转型升级注入了强大的动力。借此机会，我对各位顾问多年来对广东的关心和支持表示衷心感谢，也希望各位顾问扎根广东，投资广东，献计广东，并在广东获得更多的发展机会。下面，也与各位顾问交流一下对当前世界经济发展及广东提高对外开放水平的一些看法。

一、深化共识，携手推动世界经济复苏

面对 2008 年国际金融危机的巨大冲击，各国政府、国际组织、企业界加强合作，联手应对，不断推动经济复苏。以顾问机构为代表的世界 500 强企业，推进技术创新，加快企业兼并重组，既实现了自身发展，又为全球经济复苏作出了贡献。当前世界经济总体形势有所好转，主要经济体开始走出严重的衰退，美欧日等发达经济体正成为全球经济增长回升的主要推动力。

然而，国际金融危机深层次影响仍未消除，世界经济不稳定不确定因素依然突出，主要发达经济体的结构性问题远未解决，新兴经济体经济增速放缓。世界经济在低速复苏中的调整分化，新技术和商业模式市场前景的不确定性，都增加了企业发展的困难和风险。在经济全球化深入发展的大背景下，世界各国联系日益加强，相互依存更加紧密，全球经济一体化的程度在提高，每个国家的经济波动都可能影响全球经济增长。推动世界经济复苏需要各国深化共识，携手合作。

面对国际金融危机的巨大冲击，广东坚定不移调结构，脚踏实地促转变，提高自主创新能力，大力建设现代产业体系，经济增长内生动力不断增强，保持了经济平稳健康发展。广大企业也在应对危机冲击中得到成长，一批果断转型、狠抓创新、科技领先的企业脱颖而出。从目前的情况看，今年广东可以实现 8.5%

左右的增长，经济增长处于合理区间。但广东经济仍然存在下行压力，增长的基础还不牢固，需要与顾问机构联袂合作，共同努力。

二、树立世界眼光，进一步提高对外开放水平

对外开放是广东经济发展的生命线，广东每一次的攻坚克难、每一次的爬坡越坎、每一次的开拓奋进，都离不开这个重要法宝。广东经济发展取得的巨大成就，得益于大力实施外向带动战略，得益于充分利用毗邻港澳的地理优势深入推进粤港澳合作，得益于积极利用外商投资，得益于主动参与国际分工合作。但必须认识到，广东外向型经济的发展较大程度上依赖劳动力低成本和资源的高投入，存在开放层次不高、产业层次总体偏低、自主创新能力不强等问题，特别是广东经济对外依赖性较高，2012 年的外贸依存度高达 108%，世界经济波动对广东影响明显。

面对国际竞争形势的新变化和国内人口红利逐步减弱、资源环境约束趋紧的新挑战，广东必须以全球视野、战略思维去谋划未来发展，把提高对外开放水平作为重大战略任务，以开放促改革、促创新、促发展，以更大的勇气主动与国际通行规则对接，大力引进国际先进理念和技术，加快发展现代服务业、先进制造业、新兴产业，建设现代产业体系，打造对外开放新优势，提升广东国际竞争力。

不久前闭幕的党的十八届三中全会，制定了我们国家未来全面深化改革的新蓝图，也为广东提高对外开放水平带来新的机遇，增添了强大动力和活力。下一步，广东将抢抓机遇，趋利避害，更大力度推进对外开放。着力优化对外开放战略布局，在巩固与港澳台合作交流的基础上，加强与发达国家的合作；着力拓展对外开放的广度和深度，提升开放型经济质量效益；着力推动资源、科技和人才国际合作，提高全球范围整合资源能力；着力打造多层次国际合作平台，创新国际合作模式；着力建设法治化、国际化营商环境，增强国际竞争软实力。

广东在提升对外开放水平的过程中，要抓住核心问题，重点突破。一是更加注重多元平衡，出口和进口并重，商品贸易和服务贸易并重，开拓多元化国际市场。二是更加注重提质增效，促进现代服务业、先进制造业和战略性新兴产业发展，提高国际合作的质量和水平。三是更加注重互认互通，积极对接国际先进理念，推行国际通用技术标准和营商规则。四是更加注重合作共赢，健全利益共享机制，推动优势互补、互利发展。

三、加强交流合作，共享广东发展成果

国际咨询会搭建了广东与世界交流的平台，开创了广东与顾问机构互利双赢的合作新格局，希望大家立足当前，着眼长远，更好地利用这个平台，推动合作不断取得更多成果。对于顾问提出的新理念和宝贵建议，我们将认真研究，并在相关规划和政策中予以吸纳；对于广东与顾问机构的重大合作项目，我们将加强协调配合，开辟绿色通道，务实推进；对于与顾问机构的合作协议，我们将跟踪落实、重点督办，定期反馈落实情况。

广东正在研究进一步提高对外开放水平的思路、规划和政策，一些问题正待破解。比如，广东如何整合全球高端要素资源，鼓励行业领先的跨国公司在广东推广国际投资合作的成功模式？如何推进产业技术的国际合作，在帮助跨国公司发展的同时，学习共享国际先进技术，提升产业技术水平？如何学习借鉴国际先进理念，对接国际标准和通行规则，更好地营造法治化、国际化营商环境？今天在座的各位顾问作为全球商业领袖或业界精英，对经济发展规律和提高开放水平有深刻认识，我们将真诚聆听各位顾问的见解，希望大家充分发表意见。

当前广东正处于转型升级的关键时期，一批转型升级的重大平台和重大项目加快推进，为顾问机构在广东的发展提供了无限商机，希望各位顾问多到广东各地考察，扩大在广东的投资，加强与广东在产业、技术、人才等方面的全面合作；广东将不断深化改革开放，营造良好的投资环境，提供更高水平的服务，支持和帮助大家在广东的发展。希望大家加强交流和合作，共同创造顾问机构和广东携手发展的新奇迹！

第七章　朱小丹会见省长经济顾问

一、节能减排、加快远洋航运物流业发展

朱小丹省长会见马士基集团合伙人、执行委员会成员韩明森先生

时间：2013 年 11 月 20 日

地点：广州东方宾馆

朱小丹：马士基和广东有很深的渊源，马士基早在我国改革开放的初期就进入了中国，1983 年在广州和深圳设立了分公司。这么多年以来，你们和广东开展了非常友好、紧密、成功的合作。现在马士基已经成为我省新船订购的最大外国客户，参股了南沙港二期项目。在国际金融危机冲击下，国际航运业受到非常大的下行压力，但马士基和我们的合作一直没有动摇，而且增强了我们应对经济下行压力，保持经济稳定增长的信心。您虽然是首次参会，但您对会议非常重视，花费很多心血为我们提供了一份很出色的咨询报告。您在报告中介绍了马士基推动香港“乘风约章”计划，实现船舶减排的成功经验，建议政府建立规章和激励机制，约束船舶的排放行为，借鉴香港模式，建立排放控制区，实施分阶段船舶排放控制计划。这些建议很具体，很有针对性。

广东的海岸线很长，珠江口已经形成一个规模非常大的港口群。沿海和其他一些中等城市、大城市港口的成长性体现得非常明显。节能减排是我们转型中主攻的一个非常重要的方向，甚至不亚于创新驱动。它是多领域的，船舶的节能减排在广东这样的沿海省份，有更加直接的意义，也体现得更加充分。而且我们靠近香港，学习你们在香港建立起来的新模式很方便。

韩明森：非常荣幸能成为省长的顾问。毫无疑问，广东省对马士基来说，过去和现在都是最重要的地区之一。我们的第一个投资就在广东，第一次班轮服务也是在广东，广东一直是我们集团发展最快最好的地区。广东不仅是我们在中国也是在全球货运量最大的省。1991 年到 2003 年，我在香港工作时就开始推动更多的货运量移向中国南部刚开启的深圳盐田港这边。正如您所说，金融危机使我们发展速度减慢，但在广东仍保持了很好的发展。例如我们集团去年在广东地区

采购集装箱达到5亿美元，本月我们开始了从珠海直航欧洲和美国机场的空运业务，这是珠海机场的货运首次对外开放，让我们看到了今后广东经济发展的潜力，希望这个业务能更好地开展下去。

关于环保和减排方面，除了在香港之外，马士基在美国西海岸、欧洲都有类似的经验和举措，我们很愿意与广东分享。在整个航运业界，并非所有企业都支持节能减排，但是马士基愿意走在前列，与政府一起制订节能减排方案和计划。虽然对外贸易增长并非完全由集装箱运输的改善来推动，但我们相信集装箱运输服务的改善和提高，能促进广东港口货运量的增长，尤其是推动广东与拉丁美洲、非洲等发展中国家和地区贸易的增长。我主要有两个观点：一方面我们通过改善服务，为广东外贸提供更好的服务和网络；另一方面通过加大节能减排的力度，减少对环境的影响。今天下午我们去参观了广州造纸厂，看到他们采用了很多先进技术和环保理念，向着循环经济和环保的方向发展。我们从林董事长那里了解到，广东省政府在推动产业升级和环保发展方面的决心和举措。马士基作为航运公司很愿意参与其中，做出贡献。

另外，我们还特别想了解国内开展自由贸易区的发展和变化，广东是否也有这方面的设想和计划。我们认为，自由贸易区的设立将对国际经济贸易发展起到很大的推动作用，因此，我们非常关注广东这方面的发展。

朱小丹：非常感谢韩明森先生紧密结合马士基业务的建议，很有针对性。我们完全赞成您的意见。接下来我们会积极回应。应该说广东在过去2000多年的发展史中从没使自己的命运离开过港口，秦代时广州就开展了远洋通商贸易。中国有两条丝绸之路，一条是陆上的丝绸之路，起点在敦煌，另一条是海上丝绸之路，它的一个重要始发地就是广东，尤其是广州。很不幸地，近代中国沦为半殖民地也是从港口开始的，在珠江口爆发了鸦片战争。因此，我们特别重视在港口方面的战略合作伙伴。这些年广东港口和海上远洋贸易的发展离不开马士基的支持，马士基是我们可以患难与共的合作伙伴。现在国际经济仍未走出低谷，但我们认为不管这场危机会延续多长时间，国际经济的波动总是周期性的，有坏的时候必定也有好的时候。关键是谁能更早完成这样的转折。那些能勇敢面对危机，同时为未来做更充分准备的人，才会在转折过程中赢得主动。我觉得马士基利用市场倒逼机制是在进一步整合资源，同时考虑在中国的战略性长远发展，是有远见和有胆识的。我们愿意和你们一起下这个决心。我们希望通过与马士基的合作加快我们远洋航运物流业的发展。不光是珠江口的传统大港口码头，也包括东西两翼正在发展中的港口，都希望能够得到马士基的支持。

我特别欣赏您提到的通过与马士基合作，推动广东远洋贸易通达拉美、非洲等新兴市场国家。我相信这些地区未来会有很大的航运业市场。我国的十八届三中全会刚结束，全会决定表达了中国政府坚定不移扩大开放的信心，另外提出了一个很重要的概念：国家要实施两个丝绸之路的计划，一个是陆上的，一个是海上的。远洋通商贸易曾使广州市成为全世界最富有的城市之一，后来因为鸦片战争衰落了。如果海上丝绸之路计划能实施好的话，广州可能迎来又一个历史性的兴盛期。

节能减排是广东省政府一副最沉重的担子。国家“十二五”规划中给广东的约束性指标是单位 GDP 能耗下降 18%、大气污染物排放减少 19%，这在全国指标当中是最高的。我们原来的能耗和排放水平是全国比较好的，原来空间就不是很大，现在还有新的增量，所以这方面压力特别大。我们必须在多个领域挖掘节能减排的潜力，港口船舶减排对我们来说是一个新的领域。我们愿意积极与马士基合作，推广你们在香港形成的新模式，加快我们建设绿色港口的步伐。在深圳蛇口集装箱码头的 5 号和 6 号泊位，已经安装了岸电设备，利用岸电技术解决排放问题。虽然这是很初步的，但我们将在珠江口所有码头以及其他成长发育中的码头推广这方面的先进技术。珠江水系非常发达，将来广东仍会是航运大省，无论是远洋航运物流，还是近海航运物流、内河航运物流，广东都会发展。船多了，一烧柴油就有排放，希望我们一起来研究，不光是局限在码头，而是整个航运业船舶的减排。现在我们更重视的是城市乘用车、公交车，特别是私家车的减排。其实船舶的减排我们也应该摆上议程。请马士基参与我省船舶大气污染物排放清单研究，这是整个航运业减排的基础性工作。

随着广东与马士基的合作发展，以及广东经济国际化程度的进一步提高，我们对国际物流业尤其是国际航运物流业的人才需求会越来越紧迫。因此，希望借助马士基的优势，加强人才方面的培训，提高这个行业从业人员的素质和能力。中国有句俗话“站得高看得远”。人的勇气来自他的前瞻性和远见，不会被眼前的困局所困扰，能透过阴霾看到清澈的前景。我们的顾问选得很准，不光能给我们好的点子，也能给我们勇气和信心。

韩明森：广东省有全世界最大的港口群，我们从广东客户身上了解到他们对物流越来越重视，对物流的作用越来越清晰，我们非常希望在物流发展方面为他们提供服务。节能减排方面，为了能达到将来建立排放控制区的目标，如果马士基能与广东省政府建立工作机制，我们很愿意贡献我们的力量，包括对船舶大气污染物排放清单做基础分析工作。航运和物流人才培养方面，我们很愿意跟政府合作，希望有更具体的方案让我们来执行，不仅为广东，也能为马士基提供更多更好的人才。最后，您对金融危机经济形势的说法，对我们是很大的鼓舞。我们有信心有决心将广东的业务发展壮大起来。

二、创新驱动经济发展

朱小丹省长会见 BP 公司董事长思文凯先生

时间：2013 年 11 月 20 日

地点：广州东方宾馆

朱小丹：很感谢您对这次国际咨询会的支持，用了很多的心血，为我们提供了一份专业性非常强的咨询报告。中间提到的很多建议，比如营造有利于创新的商业环境，加大对高等教育和研究领域的投资，鼓励企业将研发和管理等高端活动落户广东，针对关键产业制定差别化的战略，等等。对于我们接下来的创新驱动发展核心战略的实施有很多启发，我们会在下一步整个创新领域的工作部署中积极采纳您的这些建议。

思文凯：广东省对于 BP 来说是非常重要的，因为我们在中国所有投资总额中，有 60% 是落户在广东，所以广东对我们来说具有战略合作意义。每一次来广东我都感觉非常振奋，今天早上我是从香港乘车过来的。您可能知道，我第一次来广东是在 20 世纪 90 年代中期，后来也参加过几次我们的咨询会，看着广东日新月异的发展，我感到非常钦佩。这次咨询会的主题是创新的必要性，我觉得非常合时宜。纵观全球，在开放竞争的环境下，只要有创新机制，经济发展就会非常迅速。我们可以取美国页岩气的发展作为一个有意思的例子，美国页岩气资源是非常丰富的，在中国、俄罗斯、波兰等地，它们的储量也是非常丰富的，但是为什么页岩气的革命能在美国发生呢？刚才您也非常正确总结了我们提交的咨询报告。在咨询报告中，我们提到只要在某个区域有开放的竞争环境和开放的创新环境，全体的组成成员和公司能够共同为某件事发展努力，在这个领域不断投入科学家和工程师，然后目标得以实现。我第一次到访时，广东主要的核心还在制造业和贸易，随着不断的发展，目前我们的重点已经放到了创新，我觉得这是一个非常好的选择。而且我也想再次借此机会感谢您对我们珠海 PTA 工厂的支持，如果不是有您的支持，我们这个项目不会如此成功。

朱小丹：支持 BP 是希望更好地发展我们石化的产业，这是我们应该做的事情。您说得非常对，广东现在在转型过程当中，用中国功夫的话说，我们采取了一套组合拳，在这套组合拳中，最核心的战略是创新驱动发展战略。实际上，广东在改革开放之后的高速增长，起步阶段完全依靠加工贸易，当时我们叫“三来一补”。它有一个特点，就是能吸纳大量的廉价劳动力，解决就业问题，也为广东完成了改革后的原始积累。但那毕竟是我们改革发展初级阶段、起步阶段发展的情况，因为那个时候我们有丰富的劳动力红利。我们可以利用廉价的劳动力来尽快地完成我们的初步积累。但关键是我们生产的东西都是代工、贴牌，没有自己的知识产权。虽然因为量大，我们也挣了不少钱，但是从任何一件产品挣钱的角度看，我们所占的份额是最低的那一块，最低端的那一块。因为赚大钱的是手上有专利的。经济发展了，人民生活水平提高了，劳动力红利时代在广东基本上已经过去了。所以我们要依托创新驱动发展的战略，来尽快形成自己的自主创新能力，尽快让自己拥有更多的自主知识产权，拥有自己更多的知识品牌。而创新需要一种与它相适应的一种好的环境，这正是您所说的，应该是一个开放、竞争的市场环境。您可能知道，我们十八届三中全会刚刚闭幕，三中全会决定对接下来中国全面改革进行了部署，其中很重要的一条是处理好政府和市场的关系，实际上就是说要让市场进一步增强活力，让市场更加开放，更具有竞争性。在这当中，关键是处理好政府和市场的关系，也就是说政府不能更多地干预微观经济了，政府要把更多的精力放在营造好的市场竞争环境上。所以在这方面，我们是有共识的。所以，我也认为，您的提议是很有针对性的，也是可以付诸实施的。下面我想回到我们跟 BP 的合作。我们在伦敦总部的时候谈得非常好，总的考虑就是让 BP 在中国、广东的业务，在广东的投资能够促使一个更加完整的石化产业链的形成。因为接下来广东石化产业的发展会是一个非常重要的阶段，很多国家级的重大项目已经先后落户广东沿海地区，包括中石油、中石化、中海油的项目。但是，我们总是觉得要形成一个比较完整的石化产业链，实际上还需要做很多工作。我举个简单的例子，就是 PTA 上游的 PX 就在我们国家找不到落地的地方。我希望能够通过这次交流，携手加快推进一些具体的想法。一是进一步发展 PTA，现在价格可能有一些波动，但是不要紧，因为中国的市场非常大。我想从一个非常长的时间区间来看，总体这个项目还是一个很好的、盈利的项目。现在我们也在策划能否在广东建立 PX 项目，争取能够让产业链两个环节扣得更紧。我们也希望能够更多地吸引 PTA 下游企业投资广东。特别是引进一些高端的节能环保的石油化工和它的配套产业项目来延长以 PTA 为龙头的链条。二是 BP 有很好的润滑油项目，我们有计划落户珠海高栏港经济区，今天珠海市高栏港经济区负责人赵建国先生已经来了，我们希望能加快推进步伐。三是希望能继续考虑通盘计划，进一步加大对广东的成品油和天然气的供应。因为广东将来是全国最大的成品油和天然气消费地区，需求量大，需要大量调入。这样的情况下我们希望紧紧依托与 BP 的合作，能尽快解决这方面的短缺问题，希望能够进一步为我们提供更多的优质的成品油和天然气。四是我们非常希望与 BP 的合作是富有远见的、着眼长远的、可持续的战略性合作，很希望能够就广东整个能源体系建设问题，考虑我们未来长远合作总的方向和思路。为此我有一个想法，希望 BP 能面对中国这样一个巨大的市场，建立一个专门面对新兴市场的能源研究机构，运用全球最先进的、处于前沿的先进理念、先进经验、先进做法，帮我们策划未来能源发展战略。另外，开展清洁能源和能源结构调整、能源环境技术等相关方面课题研究。不光我们在能源产业本身进行合作，而且在现在特别关注的提高能效、节能减排、改造优化能源结构、更多地使用清洁能源和可再生能源等这些面向未来的课题中，寻求更多共识，学到更多先进经验，使广东未来能在这些方面走在前面。当然在陈黎明先生的脑子里会有更多具体的项目，我们正在通过专责小组对接，争取把这些项目策划好，也希望有更多能具有切实可行性的、广东急需的项目更快落地。再次衷心地感谢您，您是第五次参加我们的咨询会了，不辞辛劳，亲力亲为推动和我们的合作，令我们非常感动。我们希望和 BP 的合作能成为广东对外交流合作的典范。我对接下来我们的战略合作框架协议给予厚望，也相信专责小组在您的指导下，在陈黎明先生的主持下，很快会形成他们的研究成果，足以支撑我们面向未来的战略合作框架协议。

思文凯：朱省长，我觉得每次来广东一点也不辛苦，因为这很值得。实际上，我感觉中国和广东省在整个发展过程中所采取的步伐、决策都是正确的。在发展的最初阶段我们采取对外出口以及采用廉价劳动力的方式也是一种可行的选择。但是，目前广东以及整个中国进行经济结构转型是非常重要的，我们再往后走要以创新驱动经济，这个是至关重要的，将来我们的发展不能够仅仅依赖于国内需求。您也提到中国正在进行经济结构转型，我们要更好地处理政府和市场的关系，这种关系有时候确实不容易处理好，虽然我们看市场的信号比较正确，或者说大部分时候正确，但是也并不见得全部正确。我们在营造一个开放、竞争的市场机制的同时，也需要设定清晰的宏观调控政策，为市场的竞争设定比较好、高效迅速的规则和方式。我觉得在美国之所以产生页岩气的革命，并不是完全在于他们拥有最多的储量，而是因为他们有高效迅捷的市场调控制度。

我觉得有两点非常重要：一是知识产权保护；二是创新资本的投入。刚才您也提到 BP 和广东筹划的战略合作框架协议，我们感到非常激动。您对 BP 在广东的发展非常了解，我们在广东南海有勘探活动、天然气供应、PTA 工厂，还有 400 多家零售站，我想您对我们这些业务活动也非常熟悉。我们非常高兴能加入框架协议，因为中国会成为全球第一大能源需求国家，而且中国面临非常大的环保压力，我觉得 BP 能够加入进来，并希望在这方面能成为领军人物。所以，目前我们框架协议的基本思路是，首先看广东到底在能源方面有些什么需求，其次总结 BP 又有哪些优势，最后找到需求和优势双方之间的重合点。接下来，我们希望将广东所有的想法都纳入 BP 的全盘考虑范围中，然后决定我们框架协议的总体思路。您刚才提到的对清洁能源的考虑是非常好的想法，我们觉得广东是一个很好的地域让我们从事这方面的考虑。

三、培育创新文化和企业家文化

朱小丹省长会见卡内基梅隆大学荣誉校长杰瑞德·柯亨先生、卡内基梅隆大学工程系教授朱建刚先生

时间：2013 年 11 月 21 日

地点：广州东方宾馆

朱小丹：尊敬的柯亨教授和夫人、建刚教授，今天我们非常高兴，首先再次表达对教授和夫人及朱教授的欢迎和感谢。您是我们国际顾问团队里为数不多的高等教育机构的代表。希望将来在您的努力和影响下，我们的顾问团队结构进一步得到转型升级，希望有更多的教育方面的国际知名专家能够加入我们的顾问团队。您是我们的老朋友了，为了推动卡内基梅隆大学和广东的合作，尤其是与中山大学的合作，您一直是亲力亲为，不辞辛劳，付出了很多的心血，做出了很多富有成效的工作，我们确实非常感激。这次您又携夫人一起参加我们的国际咨询会，更体现出您对我们之间的友好合作的高度重视。

您在上次咨询会上提出的加快广东教育国际化进程的建议，我们把它列为一项重点建议。根据您的建议，我们也做了一些力所能及的工作。我们以政府的名义出台了引进世界知名大学来广东开展合作办学，包括建立独立设置的高等教育机构等相关的支持性政策。过去两年多的时间，广东获国家批准本科以上中外合作办学项目已有 12 个。当然，我们特别希望卡内基梅隆大学与中山大学的合作能够成为所有这些在广东的中外合作办学项目中的佼佼者，成为其中的典范。这方面的合作很有成效，我们也希望接下来的合作有进一步的拓展，取得更丰硕的成果。

您对这次国际咨询会也特别重视，事前为我们精心准备了一份非常专业、也是分量很厚重的咨询报告。您特别提出希望广东能够营造良好的创新环境，推动管理型人才和投资者合作，促进大学基础研究成果的产业化等这些很有针对性，也很有建设性的意见。应该说，广东目前的转型升级任务非常艰巨，而在整个经济社会发展转型升级过程中，自主创新是我们考虑的重点，创新驱动发展战略是我们整个转型的核心战略。这离不开教育，也离不开我们大学创造的各种科研成果的进一步产业化，您提的这些建议，包括政府在创新环境的营造上所应该做的工作，这些都给我们很多启发，我们会在推进自主创新的决策和工作部署当中积极采纳您的建议。

杰瑞德·柯亨： 我深感荣幸能成为您的顾问团队的一员。我们充分认识到广东发展对于中国乃至世界的重要性，我非常欣赏您的愿景和领导才能。我感谢广东方面对卡内基梅隆大学与中山大学合作项目的支持，我也很高兴中山大学的党委书记也参加今天的会见。我们目前把中山大学作为卡内基梅隆大学重要的合作伙伴，并且我们的合作项目进展都非常顺利。当然，这对于您的愿景即创新驱动的经济发展至关重要，同时我也很清楚地回忆起两年前的咨询会期间，您的顾问团队中许多产业界的领袖们也发出了非常强烈的信息，那就是在广东实施世界一流的工程教育和研究的重要性。朱先生是卡内基梅隆大学工程系的知名教授，他也是我们与中山大学合作项目的负责人，我想让他向您报告我们合作的最新进展，但在他介绍之前，我想要强调两点。第一点，创新驱动的经济发展离不开优质教育，但仅有优质教育还是不够的，它只是更宏大的创新生态体系的一部分。在共建创新环境方面，我们非常乐意分享美国在这方面的成功经验，也想阐述研究型大学在推动创新方面发挥的重要作用。第二点，正因为教育对于创新来说是必要但不是充分的，同样，在中山大学建设世界一流的工程教育很有必要但也是不够的。我们一定要通过与中山大学的共同努力，培育一种创新文化和企业家文化。下面我想让他向您汇报一下合作项目最新进展情况。

朱建刚： 首先我要感谢广东省政府，以及中山大学、佛山市顺德区对我们的项目给予的大力支持。过去一年里，卡内基梅隆大学主要负责招聘师资。我们收到了 200 多人申请，并从面试的 20 人中招聘了 6 位。目前，这 6 位应聘人员都在卡内基梅隆大学进行培训，一年后将派来广东。我们还将继续物色合适人选，计划在 10 年不到的时间内，教授队伍达到 40 名。同时再扩展其他专业，第一个专业是电子与计算机工程，以后还想扩展到生物工程、机械工程、材料工程。学生方面，现在我们已经有了博士生，硕士生明年秋季入学。目前还在做招生方面的工作，中山大学和卡内基梅隆大学分别有一个班子，他们之间有很紧密的合作。大概在2015年计划扩展到本科生招生。

朱小丹：非常感谢柯亨教授刚才提到的重要的思想和观点。您所谈到的这些对我们落实创新驱动发展战略都有很多的教益。您也特别讲到了创新环境的重要性，从政府的角度我们对此有深切的感受和体会。如果一个地方能够充满创新精神和创新活力，让各种创新资源形成最佳的配置，同时能够真正让这些创新资源迸发出创造潜力的话，环境确实是至关重要的。应该说，政府在这方面承担的责任也是非常直接的。当然，政府也应该看到一个充分开放的、竞争的市场环境才是创新发展的最根本的动力。但是，政府仍然需要在市场重要的作用之下来发挥政府应该发挥的职能作用，也就是通过政府的各种政策和公共资源扶持创新发展。正如您所说的，教育对创新应该起着基础性的支撑作用，没有教育就没有人才，没有人才就不可能有创新。但是教育对于创新来说也不能取代其他方面所起的作用，同样，政府也不可能对创新包揽一切。只有在一个充分开放、竞争的市场经济的条件下，它所有的市场主体才能成为真正的创新主体。所以，我们刚刚结束的十八届三中全会重点谈了这方面的改革。这个改革的关键就是要处理好政府和市场的关系，使市场最终能够发挥配置资源的决定性作用。实际上，在计划经济体制下，我们过去也有在科技领域和创新环节当中政府大包大揽的情况。我们已经经过了30多年的改革，一直在不断追求一个新的体制和新的机制，但实际上这项改革并未完成，现在正进入了一个真正的攻坚期和深水区。现在我们要突破政府自身权力运行格局当中既得利益形成的障碍，从而推动政府职能转变，把许多该由市场发挥作用的事情还给市场。政府做政府应该做的事，比如说利用公共资源，政府政策的引导，营造创新环境。再一个就是您讲到的，在人才培养当中要高度重视对工程技术人才，特别是工程技术高端人才的培养，我非常赞同，尤其是从广东的省情出发，我们尤其需要在产业转型升级过程中，把这个摆在教育更加突出的位置。当然转型过程当中，我们还有一个更基础的教育方面的任务，就是要大力发展职业教育和技能培训，因为我们产业转型之后，也需要大量的高素质的劳动者，包括高素质的技能人才。我们应该在人才的培养上，围绕着我们的产业转型升级，形成一个金字塔状的好的人才结构，就是以大批的、规模足够宏大的高技术人才、高技能人才作为基础，中间有一大批的能胜任各个产业核心环节发展需要的工程技术人员，也就是工程师，另外有一批能够在科技的最前沿乃至在基础学科方面占先的科学家，这样形成一个金字塔状的人才结构。这三个构成缺一不可，而中间这个构成应该是承上启下的特别关键的构成，因为他们是处在我们的前沿科学研究的最新成果产业化的转化过程当中。刚才朱教授讲的所开设的电子与计算机工程、生物工程、机械工程、材料工程等工程类专业学科非常适合广东产业转型升级的需要。我们非常高兴的是，我们两年前在此签约，才短短两年时间内，卡内基梅隆大学和中山大学的合作已经有很多实质性的进展，包括联合工程学院、顺德的卡内基梅隆的联合研究院校区也都建起来了，学科建设、教师招聘、招生工作都进行得非常顺利。另外我们特别高兴的就是不久前在美国举行了卡内基梅隆大学和中山大学的协同创新研究中心的成立仪式。我们非常希望这个合作办学的模式不仅在办学上是全球领先的，教育上是全球领先的，而且在研究上是全球领先的。我想在我们推进合作办学，争取培养更多的我们急需的高层次人才的同时，也希望将来这种合作对广东的整个创新体系的建设能够发挥特殊的推动作用，因为卡内基梅隆大学有这样的实力和资源。我们想借助卡内基梅隆大学的人才网络，给广东推荐一些急需的优秀的科研团队，以及领军人才。包括对应这些专业的，像电子和计算机、生物技术、机械尤其是智能机械制造、新材料等领域的创新团队和领军人才，我们有一个很有力的政策扶持这些团队。另外，我们也非常希望利用卡内基梅隆大学的教学、科研和人才方面的优势，在经过一段合作办学之后，在条件成熟的时候，你们直接介入广东国家级创新平台的建设。不管这些平台是不是在高校，比如电子信息类的、生物工程类的、智能制造类的、新材料类的，所有这些国家级实验室、国家级工程中心，如果你们能够直接参与进去，作为共建一方推动协同创新，无疑对广东是一个非常有力的支持，因为这些国家级的创新平台是我们整个区域创新体系建设的一个重要支撑。我的意思是卡内基梅隆大学和中山大学的合作一定会有很多高端衍生品，我们希望尽快看到这些衍生出来的新成果。

四、加强整体能源领域合作

朱小丹省长会见法国电力集团董事长兼首席执行官享利·普格里奥先生

时间：2013 年 11 月 20 日

地点：广州东方宾馆

朱小丹：法国电力从 2001 年开始连续七次成为我们省长经济顾问机构。上次的咨询会是我们老朋友马识路先生参加的，您提出的关于鼓励核电规划与标准方面的国际合作、鼓励中法合作开展核电设备监造的建议对我们核电行业的发展很有针对性和启发意义。应该说，法国电力是广东的战略合作伙伴，因为核电工业本身是带战略性的。我们跟法电的合作时间已经不短了，我们改革开放初期，1984 年，法国电力就作为技术责任方参与了大亚湾核电站的项目建设，以后就是岭澳的一期和二期，这之后，和我们中广核建立台山核电站，这些合作项目进展都非常顺利，而且最后建成的项目发挥的作用也非常大。这次您为了参加我们的咨询会，精心地为我们准备了一份很好的咨询报告，咨询报告中为我们提了很多很好的建议，包括建立适合核电工业模式的核工业平台，应用政策杠杆来推动燃气轮机联合循环发电的技术，还有建设低碳城市方面的建议，非常感谢你。

普格里奥：我们和广东的合作友谊源远流长。不久后，法国总理将访问中国，专门庆祝中法核电合作 30 周年。也就是 30 年之前，法国电力已经和广东开始了合作历程，从 20 世纪 80 年代起，参加了大亚湾、岭澳的建设，在座的马识路先生不仅对这一段历史了如指掌，而且是亲历其中。所以说，法电在中国的友谊合作就是从广东起家的。首先，我还是从核电的合作开始讲，30 年来，我们和中广核、广东的合作确实取得了非常令人瞩目的成绩，不仅是在国内取得了很好的成绩，最近我们在台山的两台 EPR 机组的顺利建设也使台山核电站成为了世界核电建设的标杆。我们的合作现在还扩展到了研发的领域，我们正在和中广核商谈共同研发新的反应堆，这个反应堆代表了新一代技术。此外，我们和中广核的合作还扩展到了国际领域，最近我们和中广核要共同投资英国核电站项目，这是我们双方合作全新的阶段，也体现了我们对广东省的承诺。除了核电领域，法国电力还愿意进一步发展和广东省的合作和友谊，拓展合作领域。刚才已经讲了，我们可以在燃气发电领域一起做一些项目。这方面法电在欧洲包括俄罗斯已经有很多项目，所以法电非常愿意在整体能源领域，特别是在燃气、清洁煤、智能电网方面加强和广东的合作。我今天得知，根据省长的指示，昨天法国电力和广东省政府就双方合作的路线图做了进一步明确。所以，再一次感谢省长先生对法国电力给予的信任。

朱小丹：非常感谢董事长阁下简短又非常令我们鼓舞的话。应该说，我们在核电领域最早确实是依靠国外的技术，主要是法电给我们送来的技术，开始了我们核电的起步阶段。而从起步开始，到今天的发展，我们都没有离开过这种合作。法电对我们的支持，对核电事业发展的贡献，应该说是可以载入广东发展史册的。正是这种合作，使我们在广东核电产业的发展中从无到有，从小到大，从弱到强，走过了一段很成功的路子。我们也认为在这么好的合作基础上，现在是提升合作水平，拓展合作范围的时候。刚才董事长先生提到我们在研发方面的合作，我想这就是标志着我们的合作上到一个制高点，上到一个新的水平。因为我们开展的研发方面的合作是立足于新的反应堆和新一代的核电技术，也就说明我们的合作是着眼长远的，是面向未来的，是真正带有战略性意义的。我们会全力支持这方面的合作，如果需要我们提供哪些条件，或者给予哪些方面的支持，请董事长随时提出您的希望和要求。中广核是在和法电合作的过程当中建立起来、逐步成长发展起来的，现在能和自己的老师——法电一起携手到英国去共建核电项目，也说明我们的合作又上升到一个新的层次。这次欧洲之行，我到英国的时候，我对我见过所有的英国大臣、部长们反复讲，希望他们支持这个项目，我得到的反应还都是挺积极的。另外，讲到接下来还要进一步拓宽合作领域，包括燃气发电、清洁煤和智能电网。燃气发电是我们最近新能源建设，特别是清洁能源应用的一个重要方面。原来我们主要是受制于天然气气源，现在中石油的西气东输两条管线（二线、三线）已经进入广东，这样下来我们的气源会逐步充足，以天然气代替燃煤可能是我们电力发展的一个很重要的方面。另外，中海油正在毗邻的南海开发我们自己的天然气。我们正在建立一批沿海的接气站，接下来海上天然气的来源也会更充足一些。所以我们非常希望具体和法电商量这个领域的合作，我们也希望有更好的技术，能进一步降低燃气发电的成本，使它的上网电价更加合理一些。清洁煤技术也是我们在能源结构调整中需要的。广东电网、南方电网都在推广智能电网技术，特别是在超临界这些输变电设施当中能够应用该项技术。

五、推进民营化、深化市场化、转换政府职能

朱小丹省长会见丸红株式会社会长朝田照男先生

时间：2013 年 11 月 20 日

地点：广州东方宾馆

朱小丹：尊敬的朝田照男会长阁下，非常高兴在广东经济发展国际咨询会上见到您。您是我们刚刚聘请的新的省长经济顾问，第一次参加国际咨询会，我们对和您的面对面交流充满期待。

自 1999 年建立广东经济发展国际咨询会制度后，丸红株式会社一直是省长经济顾问机构，这么多年为广东的经济发展、为我们之间的友好合作提出了很多非常积极的、富有建设性的意见和建议，我们深表感谢。广东和丸红之间的友好合作可以追溯到改革开放初期。早在 1978 年，也就是改革开放启动那一年，丸红就在广东设立了分支机构，先后投资成立了十几家企业，业务涵盖了 LPG、塑

料化工、贸易、物流仓储、汽车配件到IT等多个行业。丸红是日本具有代表性的大型综合商社之一，在商贸服务、化工、物流等行业领域处于世界领先水平，我们非常期待和丸红建立一种长期、可持续的友好合作关系。

您这次为参加国际咨询会做了很充分的准备，您的咨询报告凝聚了很多心血。当中，您提出在广东供排水领域推进水务项目民营化、公共服务价格市场化、转变政府职能等建议，这个对我们有很多启发。

朝田 照男：尊敬的朱小丹省长及在座的各位省领导，非常感谢大家百忙之中抽出宝贵时间与丸红进行交谈。我今天中午刚到广州，一到机场就感受到了广东省政府的热烈欢迎和周到接待，对此再次表示衷心感谢。

广东已是第9次举办广东经济发展国际咨询会，14年来，丸红公司一共有四届董事长参加了国际咨询会。我本人是首次参加国际咨询会，听说丸红往届顾问提交的意见建议大多都被采纳，我感到非常荣幸。我此次提交的报告题目是《深化水务方面的战略合作》，希望将来能在一定程度对广东经济发展起到促进作用。

本次国际咨询会围绕"拓展开放领域，提高国际竞争力"这一重要主题展开讨论，是与十八届三中全会精神紧扣的一个题目。十八届三中全会提出"将进一步深化市场化改革"，这对我们外资企业拓展水务事业来说，是非常好的一件事。我们此次提交的报告题目也是与十八届三中全会精神非常相符的。我们此次的报告介绍了丸红在世界投资水务事业的经验，并对各国政府推进水务民营化的状况进行比较，由此对广东政府具体提出推进民营化、深化市场化、转换政府职能等三个方面建议。就推进水务民营化方面，我们给广东省政府提出了四点参考建议：第一，政府做好水务发展规划，包括供排水管网的构建，生活污水和工业废水的处理、回收利用等，希望能够在政府的规划下顺利扩展。第二，明确水费改定的规则和框架。水务是投资周期较长的行业，能够保障民间资本有合理的回报很重要。作为政府有必要明确水费改定的框架，并确保操作的透明性。第三，适度公开地方政府的财政状况。以污水处理厂为例，所在地的地方政府是服务的购买方，希望能向相关企业适时适当地公开其财政状况。第四，确保合理合法的事业用地。作为政府有责任向此类事业项目提供合理合法的事业用地，这也是推动民营化与市场化的大前提。上面第二个问题关系到民间资本的投资回报，是我们最关心的，希望广东政府在推进市场化和民营化过程中予以重视和考虑。

下面，我介绍下丸红在中国开展投资工作的四个方针：第一点，也是最重要的一点，就是推进与中国内需相关的投资贸易。第二点，携手中国水务企业

“走出去”，到第三方国家开展跨国投资合作。第三点，就节能和环保领域在中国推进与中国企业的合作。第四点，与中国企业共同拓展中国周边国家特别是东南亚国家包括贸易在内的营商活动。就以上方面，我想再介绍丸红在中国投资的几个例子。一个是谷物经销业务。丸红是日本最大的谷物经销商，每年向中国销售大豆1200万～1300万吨，中国去年进口大豆大约5500万吨，其中20%是从丸红进口。为了满足包括中国在内的世界各国对谷物资源的需求，今年上半年，丸红收购了美国的第三大谷物交易商Gavilon（欧鸿公司）。目前丸红正考虑在中国开展一个从“谷物—饲料—畜牧—肉食加工—肉食批发零售”的全产业链项目，希望从根本上对中国食品的放心与安全做出丸红应有的贡献。当前丸红已经在与中国的知名企业如中储粮集团、新希望集团等共同投资启动了从饲料到肉食加工的全链条事业。另一个是房地产开发业务。丸红在20世纪90年代后半期开始从事从高级住宅到单一住宅的建设，在上海、深圳、长春都有自己的业绩。如果广东也有这样的实际需求，我们也很希望在广东开展住宅的建设、开发及零售。第三个是汽车方面业务。中国是世界上汽车生产和销售的第一大国，丸红希望在中国将汽车租赁、4S店服务等业务做强做大。丸红目前在广东建有3家汽车4S店，分别销售丰田、雷克萨斯、美国JEEP等系列汽车，虽然规模不大，但我们有决心把其做强做大。

确实像您刚才所说的，丸红从1978年就已经在广东设立办事处，30多年来也做出了很多业绩。今后我们希望尽最大努力通过我们的营商活动继续为广东经济发展做出贡献。最后，我祝愿广东省能在朱省长的领导下取得更大发展。

朱小丹：非常感谢朝田会长。您刚才给我们介绍了丸红在中国合作发展的四项基本方针，我感觉这对我们接下来推进与丸红的合作是一个很好的遵循。你们的四项方针中每一项都很契合广东发展的实际需要，包括我们立足于扩大内需的相关贸易和投资合作，包括在条件成熟的时候我们联合“走出去”，关于节能环保领域的合作是我们最急需的，和我们周边国家尤其是东南亚国家开展营商活动也是我们对外开放立足周边的一个非常重要的方向。

会长阁下谈到了非常希望能够加快推动水务领域的民营化进程，也表达了非常愿意参加水务领域方面的合作发展，我们非常欢迎。我感觉会长对中国推进改革发展的大政方针和一些大事都跟踪得非常紧密。您刚才谈到我们刚刚闭幕的十八届三中全会做出的关于全面深化改革开放的决定，这个“决定”实际上就是进一步放开对民营和外资的准入条件。包括政府原来包揽的公共领域的投资，接下来也要引入市场机制，利用社会资源，进一步向民营资本和外资开放。当然，改革会有一个过程，先行政策的转变恐怕也会需要一定时间，但是我想方向在三中全会当中已经予以明确了。讲到水务方面，国家关于《外商投资产业指导目录》规定，建设经营供水厂、再生水厂和海水利用，是属于鼓励外商投资的行业领域，这是鼓励类的外商投资项目。但是关于供水管网建设、经营，目前还属于外商投资限制类项目，接下来因为十八届三中全会有了一个全新的改革文件，国家政策是否会调整、何时调整我们还是可以期待，但是限制并不等于禁止，主要的前置条件就是中方控股，中外投资比例的最低限就是51∶49。至于价格，十八届三中全会决定也明确了要建立市场决定的价格机制，当然这也需要一个具体化的过程，这里面包括了电、水等直接关系国计民生的产品价格，我国已经开始实施阶梯价格的尝试。公共和公用领域的产品价格，国家应该会有所控制，但建立由市场决定的价格机制这个总的方向，已经作为非常明确的文字写进了十八届三中全会决定。另外，会长阁下提到的关于地方财务状况的公开，以及提供合理合法的建设用地，如果我们之间有具体的合作项目，我们会在政府的职能范围给予全力的支持。

我听说我们一家国有企业广业集团，正在跟丸红商谈污水处理系统的问题。未来，污水处理将是我们环境保护方面的一个大工程，目前我们已经出台了《关于加快推进我省污水处理设施建设的意见》。希望丸红和广业能就你们共同期待的合作项目有个成功的规划，而政府也会给予大力支持。

刚才，会长阁下专门谈到，丸红作为日本最大的综合商社考虑在中国发展的一些项目，希望能在国内通过合作建立起“谷物—饲料—畜牧—肉食加工—批发零售”的全产业链项目，这点广东本身就有需要。因为广东既是一个粮食谷物调入和消费的大省，同时又是紧缺的大省，调入比重非常高。广东是全国人口第一大省，到年底估计会超过1.07亿的人口（这当中还不包括未能统计进入常住人口的其他流动人口），在肉食方面需求是非常大的。比如生猪，我们需要大量从外省调入或者进口，如果丸红能够通过这个链条尤其是在畜牧环节建成大型的工厂化生产的真正符合环保要求的养殖场，对广东来说是非常需要的。综合房地产开发我们也会支持，当然国家在房地产开发有着调控政策，但“对外开放”这条没有改变。尤其是广东的二、三线城市的房地产开发应该还是有空间和潜力的，我们可以积极予以配合。在汽车供给方面，广东有非常好的基础，比如日系汽车在广东有非常齐全的基础，最近又有相当多品牌的欧系汽车在广东投产，所以你们考虑在广东发展的话，我们也会在引进外资政策范围内提供支持。我们希望我们与丸红之间的合作能够成为我们与日资企业合作的一个好的样板，不仅立足当前而且放眼长远。

朝田 照男：非常感谢省长的详细介绍。最后强调一点，丸红在国际上的电力事业要比水务事业做得还好，与中国资本共同到国外合作开发水力、电力项目有4个。一般来说，民营化是从合资开始，像51:49这种比例的中外合作就是个好的开端。再一个，关于资本的流动性，特别是外资投入资本的退出机制，也希望政府能予以关注。

六、推动生物医药产业加快发展

朱小丹省长会见乔治·华盛顿大学教授斐里德·穆拉德博士

时间：2013年11月19日

地点：广州东方宾馆

朱小丹：您是美国国家科学院的院士，也是中国科学院外籍院士，在生物医药研究领域有很深的造诣，还获得了诺贝尔生理医学奖的崇高荣誉，登上了您所从事的专业的世界顶峰。能够聘请您担任省长的经济顾问，我们感到非常高兴。您为本次国际咨询会做了精心准备，提供了一份非常专业的报告。为我们介绍了世界生物技术发展的最新情况，对我省生物医药产业的发展提出了很好的建议。例如如何扶持龙头企业，如何由科学家和风险投资专家一起组成咨询委员会等。这份咨询报告对我省未来发展生物技术和产业有很大的帮助。我相信过去的这段时间您对广东生物医药的产业和发展有了更深入的了解，对于如何推动这个产业的国际合作，将有除了咨询报告以外的更多好的意见和设想。

穆拉德：两年前与朱省长的会见记忆犹新，也非常高兴能成为本次国际咨询会的省长经济顾问。在过去的14年间，我曾经到访中国25～30次，曾在深圳、大连、香港等地与当地的行政长官会面。我了解到中国各地政府对发展生物医药技术有浓厚的兴趣。而我的一生也与这个产业结下了不解之缘，先后在学校和医药企业中供职，也曾帮助我的一些朋友和同事开创过生物科技公司。

生物医药产业很重要，因为借助技术革新，研发新药，可以造福人类健康。该产业诞生于1979年的美国旧金山市，是一家名为基因泰克（Genentech）的美国生物技术公司，而现在全美已有数以百家的生物科技公司和生物产业园区在波士顿、休斯敦、西雅图等地建立。在过去的几十年里，新药的开发往往由这些生物科技公司与高校合作完成，在这些领域的研发是不分公司大小的。这是一个“无烟”产业，也是吸引高端人才的产业（研发人员的收入较高）。所以从经济增长的角度讲，这个产业很值得鼓励和重视。

生物产业要取得成功，我认为有以下四个重要因素：

第一，建立适合中小生物科技公司发展的企业孵化器。小型生物公司在成立初期只具备技术优势，资金缺乏。一是需要行政支撑，例如法律服务（签订合同）、办公场地、财务规划（会计报税）的支持；二是需要实验室和精密器械用于研发，小型的生物科技公司渴望共享这些昂贵的设备；三是需要职业经理人、财务、法务人员打理日常的运作。这类“起步”生物公司需要两三年时间在孵化器中使用以上的共享资源，使他们更专注于技术的研发。在共享阶段，不同公司的研发人员也可以互相交流，思维的碰撞更容易创新。

第二，建立孵化器后续的生物产业园区和产业化基地。在美国，小型的生物科技公司技术成熟“孵化成功”后会搬离孵化器，到就近的产业园区，甚至很多产业园区里面就设置有孵化器。此外，产业园区选址普遍邻近高校，让学校与生物技术公司产生“天然”的合作。例如在美国旧金山湾区设立的生物科技公司，很多就是由附近斯坦福大学的教授和学生所创办。这样的例子也见于圣地亚哥、西雅图和波士顿。

第三，具备一流的生物科技人才和科研团队。据我所知，很多中国优秀的生物技术科学家曾在西方接受过培训或教育。所以我认为贵省应当鼓励更多的年轻生物医药科学家到国外学习，然后回归报效祖国。一是可带回西方的先进技术，二是搭建中西方交流管道。在我的实验室里，我培养了约150名技术人员，其中约2/3为非美籍人员。我鼓励他们回到祖国去，学以致用。而大部分人员回国后都取得了成功，他们在大学任教或者在生物科技公司供职。

第四，需要金融和资金的配套。例如，由中央或地方政府给予生物技术公司或科学家经费和财政上的支持，提供短期无息或低息的贷款，给予税务上的优惠；鼓励“天使投资人”或风险投资积极参与生物科技产业的投资。

朱小丹：您的想法让我很受启发，我非常赞同。刚才您谈到了中小生物科技公司的培育、平台和相关机制的建设，我想向您介绍下广东在这方面的背景。

广东经过改革开放30多年的发展，正处于经济转型升级的关键时期。支撑经济转型的核心战略是自主创新或者说是创新驱动战略。此外，在转型过程中，我省需要调整优化产业结构，大力发展战略性新兴产业。生物医药产业已纳入广东规划重点发展的八大战略性新兴产业之一，医药开发也与自主创新相关。因此，尽快发展更多的生物技术公司，支撑更高水平的生物医药产业，是我们发展战略性新兴产业的目标和方向之一。

在孵化器的建设上，我们与院士阁下有着完全一致的想法。在广东尤其在珠三角建设的国家级高新产业园区和经济技术开发区中，陆续形成了一批面向中小企业的孵化器。但是，我省的孵化器与您刚才提到的美国很有历史的孵化器和生物医药产业园区相比，还有很大的差距，我省目前还处于起步阶段。未来的创新活动，我们要兼顾大中小企业的发展。目前还是比较依赖于大公司，因为他们有人才和资源集聚的优势；但是散落于社会上的中小企业往往藏龙卧虎，有很多负有创新精神的精英人才被政府所忽视，这点需要逐步扭转。不久前，我向政府的经济和科技部门提出建议，希望对广东尤其在珠三角的孵化器建设制定明确规划，要面向民营的中小型的科技企业；要细化孵化器的分工，既要有综合性的孵化器，也要有针对例如生物医药、新能源新技术的专业性的孵化器。

广东是个人口大省，生物医药产业具有巨大的市场潜力。大力发展生物医药技术，既能惠及人民群众的健康，也是政府职能所在。会后，广州市的副市长王东先生或者您的老朋友广药集团的李楚源先生，将与您参观广州市生物产业园区，相关部门也将与您磋商孵化器建设项目的合作。

首先我建议您去广州生物岛，它是珠江上的江心岛，也毗邻广州大学城。它将是广州未来最重要的生物医药研发基地，希望能够建成具有世界水平的、服务中小生物科技企业的孵化器，吸引高端人才。同时，生物岛的建设采取政府鼓励，企业主导的模式，例如由广药集团与其同行合资，政府给予设备进口的关税减免、高新技术产业的税收优惠等政策措施，或者引入创业投资公司和风险投资公司，推进国际合作。

其次，我介绍您到广州经济开发区的科学城参观，那里有一个综合性的大型孵化器，也有许多世界知名的制药企业。

总之，您刚才谈到的中小型生物科技企业的孵化器建设，以及它所需具备的要件，我们将在今后的建设中注意。它将以企业运作为主导，政府在后台支持，搞好营商环境。因为企业讲究经济效益，而政府容易产生官僚主义。我们也将更加重视生物科技人才的引进和培养，将其纳入人才计划的总体框架之中。

我有几点建议：一是由穆拉德博士牵线，介绍我省的产业园区（生物岛）和生物医药企业与美国知名生物医药的产业园区合资合作；二是要在园区内给予孵化成功的生物科技企业更加便捷的产业化通道；三是广州市人民政府以及我省科技厅将与您对接有关项目。

此外，我介绍一个关于国际合作、政府指导、协会主导、市场化运作的良好范例——揭阳中德金属生态城，它是由中德双方的协会商会联合建立的，吸引了一大批当地中小企业和德国企业进驻，旨在建立金属加工方面的循环经济、节能减排的绿色生态机制。

穆拉德：对于省长的要求我简要做回应。生物医药产业的重要特性存在不确定性，在成功前不易被认可。在生物医药园区的建设要尽可能多元化，让生物资讯、医疗器械、医药开发、基因工程等不同领域的人才与公司集聚互动，方能产生跨学科的人才和技术；生活配套措施也很重要，要他们在喝咖啡的过程中交流碰撞。同时，生物医药产业园区发展需要国际间的合资合作，取长补短。

当具备这些软硬件的园区建立起来以后，自然会吸引高端的研发机构和人才。刚才省长您提到吸引美国的公司到中国来投资，我认为是可行的。因为中国有13亿人口，商机巨大，我于15年前就在上海建立了生物医药公司。建议美国公司在国内寻找可靠的合作伙伴，合资合作。

七、改善投资环境、发展现代服务业

朱小丹省长会见美国全国商会常务副会长兼国际事务总裁薄迈伦先生

时间：2013年11月21日

地点：广州东方宾馆

朱小丹：在顾问团队中，有企业家、专家学者，但是由商会作为省长顾问机构，还是首次。我们希望与美国全国商会建立更紧密的合作关系，推动广东进一步的开放，引进美国的投资，促进双边贸易。一年前，我与贵会会长莫阿诺先生进行了友好会谈，当时我就表达了这个意愿。您出任省长经济顾问更加落实了这个愿望。

您今天的演讲对我们很有启发，对广东未来建立公平的投资制度，加强知识产权的保护以及对外资开放金融、物流等的建议，非常务实和富有成效。贵会联系数以千万家的美国企业，对广东吸引外资意义非凡，希望以此咨询会为起点。

我注意到您特别关注服务业的发展。在广州、深圳这种特大型城市以及珠三角地区，经济发展水平决定了必须重视服务业的发展。改革开放30年来，广东成为“世界工厂”，制造业的转型升级离不开生产性服务业的支撑，足够规模和逐渐成熟的制造业也必然需要服务业提速发展。在广深带动下的珠三角核心区域，在产业升级的过程中逐步实现产业顺序由“二、三、一”向“三、二、一”转变。近年来我省在国际金融危机的冲击下，积极推动产业结构调整和产业转型升级，服务业对GDP的贡献率以及服务业在所有产业中所占的比重不断增加。

广东省的服务业比重已占46%，而工业的比重从超过50%下降到49.2%，估计今年服务业比重会达到46%或更高。所以，我们希望通过贵会吸引美国的服务业企业到广东投资、考察。我省把现代服务业的发展放在优先发展的位置。我们用三句话来描述：优先发展现代服务业，提升发展先进制造业，大力发展战略新兴产业。现代服务业中，我们重点发展现代金融、现代物流、信息科技、高端商务、创意产业、现代旅游和健康服务业。

薄迈伦：此次咨询会把我聘请为省长经济顾问，把美国全国商会作为顾问机构，我非常赞同省长您刚才的提法，我们将会带来与其他顾问企业不同的、独特的视角。广东一直处于中国经济发展的前沿和中心。您刚才的讲话非常清晰地描述了广东未来发展的目标和愿景。过去20年来，我一直致力于推动中美经贸关系的发展，与多位中国领导人见过面。美国全国商会也十分支持中国在20世纪90年代加入世贸经济组织（WTO）。由于我商会是全国性的商会组织，以往主要与中国中央政府有广泛接触，但我认为商业活动最终将落实到地方政府的层面，我们希望加强与地方的交流与合作。

我们非常支持广东省在创新、改善投资环境和发展服务业方面的努力，贵省在这方面已有清晰的蓝图，我们将尽微薄之力帮助广东实现这个目标。您可能听说过美国的华南商会，他的会长叫哈利，是我们的会员之一，正如我们在上海、北京的分支机构一样。美国全国商会代表300多万美国企业的利益，本次咨询会上有超过一半的顾问机构是我们商会的会员，UPS就是其中之一。

广东吸引了全球知名的企业投资设厂，但我认为未来广东要更重视中小企业的发展，要给他们更好的营商环境。这样才会产生像美国的苹果公司一样，从小企业发展为大企业的案例。广东不仅要吸引世界500强企业投资，也要促进创新型的中小企业发展，并与美国的中小企业展开合作。过去的一年里，我们帮助来自广东、香港的企业赴洛杉矶和纽约考察参观。我们十分欢迎朱省长亲自率领代表团到美国访问交流，并且将充分利用我们商会的网络资源，安排到广东正着力发展的一些行业，如医疗服务、清洁能源、信息技术等企业进行参观，进行业界交流。我们商会总部位于华盛顿特区，就在白宫的对面。

在2009年我们商会曾与广东举办过知识产权的创新论坛，时任省委书记的汪洋先生也有出席。我们希望举办更多关于促进投资、知识产权和创新方面的论坛。今天我想重点谈以下三个方面。

第一，我们非常乐意帮助广东转型升级，调整产业结构，拓展市场空间。我们希望推进广东从依靠廉价劳动力、成本高耗能的生产模式向高附加值的生产基地转变，改变外界对广东从事低端制造业的形象。

第二，5—7 年前，广东曾被认为是世界最大的低成本的制造业基地，人们非常担心工业知识产权保护的问题。近年来广东做了很大的努力，相关法律和执法不断完善，今天我也听到省长有关广东建设法治化国际化营商环境的信息。我们商会很愿意与广东政府联合举办知识产权保护与执法的论坛。

第三，关于服务业，广东多是利用深圳等港口充当货物出口的门户。希望广东打造为中国其他省份尤其是中西部对外开放的门户，成为外国公司进军中国的桥头堡；广东的企业可以借鉴香港的利丰公司，不仅考虑生产产品，也可以从事内销；此外广东可以考虑更多的进口外国的商品。

我还有几个问题。一是我们希望更多的中国企业赴美投资，美国全国商会愿意提供全力的协助，不知道广东政府是否有这方面的考虑？二是关于自贸区的问题。最近上海自贸区经中央批准设立，我知道广东某些地区正在进行先行试点，推动投资审批改革。我想知道广东对于设立自贸区的态度和进度如何？三是关于 CEPA 的问题。能否把 CEPA 的优惠政策惠及到在香港设立的外资银行、金融机构或者在广东其他的先行先试项目中（如自贸区）。

朱小丹：非常感谢您向我介绍美国全国商会的情况，以及未来推进广东与商会合作的重点内容。我非常赞成您的观点，广东对外的经贸合作不能把目光局限在大的跨国公司身上。因为就企业数量上讲，广东占绝大多数的是中小企业。如能通过美国商会，开拓广东中小企业对外合作的新路子，这将非常有意义。我们也非常期待贵会加强与企业界的交流，推进广东的转型升级。

贵会于 2006 年和 2009 年两次与广东的知识产权局联合举办过论坛或会议。在当今高度重视知识产权保护、创新驱动战略的时候，双方可以进一步加强交流与合作。

在服务业方面，广东作为进出口贸易大省，您刚才提出广东力争成为内地出口的枢纽和服务的门户。我想这是我们的义务，也是服务业未来发展的重要方向。刚结束的十八届三中全会决定中也明确提出要建立“横贯东西，连接南北”的对外经济交往的通道，我想广东将是一个重要的枢纽。

关于您最后提出的三个问题，一是对外投资的问题。近年来，我们提出“走出去”的战略，鼓励国内企业走出国门。但是与美国对华投资相比，我们进入美国的投资是微不足道的，需要两国建立更便利的双边投资贸易政策。我们希望依托美国全国商会，为在美国投资的广东企业给予指引，这是我们未来合作的重要方面。

薄迈伦：对于省长刚才的要求我插一句话。最近美国政府对外资审批部分放开，特别是放开了基础设施领域的投资。

朱小丹：您的第二个问题是关于我省推进的简政放权、行政审批制度改革，中央政府是什么态度的问题。我明确说，国务院非常支持广东在这些方面先走一步，前任的国务院总理温家宝先生也把广东确定为“十二五”期间唯一的行政审批改革试点省。十八届三中全会后可能在全国铺开。广东在第一轮的行政审批改革中，削减、转移或下放了部分国务院部委的行政审批权，其中超过一百项是国务院明确授权广东进行改革的试点。

十八届三中全会的决定中对于自贸区有详细的表述。国家不仅是建一两个自贸区，而是要形成一个自贸区的网络。广东很早就有设立自贸区的想法，但我们更多地考虑粤港澳的合作，我们希望广东的自贸区面向港澳地区，有利于 CEPA 的实施和三地的合作。我们设想建自贸区的出发点有两个：一是深化改革，创新体制机制，包括政府简政放权，区域内实施最彻底的行政审批改革，进一步放宽准入门槛，建立新型的统一的市场监管体系，率先建立法治化国际化营商环境。二是进一步开放，立足于粤港澳合作，包括推进服务贸易自由化，推进生产性服务业合作，推进投资便利化，推进国际贸易体系调整与整合，推动金融创新。最重要的管理创新是目前上海自贸区实行的准入前国民待遇和负面清单的管理方式。另外，我们考虑与香港不一致的是广东自贸区不局限在特殊的海关监管区。广东自贸区考虑分成“网内”和“网外”两部分，区内只有小部分属于特殊的海关监管区。“网内”主要实施货物贸易自由化，“网外”全面实现服务贸易自由化和投资便利化。而且“网外”注册的外资企业业务能跨区拓展，不局限在自贸区内，要辐射全国。

薄迈伦：我想最后提几点：一是建议省长指定联系人或部门与我们联系，便于下一步落实有关合作交流；二是我们商会不局限于商业活动，也广泛参与政治活动。在美国国内我们参与参议院选举、州长竞选等，在国外我们成立了商务委员会，像在埃及、日本等国家。美国副总统拜登先生和商务部部长前段时间刚参加了我们与中国副总理和财务部长的高层商业对话。我们极力推荐广东省参与美国全国商会举办的“二轨对话”（Track 2 dialog），它是由中美两国的前高官与企业家之间的对话和经贸洽谈，已经举办了五届，我们希望扩大范围到州长和省长的层面。另一方面，我们及下属的香港商务委员会也希望把广东珠三角纳入到我们与香港的对话机制中，形成三方的互动；三是刚才您提到的我们商会的莫阿诺先生，他是我们商会主席，任期到明年 6 月，我会建议他率领美国的商务代表团访问广东；四是美国的商务部部长近期会访问中国，我也会积极建议他率领经济代表团访问广东；五是关于“广交会”问题。这可能比较敏感，广交会多年来一直非常成功，我也参加过该展会，但正如广东经济社会需要变革一样，广交会也要升级、与时俱进。广交会吸引的参展商和客户应该更加高端，而不是像10年前一样的水平。我举个例子，美国的拉斯维加斯曾经有非常发达的会展业，但后来的电子商务改变了人们的消费习惯，他们不需要亲身来到展会，现场观看展品，这迫使他们转型；六是今天的会见以及咨询会的形式很好，谈到了很多领域的问题。但如果我们重点关注一两个方面的问题，建议举办小圆桌等形式的小型对话，进行深度交流。如果我们只是两年来一次咨询会，将得不到细节的交流。建议在广东重点发展的领域，我们建立经常交流机制，这样效果会更好。

朱小丹：一是关于联络人问题，我已经交代了我省分管外事和外经贸的招玉芳副省长单独与您进行会晤；关于联络机制问题，我们安排外经贸厅负责。二是刚提到的国家与香港两个层面的交流渠道，我们都愿意参加，但后者更符合我省的实际，因为我们与香港的合作非常密切。三是未来如果美国商务部部长访问广东，我们很欢迎，并将加强双边经贸合作，希望您转达。四是广交会的升级问题，我们也感觉很紧迫，我们安排时间再做交流。我们刚向商务部申请到广州成为“境外电子商务试点城市”，广交会的电子商务中心也刚建立起来。五是关于经常化交流与小型论坛的问题，事实上我们与省长顾问机构在每次咨询会期间，都有多次的见面，因为在广东他们有许多合作项目。我们与贵会的合作机制与合作项目搭建以后，未来见面的机会将越来越多。

八、共同推动广东国际现代物流体系建设

朱小丹省长会见 UPS 公司国际总裁吉姆・巴伯尔先生

时间：2013 年 11 月 20 日

地点：广州东方宾馆

朱小丹：尊敬的巴伯尔总裁，您能接受我们的邀请，首次以担任省长经济顾问的身份出席本次国际咨询会。我们感到特别高兴，同时向您表示热烈的欢迎和衷心的感谢。这两天我们能面对面交流的机会是十分宝贵的，我们非常期待通过您的真知灼见，获得更多关于广东今后发展的建议以及我们与 UPS 之间合作的新构思。UPS 公司是一家在全球范围内都非常有实力的物流业跨国公司，也是世

界上最大的包裹运送服务公司。从 2009 年开始，UPS 受邀成为省长经济顾问机构，至今给我们提供了很多好的意见和建议。另外，UPS 在广东和我们的合作总体进展顺利。现在，在深圳的 UPS 亚太转运中心总的发展势头良好。您非常重视我们这次的国际咨询会，事先倾注很多心血为我们提供了一份专业程度非常高的很好的咨询报告，特别是提出了提高交通运输连接能力、吸引世界级物流公司设立区域总部、深化口岸通关模式改革创新以提高通关效率以及加强物流人才储备和培养，这一系列涉及我们高端物流业发展的宝贵建议，很有针对性，也非常务实，对我们启发很大。您的建议和意见，我们将会在接下来的广东国际物流体系建设过程中积极加以采纳。

吉姆·巴伯尔：作为新任的顾问，我想开个好头，在此先和您就我的一些想法作探讨。我在 UPS 公司工作了 28 年的时间，我在美国佐治亚州亚特兰大完成大学学业后，就加入了 UPS 公司。之所以提到我个人的发展史，是想强调 UPS 公司最大的特色就是人才。UPS 公司有非常多优秀的人才，在世界各地有将近 40 万名员工，他们为 UPS 公司工作，是他们让 UPS 成为一个非常优秀的跨国企业。在今天以及未来两天，我们讨论人才管理和发展问题时，我想特别强调我们现在所秉持的发展与合作理念，仍然和 106 年前 UPS 刚刚创立时是完全一致的。我们在 UPS 公司秉持这样的发展和合作理念。我们于 1994 年在广东设立代表处，并于 2004 年设立独资公司，这么多年以来，我们和广东政府建立了良好的关系，而且我们在广东的业务发展非常成功，在此，我想特别感谢广东省给予我们的大力支持。

广东经济发展国际咨询会是从 1999 年开始举办的，我觉得这个会议意义非比寻常。我了解会议的背景、基本原则和目标，能作为新任顾问参加这次会议，我感到非常荣幸。我也很高兴能在今后的两天里参与讨论，做出我个人的贡献。我认为，广东经济发展国际咨询会延续了广东省一直以来前瞻和开放的特点。我此次是跟 UPS 首席执行官戴维斯先生一起来中国的。我们先去了罗马，随后到了迪拜、北京。今天上午我们在北京分开了，他乘飞机回美国，我非常高兴来到了广州参加咨询会。我们去了很多地方，感受到在当今全世界不同的国家、地区的地方政府都很希望与企业加强合作，展现他们特色，充分发挥各自的职能。我们在意大利时与当地官员讨论卫生问题，在迪拜讨论自由贸易区和自由贸易港的发展问题，昨天在北京有幸拜会了汪洋副总理。我们谈论的问题其实都大同小异。这是因为我们在很多方面都有共同的愿景和原则，比如说我们都追求自由和开放的经济，我们都希望能打破物理和地理的界限，都追求公平竞争，希望能更好地服务于我们的顾客，并且让我们的员工取得更好的个人发展。我们3年前（2010年）在广东开始了深圳亚太转运中心的业务运营，我很高兴看到这3年里转运中心运转良好，同时也更好地实现了我们对自由贸易方面的追求。

我们UPS公司一个重要的原则是放眼长远，希望可以了解我们足迹遍及的国家当地的情况和文化，愿意为当地的社区服务，所以我们愿意植根于广东，致力于在广东开展业务。我们所做的一切都是着眼于未来，希望在这方面能有长远的发展与合作。在深圳的亚太转运中心设计分拣能力是每小时36000件包裹，目前已达到每小时18000件包裹，仅为设计分拣能力的50%，因此提升空间还很大，投资的空间也很大。我在咨询报告里提出了一些我们比较关注的问题，比如连接能力、通关模式、无缝贸易链接以及口岸管理等事宜，我们认为有些领域可以做得更好。我想借此机会感谢朱省长及广东省对UPS的建议的关注，特别是在取得粤港直通车配额方面，UPS全货机航班在深圳起降时刻申请方面，广东给予我们很多支持和帮助，我再次表示衷心的感谢。

很高兴朱省长在百忙中阅读了我们提交的咨询报告，非常荣幸得知广东省已经在考虑我们报告所提到的四点建议，希望能和广东加大这些方面的合作，作为广东省的伙伴来推进我们共同的未来。这是为了广东的发展，为了更好地服务我们的顾客，也是为了在本地打造一个更加无缝链接且更加高效的交通网络。

朱小丹：我非常赞同总裁阁下所谈到的想法。我们的经济发展已到非常关键的转型期，我们面临的挑战、任务是非常严峻、繁重的。我们要加快调整经济结构。珠三角地区，作为整个广东的经济核心区域，将形成一种以服务经济为主导的新型现代产业结构。接下来珠三角地区的产业发展顺序将从“二、三、一”调整为“三、二、一”。在现代服务业发展中，摆在首位的是金融保险，第二位就是现代物流。因为广东是一个很大的制造业基地，将来会依托制造业大力发展现代物流业，一方面提升我们在国内的产业集聚和辐射功能，另一方面更加密切地与全球经济沟通。我们重视与UPS的合作也是基于这一点。因为你们拥有全球最强大的国际物流实力，也拥有最丰富的现代化理念、先进的运营和管理经验。应该说我们已经有一个非常良好的合作开端，UPS在深圳的业务有了很好的发展，但是如您所说的，我们必须更有前瞻性，应该放眼长远。我们非常期待与UPS建立一种面向全球，面向未来的，可持续发展的战略伙伴关系。现在1.8万件是个开端，3.6万件也不是个终结。我们希望接下来UPS在广东有更大的发展。为此，根据您的建议，我对今后和UPS的合作提出一些希望。

第一是尽快达到3.6万件的规划目标。深圳依托着整个珠三角，这方面的业务不光是深圳本身，也是整个珠三角和广东的产业基础。我相信接下来我们有条件利用这个空间来加快 UPS 转运中心的业务拓展。这里关键的问题就是您特别强调的连接能力问题，而这是我们政府责任所在。我们国家在刚刚结束的十八届三中全会上做了一个关于改革的决定，里面提到了关于建立自由贸易区网络的问题，也就是说我们会利用更多自由贸易的政策来扩大对外开放。连接能力的提升是提高对外开放和对外经济交流合作水平的一个重要内容。政府该做的事情我们一定努力去做，在三中全会的决定当中，就实现通关便利化提出了一系列的要求。我们将积极协调口岸、海关，为 UPS 业务的拓展创造更加便利的条件。需要我们帮助解决的问题，请安排你们深圳方面的主管人员列出清单，我们会尽力帮忙。

第二是深圳和香港的转运执照问题。我们正在谋求与香港、澳门建立粤港澳大物流产业链。我们希望能与港澳特区政府以及 UPS 一起策划，总体地对大物流产业链以至整个区域的现代物流产业发展形成一个更好、更富前瞻性的构思。我们非常希望 UPS 借助自身的优势和长处，直接参与到粤港澳这个区域性的现代物流产业链建设当中。

第三是希望我们能联手借助现在电子商务的发展来拓展航空物流业。现在我们已经向国家争取到把广州作为跨境电子商务试点城市，接下来我们要争取把深圳也纳入试点城市范围。由于广东在全国有份额很高的进出口贸易总额，规模很大的出口贸易，将来运用了电子商务这种新的业态，我相信会进一步促进进出口贸易的发展。每年的 11 月 11 日在我们国家被称为光棍节，现在成了网购的代名词。今年的光棍节刚过去，我们两三家主要电商在当天的销售额已经超过了 300 多亿元人民币。中央电视台在《新闻联播》中播放了一个很有意思的画面，在我们的航空运输仓库里堆满了大大小小的包裹，被称为“爆仓”。因此，我希望跨境电子商务的发展，能为 UPS 业务的拓展提供一个新的空间。

第四是人才战略问题。UPS 重视人才的培养，集中了很多全球优秀的人才。我们希望能继续开展专业人才培训合作。在我们强调发展现代物流业的时期，特别重视要尽快形成供应链管理体系。一方面我们希望 UPS 在深圳的亚太转运中心能成为全球供应链的管理中心，同时我们也希望借助 UPS 对我们的支持，加快培养供应链管理的专门人才，尤其是全球供应链管理人才。

您对发展现代物流产业的意见和建议，我们将积极采纳。同时希望我们在 UPS 今后的业务拓展过程中能更加紧密地合作，做政府应该做的事，为你们提供更好的服务，为 UPS 在广东、在深圳的发展创造更好的环境和条件。

九、增加广东“无形资产”、促进广东产业转型升级

朱小丹省长会见忠利集团首席保险执行官兼意大利忠利集团董事长巴比诺特先生

时间：2013 年 11 月 20 日

地点：广州东方宾馆

朱小丹：2007 年以来，您连续四次出席了广东经济发展国际咨询会，先后为两位省长担任经济顾问，为广东发展提出了很多务实和富有建设性的意见和建议，对此，我们心存感激。我还记得在上次咨询会，您专门就健全社会保障体系，扩大社会保险覆盖面方面提出了宝贵的建议，这是我们在众多经济顾问建议中重点采纳的建议之一。自上次咨询会以来，广东省社会保障覆盖面不断扩展，保障水平不断地提高，其中就有您的一份功劳。因此，我们觉得聘请您作为我们的经济顾问，是一个非常明智的决定。

忠利集团是意大利最大的保险公司。这些年来，忠利集团与广东的合作结出了丰硕的成果。2012 年，中意人寿在广东省实现保费收入 10 亿多元，10 年内增长了 32 倍。我们的合作真正体现了互利共赢，是国际交流的一个良好典范。今年 7 月份，中共中央政治局委员、广东省委书记胡春华先生在率团访问意大利期间，专门访问了忠利总部。由此可见，我们的合作在省委省政府的工作部署中具有相当的分量。

您为本次咨询会做了精心的准备，提供了一份非常务实并富有针对性和建设性的咨询报告。您的报告主要就增加广东“无形资产”、促进广东产业转型升级提出了宝贵的意见和建议，其中包括发展创新设计产业、扶持创业企业发展、以专业团队管理政府投资、加强粤港金融核心领域合作、完善证券市场规则机制等具体建议。这些建议值得我们高度重视，我们将在下一步相应工作中予以积极采纳。

巴比诺特：尊敬的省长阁下，我非常荣幸再次受邀担任本次国际咨询会的经济顾问。我刚刚得知，自 2007 年受邀担任省长经济顾问以来，我提出的一些意见和建议受到广东省政府的重视和采纳，对此，我感到非常高兴和荣幸。在几个月前，我在忠利集团罗马总部会见了广东省委书记胡春华先生，这对我来说意义重大。我相信，这是广东省和忠利集团开展深入合作的一个良好开端。藉此机会，我希望再次邀请您能拨冗访问意大利，届时，我将带您参观忠利在意大利的

有关机构。

藉此机会，我还想感谢广东省政府于2012年向中意人寿广东省分公司颁发了“金融创新奖”。忠利集团一直以来非常注重创新，这次获奖，是对忠利在粤机构的极大鼓励。

作为一家保险企业，忠利集团及其分支机构十分重视产品和服务的创新。在广东市场上，除了寿险业务，忠利集团也开始拓展财产保险业务，今后，忠利集团将与中方合作伙伴中石油公司一起探讨如何深入地为广东市场提供财产险服务。正如省长刚才所介绍的，近年来中意人寿在广东的业务发展稳健而迅速，保费收入增长了32倍，良好业绩的获得，离不开广东省政府的关怀和支持。广东一直是忠利集团在中国的发展重点，未来，我们将继续加大在广东地区的业务发展。

除了业务发展，中意人寿总公司目前还有部分后援职能也设在广东，比如电话服务中心、IT后援中心、电话销售中心以及财产险的业务等，未来，我们将进一步加强在广东后援职能中心的建设。

在本次国际咨询会上，我衷心希望我的咨询报告能为广东省政府提供一些有益的借鉴，比如如何发展无形资本等。在报告中，我们介绍了意大利的相关经验。意大利的强项不在高科技领域，而在于创意行业的创新，众所周知，意大利的创意和设计行业是全球闻名的。在广东调研期间，我们发现广东在发展创意产业方面具有很大潜力，我们建议广东可以借鉴意大利的一些经验，例如加强对创意企业和企业家的投资和扶持，以进一步推动广东创意产业的发展。在报告的最后部分，我们还提到，金融服务行业对加强创意行业融资支持，提升创意产业技术水平具有关键的作用。我们非常愿意分享忠利集团在欧洲的相关经验，同时，衷心欢迎广东省政府能派相应的团队到忠利考察并进行深入的交流。

朱小丹：您的咨询报告带给我们很多有益启发，刚才您向我当面提出的意见和建议，也让我收获匪浅，我非常赞成您提出的这些想法。

首先，我衷心希望忠利集团在广东的业务能够继续保持健康、稳健且较快速度的增长。刚刚闭幕的十八届三中全会，对下一步全面深化改革的任务做了详细的部署，其中，进一步健全和发展开放型的经济体系是非常重要的一个环节。虽然许多具体改革措施需待以时日才能付诸实施并取得成效，但从中央已明确提出的进一步放宽各类国际投资准入条件等要求来看，一个更加开放的体系将是可以预期的。上海已经建立了我国第一个自由贸易试验区，下一步，我们将对国际投资采取一种新的管理办法——即准入前国民待遇加负面清单。所以，我们非常希望忠利集团的业务范围可以在现有险种基础上进一步扩大，尤其是发展财产险业务。另外，忠利集团与我国的中石油这类实力雄厚的大型国有企业合作，对推进我们之间的顺利合作将更为有利。

只要改革，就会触动大量的原有制度，包括原有的管理体制，这种变化将是一个渐进的过程。我相信，在不远的未来，我国保险行业对外开放、利用外资的领域将得到进一步拓展。我非常希望您的每一次参会，都能为我们保持长期可持续的友好合作增加一份信心。

后援服务，也是我们在发展金融领域国际交流合作中着力推进的一个重要方面。现在，我们已经建立了一批重要的金融服务基地，这些基地的一个主要职能，就是吸纳国际上各类大的金融保险机构的后援服务。我们非常希望能早日看到忠利集团在广东具体的规划和建设后援职能中心，我们将按照忠利集团的具体规划，做好政府的服务性工作，积极采取各种措施，全力支持忠利集团后援职能中心的建设。

您提到的无形资本是一个很重要的概念，在过去的工作中，我们往往容易对其有所忽视。正因为如此，我们才期待通过国际咨询会这个平台，能够接纳更多处于前沿位置的先进发展理念。您在谈到这个概念时，尤其重视提到意大利的一个强项，即创意和设计产业的发展。实际上，创意也是一种创新。近年来，我们越发感觉到创意产业和设计产业的重要作用。广东，尤其是珠三角地区，已在近几年快速兴起了一批新的创意园区和创意企业，工业设计的发展速度和规模也大大超出以往。众所周知，意大利是一个创意国度，罗马是创意之都，我们非常希望通过和忠利集团的合作，进一步借鉴意大利在推动创意产业发展方面的经验，为广东的创意产业包括工业设计方面的发展注入一种新的推动力。

您刚才提到了创意产业的金融服务问题，这也是我们所关心的一个方面。近年来，我们提出要面向中小科技型企业提供各类金融服务，包括提供综合性的孵化器，下一步，我们也应该考虑为创意产业提供更好的综合性服务平台，而金融将是这个平台的重要组成部分。我们希望通过与忠利的合作，进一步研究引导国际金融机构和保险机构参与其中，为广东创意企业、创业园区、创意产业的发展提供金融领域的服务和支持。

现在我们正与国内大型保险公司探讨通过社会融资——包括采取建立基金等方式——来支持地方建设的问题，我们希望也可以在这方面与忠利集团作更深入的探讨。同时，我也希望除了保险业本身之外，忠利在广东的业务范围能够涉及其他领域，尤其是对广东现在高度重视的现代服务业发展给予必要的金融支持和金融服务。当前广东经济结构战略性调整、产业转型升级的一个明确方向，就是首先在珠三角地区逐步形成以服务业为主导的新型产业结构。而在服务业中，我们尤其重视现代服务业的发展。在发展现代服务业方面，广东省已经出台了详细的中长期规划，要求在现代服务业中重点发展以下领域：一是现代金融，二是现代物流，三是信息服务，四是科技服务，五是高端商务，六是创意产业，七是国际旅游，八是健康产业。而我们与忠利的合作将牵涉第一和第六个领域。如果能够通过我们之间的合作，将这两个领域充分融合在一起，相信广东创意产业的发展速度将会有一个明显的飞跃。我建议您在广东逗留访问期间，能够更多地参观一些分布在珠三角各地的新创意产业园区，考察一些比较成功的创意和设计企业。接下来，我们可以更具体地商讨和对接，看看在支持创意产业发展方面还可以做哪些有益的工作。

非常感谢您再一次对我发出邀请，我也非常渴望早日实现到意大利拜访忠利集团总部的心愿，通过拜访忠利集团更多地了解意大利保险业以及创意产业的发展情况。我们也非常期待广东省珠三角地区一部分经济实力雄厚的城市，特别是广州、深圳这类的中心城市，能够成为我国的创意之都。此外，我们将认真研究您提出的无形资产这个先进的理念，按照您提出的具体建议来不断积累无形资产，并运用无形资产来支持创意、创新和创业，走出一条成功之路。

十、加强智能技术合作

朱小丹省长会见 ABB 集团执行副总裁兼执行委员会成员柯睿思博士

时间：2013 年 11 月 20 日

地点：广州东方宾馆

朱小丹：ABB 集团是第 8 次作为省长经济顾问机构参加国际咨询会了，体现了 ABB 集团对与广东合作的重视，这 8 次会议当中都给我们很多有建设性的意见和建议，我们深表感谢。您本人虽然是第一次担任省长经济顾问，但实际上您也是我们的老朋友，因为我们与 ABB 公司有非常长时间友好的合作。ABB 现在在广东企业有 6 家，员工超过 2000 人，对推动我们的经济发展做出了贡献。广东非常重视与 ABB 之间的合作，今年 7 月份，我们省委书记胡春华先生访问瑞士的时候专门访问了 ABB 的总部。这里我也转达胡春华书记对您的感谢和欢迎。那次访问期间，广东省发展和改革委员会与你们签订了战略合作的协议，对下一步合作的进一步发展都有共识，都有合作的愿景。

很感谢您为开好这次国际咨询会所做的精心准备，您为这次会议提供了一份非常专业、对我们有很大启发作用的咨询报告。您的报告的主题是“智能技术创造美好生活”，谈了我们在实际推进产业转型升级时非常关注的一个问题。咨询报告中您具体谈到的工业机器人、智能电网、电动汽车充电设施、轨道交通能源储存、能源再生系统和岸电系统，这些案例给了我们很多启发。特别是您还提出了很好的建议，建议我们制定相应的政策，包括提供政府财政支持来推广应用智能技术，对全社会、对公众普及智能技术方面的知识，这都是今后我们要做的工作。总裁阁下一定知道广东作为制造业大省正在转型升级，转型升级过程当中特别重视两个方面，一方面是企业创新能力的提升，我们要长期实施的一个战略方针就是创新驱动发展。另一方面我们希望加快信息化和工业化融合，这当中很重要的一个切入点就是制造业的智能化。

柯睿思：非常感谢朱省长在百忙之中安排这次会见，而且您带着整个团队来欢迎我们的访问。我们向您祝贺十八届三中全会的胜利召开，我们看到十八届三中全会引起了全世界的瞩目，会议做出了很多非常有意义的决定，令我们非常敬佩。非常感谢胡春华书记瑞士之行访问 ABB。您知道 ABB 很早就在中国开始了发展，第一个合资企业设立于 21 年前，ABB 和中国的发展同步进行，在过去的很多年中，我们看到了中国翻天覆地的变化，感谢这样的变化为 ABB 在中国的发展创造了机遇。ABB 在中国设立了 36 家企业，其中 6 家在广东，并且有 3 家是在过去 3 年中设立的，所以说广东已经是 ABB 在中国非常重要的产业基地。几个月前我们新并购了一家位于广东的企业宝威电源，这也同时表明了我们在广东进一步的发展。再次感谢您的支持，感谢广东省各级政府的支持。2006 年我们与广东省政府签订了一个为期 5 年的节能减排战略合作协议，在这 5 年中我们共同开展了很多工作，安排了很多对用户节能增效意识方面的培训和对能效评估的培训。

关于您提到的我们给出的一些具体的建议，我们在签订的战略合作协议中提到了，比如在轨道交通方面，我们利用很多现有的技术，提高轨道交通系统能源利用效率。在铁路系统或者轨道交通系统中能源利用效率是非常重要的，我们有很多现成的技术，可以提供支持，共同发展。谈到这里，我想说一下我们在中国的机构设置。在 30 多年前，很多外国公司来到中国卖设备，中国进口这些设备，那个时候我们已经考虑在中国进行生产。经过这么多年发展，我们不仅仅在这里生产，我们还在这里建立了研发基地。这就是我们现在发展的理念——“在中国，为中国”。我们在中国研发，是为了更好地服务于中国的客户和中国的市场。我们在轨道交通系统方面，准备在广州设立一个轨道交通系统综合研发中心。另一个是机器人应用中心，很多人都知道机器人可以帮助提高生产效率，尤其当企业面临劳动力短缺时显得尤为重要。机器人生产出来以后，其推广应用也非常重要，这是一个培育市场的过程，对未来推广并普及机器人非常关键。我们希望把机器人应用中心设在广东。另一方面，电动汽车充电系统、岸电系统，这对提高能源利用效率非常有帮助，船舶靠港时使用岸电对节能减排有很大帮助。但是，电动汽车、岸电系统的应用也对基础设施建设提出了更高的要求。在这个建设过程中会有很多相关方介入，从广东省政府的角度出发，协调各个利益相关方进行更好的交融是非常关键的，这将会发挥极其重要的作用。在智能城市和智能电网的建设方面，我们各种不同的智能电网解决方案能够大力提升电能使用效率。智能电网和智能城市有很多不同的解决方案，我们可能会将其分解为很多的子项目，能够对各个子项目进行集成优化的方案是更好的解决方案，如果我们在这方面开展试点项目，我们将对各个子项目进行优化做成一个大的项目。

朱小丹：非常感谢！您谈到的都是一些非常有建设性也是非常具体的合作项目。我想这些项目都是我们经济结构调整和经济发展非常需要的，而且不仅涉及经济发展，还涉及城镇化。听了您刚才讲的这些富有建设性也是特别务实的意见，我更感觉到将来和ABB合作前景是非常广阔的。首先我非常赞成配合您把在广州的轨道交通综合研发中心建立起来，今天广州市常务副市长陈如桂先生也到了，我想他会跟你们积极对接，和省政府一起，省市两级政府都会积极支持这件事情。因为这是我们急需的，我们现在有一个非常庞大的发展城市轨道交通的规划。从城际轨道交通规划来看，现有通车里程是165公里，城市轨道交通里程394公里，我们计划2013—2015年投资超过3000亿元，用于这两方面的轨道交通建设。到2015年，新增城际轨道交通通车里程221公里，地铁通车里程要增加80公里。我们在城际轨道方面使用的是经过技术改造的、适应城市公交需要的新型的高铁动车组，车的生产基地就在广东，这个基地同时可以生产地铁车辆。投资需求非常大，规模也非常大，以广州为例，现在有200多公里的通车里程，将来要增长一倍。轨道交通综合研发中心的建设是对我们推动规划的一个非常有力的高端支撑。另外我们非常希望借助轨道交通综合研发中心进行技术方面的交流和合作。将来在我们通车里程到了一定规模的时候，我们会形成两张很大的网，一个是地铁网，一个是连接各个城市的城际网，对于这两个大的系统，您刚才谈到的轨道交通节能减排技术的应用就显得非常重要了。你们拥有非常先进的技术，我们很希望这些技术能够嫁接到这两大系统中来。我们今天请了广东省铁路投资集团董事长朱耀忠先生来，他是负责城际轨道交通这一块，陈如桂先生可以代表广州地铁，您可以跟广州地铁、省铁投多交流，在这方面能不能形成一个加强节能减排技术合作的协议。另外，像广州、佛山一些大城市正在规划建设中心城区内的现代有轨电车，如果 ABB 有兴趣的话，我们希望大家能够共同合作。第二就是关于工业机器人，现在我们有一个很大的规划，正在跟中国科学院、中国工程院合作推行“数控一代”计划，实际上就是推动制造业智能化，从数控加工中心一直到机器人都在大的规划当中，都是我们发展的内容。所以我们也非常期待着你们提出的工业机器人应用中心的建设，因为我们知道除了在技术上能够突破一些核心的领域，拿出更多的新的工业智能化技术手段，所有智能化包括工业机器人的应用推广至关重要，所以我们特别重视新技术、工业（制造业）智能化技术的推广应用。现在把这个项目摆上合作议程恰逢其时，我们的制造业现在面临一个非常突出的问题就是要素成本的上升，尤其是劳动力成本的上升，而我们的产业大量基于劳动密集型。我们庞大的劳动密集型产业容纳了外省超过 3000 万的劳动力。现在劳动力红利时代已经结束，这里的劳动力成本已经在不断上升，用智能化手段逐步改造数量庞大的劳动密集型产业是当务之急。我相信未来广东作为全国乃至世界上具有相当规模的制造业基地，恐怕会是工业机器人应用的最大的一个市场。第三个方面，您谈到了两个具体的项目，都是我们当前迫切需要破题的项目，实际上我们正在考虑这些项目的推进，一个是电动汽车充电系统，一个是船舶岸电系统。我们现在同时有一个比较大的电动汽车推广应用规划，到 2015 年，大概念是 3 个 1 万辆以上，广州、深圳到 2015 年各推广 1 万辆以上，相当一部分是电动公交，珠三角其他 7 个城市加起来推广 1 万辆以上，深圳甚至把规划定到了 3. 5 万辆。我们推进实施这个规划时要解决两个突出的技术难题，一个是怎样使电池更加过关，一个是充电设施怎么建设。我个人已经主持了多次会议研究充电方式问题，包括分布式充电桩即时充电，也包括换电式集中充电，我们都在研究。尤其是我们很重视集中换电式充电模式，把电池与车分开，把大量电池集中到一个充电站，利用晚上用电低谷期集中充电（电费只是白天的三分之一，起到蓄能调峰作用），给各家公交公司配送，这样会极大地降低电动公交运行成本，可以节约大量对电网改造的投资，而且甚至可以起到对整个电网调峰的作用。李春洪先生是省发改委主任，他主管这方面的工作，非常希望有更多的对接和交流。岸电系统在广东应用领域非常宽广，我们有一个非常庞大的港口群，不光是珠江口的港口群，包括广州、深圳、东莞、中山等，一直到东西两翼沿海都有很多港口，而港口的节能减排通过岸电系统可以实现新的目标，这也是我们很期待的一个合作项目。最后是关于智能城市建设问题，这是我们推动城市发展模式转型的一个主要方向。这方面工作有两个突出的要点，第一个是信息化，我们要建设一批宽带城市群，第二个方面就是要推进低碳生态城市建设，在智能电网、分布式电源、楼宇自动化系统等方面你们有专长的技术，我们对这些都有极大的需求。

柯睿思：我们刚才谈到了很多用电方面的工作，说到了能效。有一点需要注意的是怎么把电力输送到城市，我们在高压直流技术方面是全球领先的，我们也希望在这方面与广东有更多的合作。

十一、知识产权保护与能源、环保领域合作

朱小丹省长会见美国艾默生电气公司总裁兼首席运营官孟瑟先生

时间：2013 年 11 月 21 日

地点：广州东方宾馆

朱小丹：您已经是 4 次（2007 年、2009 年、2011 年、2013 年）参加我们的国际咨询会了。您是我们的老朋友，也是我们的功勋顾问。这一方面说明艾默生在广东的地位和作用，也说明了省政府对艾默生地位和作用的重视。今天闭门会议上，您做了非常精彩的发言，提出了许多富有针对性、建设性、务实性的好建议；同时，针对您所提供的咨询报告，您也做了非常精辟的阐述。此外，我希望能听到您对如何推进我们下一步的合作发表自己的想法。艾默生在广东做出了很大的贡献，业务也发展得非常好。通过这个会议，我们主要想达到两个目的，第一是听取你们对广东宏观发展的意见建议，以改进我们的决策；第二是加强与我们的顾问所在机构密切合作。

孟瑟：首先，非常感谢朱小丹省长。今天我们度过了非常有意义的一天，能与省里的相关人员就战略方面进行讨论，对我来说具有非常的意义。下面我想讲四个方面的事项，其中尤其是最后一点，我希望能得到您的关注和支持。

在具体谈合作项目之前，我想先讲一个小故事，就是关于今年我们在华盛顿特区见到的一个朋友。7 月份，有一个中美之间战略与经济对话会议在华盛顿召开，这个会议是个双方交流的平台，对中美双方都非常重要。会议结束后，举行了一个中美工商界共同参与的晚宴，双方希望通过这个宴会以庆祝这次对话会议的结束。我非常有幸受邀参加这次宴会，宴会的形式与我们昨晚的晚宴类似，也是由许多小桌子围绕着一个主桌。我们中美双方的高层官员围坐在主桌，中美双

方各界商界公司的领导者围坐在四周的小桌子。汪洋副总理率中国代表团参加了这次对话，他站起来并看到坐在角落的我，他指向我，并对我说："请过来，"那时我很紧张也非常高兴，因为他在广东工作时，我们通过国际咨询会曾有过几次会面，而更令我高兴的是他当时当着参加谈判的美方官员说的一句话，他把手伸出来并说："现在，我跟我的老朋友在一起了。"对此，我感到非常荣幸，但我想美方官员可能不那么高兴。汪洋副总理与我握手的照片就在第二天的《中国日报》头版刊登出来，这张照片我也摆在我的办公室并向我的母亲展示了。因此，我认为，通过国际咨询会，我们不光可以讨论问题，更可以结交朋友，建立很多很好的关系。

您知道，明天我们之间将有一个签约仪式，在仪式当中，我们将就两个项目签署合作协议，一个是艾默生网络能源业务平台下的新的研发机构，另一个是将在珠海建立的新工厂。坦白地说，在参加上次国际咨询会时，我们还未决定新研发中心的建设地点。由于艾默生网络能源公司当时在深圳、西安两地都设立了相关研发机构，我们决策的重点就在于对两个城市中的哪一个来进一步加大研发投入。自从参加了上次国际咨询会以后，我就一直在考虑，从未来 5 年甚至 10 年的发展形势来看，更应该把新研发中心放在哪里，哪里才更有创新性，哪里才能得到公司所需的创新型人才。虽然在广东省深圳市设立研发中心成本较高，而且可能面临更多的人才争夺压力，比如深圳华为公司就可能与我们争夺高层次的工程技术人才，但是，当我回到艾默生公司圣路易斯总部时，我就已经下定决心将新的研发机构设在广东省深圳市，因为我认为，广东是今后更具有创新前景的一个地方。

上次会议您还是代省长，但已给我留下了非常深刻的印象。所以说，这样的顾问会议对我们具有非凡的意义，因为它不仅是分享我们想法的平台，而且更能帮助我们做出重大决定。

接下来我想提一个老话题，就是知识产权保护的问题。我们已经欣喜地看到，中央政府和省里已经出台了一些保护知识产权的具体有效措施，对此，我们表示衷心感谢。我们曾就几个知识产权案件向法院申述寻求解决，虽然不是所有案件都赢，但我们觉得整个审理过程已经非常公正，这让我们对在广东投资感到非常安全。

下面我想提出关于能源方面的话题。艾默生在能源领域的业务有很多，在能源服务方面积累了很多经验，这也是我们最早在 1979 年就受邀来到中国的原因。现在如果需要建立一个利用火力或气体燃料发电的电厂，我们可以在关键设备和高端技术等方面提供有效支持。在核能、风能、太阳能等可再生能源利用方面，我们也具有丰富的技术和人才储备。艾默生公司的一个核心业务就是为能源行业提供技术支持。就像刚才我提到的，艾默生公司对多种类型的能源利用方式均可提供有效的技术支持，我们有能力根据广东省的需要提供服务。同时，我还有一个自己的观点与您分享：考虑到环境影响，利用天然气发电在环境、成本等方面考虑均有优势。比如，根据美元价格，液化气发电成本每单位在 16 美元，如果从土库曼斯坦等国外地区进口，价格更能够降低到 11 美元每单位。而如果使用煤化气来发电，成本将是 7. 60 美元每单位。如果从中国北方输入的煤化气，其成本更为划算，有可能比页岩气还具有成本优势。因此，我认为，使用煤制气作为发电原料将是一个非常好的出路。如果我作为能源领域决策者，我会非常倾向于利用国内丰富的煤资源，以煤化气形式提供能源，这是一个非常具有成本优势的做法。站在艾默生的角度来说，这一系列的环节中我们都可以提供相应的技术支持。

我所提的最后一个问题，就是关于食物垃圾的问题。我记得，在几年前，我曾经与当时的商务部部长陈德铭先生进行过一次聊天。当时他说，国家正在制定“十二五”规划，其中讨论到整个环境的问题，当时他们正对国内的部分城市进行调查。根据调查结果，很多城市当时最大问题就是食物垃圾的处理问题，在城市化的进程中，每天都有很多人进入城市，每天都会产生很多食物垃圾，怎么处理这些垃圾成为一个棘手的难题。在北美，一半以上的家庭都安装了食物垃圾处理器，主要用于将食物垃圾处理后冲入下水道。在我家，所有的食物垃圾都通过它来处理，剩下的塑料罐等可回收垃圾就分类由垃圾收取人员回收。我的家乡圣路易斯的做法跟其他美国城市一样，都是通过这个设备将食物垃圾研磨粉碎后冲入下水管道，送到污水回收处理厂。污水处理厂有一套设施，会将污水中有机物等废水成分处理并资源化，比如把它变成能源带动汽轮机发电。其中一些固体的物质可以分离出来变成肥料。在美国中西部有很多高产的玉米田可以利用这种肥料。这是一个很好的处理食物垃圾的方法，可以避免垃圾堆积成山。据我们所知，广州市每天产生的垃圾是 18000 吨，其中有 10000 吨是食物垃圾，这对广州是一个大问题。在和陈德铭部长会谈后，我们发现国内很多地方的相关法律规定都提到了食物垃圾处理技术，中国政府虽然不强制，但也鼓励使用这些先进技术来帮助解决食物垃圾处理的问题。比如说在北京市，就出台了一个生活垃圾管理条例，提倡在下水管道建设条件适合的地方使用食物垃圾处理器，上海也颁布了类似的条例，而广州暂时还没有这方面的条例。

我现在有一个请求，可能广州等城市认为推行这种食物垃圾处理设备为时尚早，但我希望您能否考虑在广东省先找一个地方作为试点，来尝试应用一下，以向各市的市长们展示一下这个设备，亲眼看看这个设备能够带来的好处，是否能真正帮助解决有关问题，这是我所希望看到的。因为实际上，使用垃圾处理器不仅不会堵塞下水管道，还会对下水管道带来好处，由于下水管道可能会有一些金属污渍附着在上面，如果食物垃圾粉末等有机物能够流入管道，将会起到一个冲刷管道的良好效果。因此，如果有一个试点让我们各领域人员，包括工程人员、技术人员都来看一看，使用我们这种技术不仅不会损害下水管道，还有疏通下水管道、简化食物垃圾处理，将垃圾变成可用资源等方面的好处。如果您认为这是一种可行的方法，我们下一步可以去接触一些地区，尝试合作开展试点工作。

朱小丹：非常感谢您为我们介绍了艾默生业务拓展上的一些新的考虑，这些都是我们特别欢迎的项目。比如，对艾默生将网络能源研发机构放在了深圳，还将在珠海投资一个热敏碟工厂，我们非常感谢总裁阁下的支持。

您谈到的知识产权保护，现在也是我们在推动创新时特别重视的一项工作，今天很多顾问都谈到了创新环境的问题，这是一个基本的要素，我们接下来会在这方面下更大的功夫。

在能源领域，您提到了气电、核电、可再生能源、煤制气等的应用，这些都与我们广东当前能源结构的调整都是吻合的，我们可以具体地接触商谈。现在在风能方面，我们风场的规划已经制定完毕，国家也已经批复了我们风电发展的规划；在太阳能方面，我们也将进入较大面积的试点阶段，其中主要是光伏太阳能；在珠三角地区，将来不能再发展煤电，可能发展一部分热电联供，也可能会发展气电；在煤制气方面，我们现在有一个优势，就是我们胡春华书记是从内蒙古自治区调任的，将来我们可以通过与艾默生的合作，利用内蒙古的褐煤来加工煤制气，现在广东也有一些企业在做这方面的探索。在这些方面我们可以具体研究和对接一下，看看是否有合作的机会。另外，广东还有规模不小的陶瓷特别是建筑陶瓷的行业，在市场份额上一直都在全国排在前列，这个行业现阶段的减排问题非常突出，因为以往都是烧煤烧油，排放超出了规定，如果能够发展燃气的陶瓷窑这方面的技术，我相信产业规模和用量将会很大。

关于食物垃圾，我想我们可以先跟几个大城市联系一下，请艾默生代表直接向各市的分管领导介绍一下产品或者相关食品垃圾处理方面的技术，可以找一些城市先试点。比如这种用于家庭的食物垃圾处理器，可以选择城市中一些收入较高家庭所在的住宅楼盘来试用。另外，实际上大量产生食物垃圾的源头主要还是服务性的餐饮业、酒店业这类大单位，比如东方宾馆以及分散在广州市大大小小的餐馆等，每天产生的餐厨垃圾是很多的，这些单位则需要大型垃圾处理器，在这方面的推广也可以联系试点，谈好商业运营的模式。

总之，这些都是非常好的想法，非常感谢您给我们提出的好建议。刚才，您还谈了推动艾默生业务在广东发展、加强合作的好的想法，我们一定积极予以回应，接下来我们会安排相关部门，与贵公司具体负责人再对接。这些就不需要您这位首席运营官直接“运营”了，我们可以交给地方的负责人员来执行。

十二、充分利用外资、加快推进保险业发展

朱小丹省长会见 MS&AD 保险集团控股公司董事总经理兼首席执行官江头敏明先生

时间：2013 年 11 月 20 日

地点：广州东方宾馆

朱小丹：首先，我欢迎您和您的同事，您带着一个团队来，说明您对这次咨询会的重视。您是我们非常尊敬的老朋友，已经是第 3 次参加我们的国际咨询会，包括 2007 年、2011 年和今年。上次咨询会您提了非常好的建议，“加强人文关怀，实施企业员工心理援助工程”的建议，这个建议已经吸纳到我们省政府关于构建和谐劳动关系的一个正式文件中，我们还编写了心理援助读本并免费向异地务工人员发放，这些都跟您富有建设性的建议有很大的关系。这次咨询会您又做了精心的准备，您的咨询报告也凝结了您很多的心血，您在报告中提到的有效利用外商直接投资、积极引进外商投资基金为民间企业提供资金、进一步放宽限制统一竞争条件等，我看对我们都很有参考的价值，这当中一定会有好的意见会在我们今后的政府工作决策中加强采纳。

MS&AD 公司与广东保持着非常紧密非常友好的关系，2008 年设立的三井住友海上火灾保险（中国）有限公司广东分公司是首家在广东开业的日资保险经营机构；2011 年还在深圳市设立了营销服务部，一些业务都有稳步而健康的发展，这对我们保险业的发展是非常有利的支持。

我们这次见面交流概括起来就是两个主要的目的，第一是希望通过和你们的交流能够使未来广东发展的政府决策能够具有更宽广的国际视野，同时有更强的前瞻性，能够吸纳更多的国际先进理念；第二，所有我们的顾问机构都是我们长期的合作伙伴，我们希望能借这个机会共同商讨，推进我们之间合作新的举措。

江头 敏明：得到您的高度评价，我表示感谢。刚才您也提到了，我们2008年成立了广东分公司，2011年在深圳成立了营销服务部。我们是一个国际的集团公司，除了在中国，还在其他的39个国家都有营销网点。无论在哪个国家，我们都遵守三点。一是遵守各国的法律；二是我们有一个健全的发展理念；三是通过保险业为当地的经济做出我们的贡献。这次我们没有提出有关保险方面的建议，去年我们提出一个防灾防损的报告，对于保险公司来说最大的使命是客户发生了灾害我们来赔偿，但如果能在灾害发生之前预防灾害，无论对客户还是对我们来说，都是最有效的方法。广东24年以来，GDP都是全国第一位，另外我也听说广东有建立自由贸易区的设想，我们这次的提案也主要是如何提升广东国际竞争力方面的建议，我相信通过这次国际金融会议，广东省在金融保险方面、经济方面的改革会更向前迈进一大步。我们在深圳有一个营销服务部，广东是一个汽车产业的基地，作为我们保险公司来说，今后对于汽车产业的发展会起到更大的作用。

朱小丹：感谢江头敏明先生刚才非常真诚的发言，我想刚才谈到的关于在国际上开展合作的这些原则，应该说对推动我们双方的合作是非常有利的支撑。保险业的发展与金融业的发展一样，是我们发展现代服务业摆在首位的产业，但在整个大金融的范围之内，总体来看，相对于金融市场、资本市场，保险业市场的发育还不够充分。实际上保险业还有很大的发展潜力和提升空间。中国保险业的发展起步是比较晚的，所以在尽快地形成我们本土的成规模的保险业的同时，充分利用外资、利用世界上知名的保险公司来加快推进我们保险业的发展始终是我们一个战略性选择。

对于您刚才谈到的推动MS&AD公司与广东的合作，包括将来公司业务在广东的拓展的建议我们非常欢迎，每一项我们都给予积极的回应。您刚才谈到了我们刚刚闭幕的十八届三中全会，在接下来全面深化改革的阶段，有建立贸易自由试验区网络的决策。按照三中全会决定的精神，不光是要建立上海的自贸试验区，而是要建立若干个，而且要形成网络的自由贸易区的体系。应该说广东是全国经济总量第一大省，同时也是对外开放程度最高的省份，我们应该在国家设计的自贸区体系中占有我们应有的一席之地。我们正在做这方面的策划而且很快会向国家提出申请。自由贸易区主要立足于制度的创新，更多的是和国际通行规则接轨。比如在投资领域将进一步放开外资的准入条件，实行准入前国民待遇加负面清单的管理方式，以这个来推论我们发展开放型经济的整个走向，应该说会是一个进一步放开的局面，所以我觉得和贵公司的合作很快面临一个新的机遇。我希望我们都有这样的敏感性能够紧紧抓住这个机遇尽快地拓展我们的合作，拓展贵公司在广东的业务。我们非常希望贵公司在广东的保险业务在目前这两个机构的基础上有新的发展。包括财产险、农业保险，利用保险的机制参与城市管理、为大型项目提供风险保障，以及刚才江头敏明先生提到的防灾防损保险业务的开展，这些都是我们非常需要的。在政策许可的范围内，省政府将全力支持你们开展业务。应该说广东还是一个得天独厚的地方，同时也是一个自然灾害频发的地区，比如说水灾和台风，所以，我们刚才谈到的预防灾害这方面的风险保障保险机制的建立都是我们亟须的。另外，我们非常希望贵公司跟金融机构探讨实施战略合作的可能性。

贵公司是日本最大的财产险集团，实力非常雄厚。我们希望在一个不长的时间内加快打造一批金融的龙头企业，希望在推进各方面的方案实行时，贵公司能以财务投资者、战略投资者的身份，参与到我们地方性金融机构的做大做强的过程中来。具体地说，选择一些我们地方有潜质的金融机构，采取投资、参股的方式，能够帮助这些金融机构加快做大的步伐。

在国家的“十二五”规划中，我们有三个新区建设的规划，分别是广州南沙、深圳前海、珠海横琴。国家已经给深圳前海、珠海横琴，尤其是深圳前海在金融创新方面先行先试的一系列政策。现在，国家已经给了前海和横琴开展离岸金融业务和跨境人民币结算等金融开放的先行先试的权利。这三个新区在吸引投资方面国家都允许有一定的优惠政策，所以我们也希望你们能否到前海和横琴去考察一下，看在那里能否设立你们的机构，开展金融创新方面的业务。国家讲的金融创新是广义的，其中包括保险业的创新。刚才谈到汽车业务，广东的汽车业务发展是很快的，原先日系品牌在广州形成了一个很大的基地，现在陆陆续续有一批欧系汽车的品牌也在广东建立了比较大规模的生产基地，比如一汽大众建立了60万辆生产基地，所以将来汽车的保险业务市场是非常大的。今天，我们省金融办的主任刘文通先生也在场，如果你们在保险业务方面有新的计划，可以与刘文通先生进行直接的沟通。我们非常期待与贵公司有更长时期、更富成果的友好合作。

江头 敏明：我们公司也认为广东是中国发展最迅速的地区，我们在中国国内与平安保险公司、太平洋保险公司有战略合作关系，我们将一起为中国的保险业尤其是广东的发展做出贡献。在人民币的离岸业务方面，就保险业而言，再保险业务应该不花太长时间就可以实现。再保险业务是非常专业化的领域，且目前主要集中在欧洲市场，如果有需要的话，我们很愿意分享这方面的经验。

十三、开展多元化产业合作

朱小丹省长会见 POSCO 代表理事副社长张仁焕先生

时间：2013 年 11 月 20 日

地点：广州东方宾馆

朱小丹：POSCO 今年首次应邀担任省长经济顾问机构，您也是首次成为省长经济顾问，这让我充满期待。您的加入，一定会进一步增添广东经济发展国际咨询会省长经济顾问团队的活力。POSCO 是我们良好的合作伙伴，今年来不断加大对广东的投资与合作。今年 4 月，胡春华书记和我与 POSCO 的郑俊阳会长进行了会面，达成了进一步合作的共识。

感谢您为本次咨询会准备的报告，该报告介绍了 POSCO 的国际化经营路线以及汽车平台战略。在此基础上，您提出了广东要加快推进产业结构高端化，通过政策和基础设施支持加强构建产业平台，以国际化企业投资项目引领产业集聚发展等建议。这些建议对推动广东产业结构转型升级具有很强的针对性和建设性，对我们很有启发。

张仁焕：感谢广东省政府邀请并委任我为省长经济顾问。广东是韩国企业重要的市场，许多韩国企业都不断加强在广东的投资与合作。我简单介绍一下报告中所提的 POSCO 的平台战略。首先，在钢铁产业上，POSCO 在中国投资了许多钢材加工中心，积极探索在中国的发展模式，寻求战略合作伙伴，致力于为中国的产业升级做出贡献。其次，POSCO 积极发展环保、能源、IT、智能电池、燃料电池、LED 等高科技产业，并希望未来与广东除了在钢铁产业外，还能在新技术、环保、节能高效化等领域加强合作，不断助力广东的产业升级。

朱小丹：广东也希望将来与 POSCO 的合作是多元化的。首先在高级镀锌板领域上，我们希望能进一步加强合作。当前，日系和欧系的许多汽车品牌在广东都建有生产基地，并不断扩大生产规模。所以，广东的高级镀锌钢板需求量非常大，POSCO 在该领域的市场前景将会很好。从另外一个角度说，广东对外经济交流合作中，基础产业领域的交流合作仍有欠缺，希望广东与 POSCO 加强合作，突破这个短板。

其次，POSCO 除了在钢铁产业以外，在环保、能源、IT、LED、燃料电池等领域都具备一定的技术优势。广东在产业转型期，特别需要加强在这些方面的发展步伐，所以我们希望在这些领域上商讨我们加强合作的具体思路。其中包括：

①环保产业，这是我们未来产业发展的战略重点，既包括环保新技术的推广应用，也包括节能环保新型材料的研究和开发。就材料方面来说，广东目前积极进行制造业的转型升级，在这过程中，最大的制约就是材料的老化。我们亟须新材料的应用去推动制造业升级，特别是高端制造业的高端化。因此，我们希望依托POSCO的优势，逐步形成多元化的综合材料体系，在产业发展和城市发展的应用上，用节能环保新型材料取代老材料。②在能源方面，我省目前着力于能源结构的全面调整，包括大力提高清洁能源和可再生能源的比重，并改造传统能源结构，提高其能效。POSCO先进的节能技术优势在广东未来的能源发展中大有用途。③在IT和LED等产业方面，广东也谋求与POSCO的合作。目前，广东是中国最大的IT制造业产业基地，也是中国最大的LED生产基地和产品供应地。

最后，在物流领域和技术研发领域，广东也希望与POSCO加强合作，抓住“微笑曲线”的两端，与POSCO形成良好合作的关系。

所以，我们应该尽快对接广东的需求与POSCO的优势，着手谋划下一轮的合作项目。接下来广东省政府的分管部门、佛山市政府与POSCO的负责人将具体对接沟通，形成进一步合作的方案。

张仁焕：感谢省长给了很多好的建议。在我们交流的产业合作领域上，我认为，首先钢铁产业与物流业的关系是必定很紧密的；其次，钢铁产业与环保领域的产业也很有关联，由于钢铁产业生产过程中会排放大量有害物体，POSCO开发了对这些排放物进行控制的系统，并商用化进行销售，积极拓展营运模式。POSCO未来将就今天探讨的这些合作议题，与省政府相关部门沟通，积极谋求开拓与广东的合作领域。

十四、扩大广东金融平台，与国际接轨

朱小丹省长会见汇丰银行控股公司集团常务总监王冬胜先生

时间：2013年11月21日

地点：广州东方宾馆

朱小丹：对粤港澳之间的关系、广东发展中对金融的需求，您都非常清楚，所以针对性强，操作性强。我们最关心的一个话题是在开放的过程中，怎么进一步发挥港澳因素的作用。因为广东的开放是从对港澳的开放开始的，严格地讲是从对香港的开放开始的。直到今天这三十多年来我们引进外资的总额中，港资占的比重最大，后来台资进来规模也不小，再后来各个发达国家也陆续进来。但最

初起步的时候，依靠着对香港的开放，原始积累靠的是香港，这么多年支撑产业发展也还是靠的对香港的开放。当然，我们现在进入了一个新的阶段，谈金融的话题多了，包括前店后厂，局面也开始在转型，但还是离不开香港因素。对外开放不管在任何时候；任何时候不管广东主政的是谁，恐怕都不能忘记和忽略香港因素，这是我们特别看重的一点。

王冬胜：省长给了我四个问题，我就把四个问题作为发言的一个准则。一是怎么把广东金融平台扩大。这有两个目的，第一是把平台扩大；第二个是扩大到一定要与国际接轨，否则平台扩大了也没有用。为什么要跟国际接轨？因为人民币国际化，人民币自由浮动也不过是三到五年的事，所以如果人民币国际化，所有的产品一定要国际化、合约要国际化。这是两个最重要的目的。平台扩大有几个方面：第一是国际的法律，国际的法律很重要；第二是国际的人才；第三是国际会计标准；第四是国家监管的条例要放松，才能引进国际银行的参与。首先讲国际的法律，香港有很多这方面的人才。我们国家出口是全世界第一，进口是全世界第二，在未来五到十年是世界最大贸易国。我们与其他国家贸易越来越多，国际贸易的法律问题就会碰到，但在过去的跨国诉讼中，如果对国际法律的形势不太懂，诉讼中输的概率较大。广东出口较多，所以国际法律方面一定要重视。目前我们可以做的是，香港汇丰银行与很多国际法律的专业公司很熟，我们可以考虑通过合作使得国际法律的专业公司在广东省营业。怎么培训广东省的律师，这是可以很快做到的。也可以通过香港汇丰不同的律师与我们进行沟通。第二，国际会计很重要。上市、发债都需要国际会计。我想国际会计也不多。要建立大量的银行平台，存款、贷款和融资的活动才可以做成。因为银行的业务与贸易有很大的关系，所以必须扩大企业贸易。如果提高存款，我们有一个经验，香港贸易结算，2009 年香港只有 500 亿元人民币的存款，但贸易结算之后变成 7000 多亿元，所以贸易结算很重要。人民币自由浮动的时间表差不多都有了，人民币贸易结算这个方面的工作我们要做起来。如果有了存款，我们可以做借贷、投资产品。我们希望自由贸易区有一个离岸的人民币中心。离岸的人民币中心在策略上长期重要，短期更重要。离岸人民币立刻与伦敦、香港、新加坡一起，因为它们都是离岸人民币中心，这样就国际化了。伦敦的想法是，欧洲、欧盟的业务都拿到伦敦去，用伦敦做一个清算中心，再从伦敦与中国接轨。所以我们的离岸中心要与伦敦、新加坡、香港加强联系。未来有三个金融中心：上海、香港、新加坡，如果广东也可以成为金融中心。法国、澳大利亚也在离岸人民币中心，这样我们做起来就与国际接轨，所有的产品、外汇都可以做起来，不受国内的监管条例管。银行的产品与服务做好。人民币自由浮动以后，人民币一放开，人们都会往外跑，人民币的产品和服务要做好。这有长期、短期的做法，短期的做法是监管放松的产品，汇丰有很好的产品的经验，其基金、借贷、保险都是国际认可的，所以把这些产品搬过来就可以了。后台的产品尽量拿到广东省，越多越好。还有一个需要监管去研究的工作是人民币自由浮动以后，香港的股票市场与A股市场可以连接起来，A股那些上市公司在香港可以做买卖，在香港上市的公司可以A股买卖。我们能否在自由贸易区先做起来，可以买卖香港的股票、A股的股票？

关于保险，对中国很重要，中国的储蓄率很高，因为人们要用于防备未来的风险，如医疗、教育。可以引导他们买保险，那么保费变成长期的资金流，对发展基建是很有用的，对外并购也很重要。我们国家在省份发债，保费的资金可以购买债券，保险业的发展对发展业务、发展股票市场、发债都有一定的功能。汇丰在中国也有保险业务，但监管条例比较严格，到每一个城市都要申请，每一项产品都要申请，所以保险业的发展就比较慢。如果让香港比较好的公司到广东来发展，将其全部产品拿过来，这个发展起来会比较快一点。另外，关于金融后台的服务合作。如果我们把金融业扩大以后，这个后台自然会来。我们在条例中可以要求本地银行后台一定要在广东。后台不仅是电脑后台和软件后台，还有电话理财中心。我们中国的银行大、客户多，电话理财中心有很多，还有电话营销、数据中心等。保险业也有很多后台，不只是金融行业有后台，其他企业也有，汽车也是需要后台的，每一个不同的业务看有什么不同的后台，把这些后台集中起来。最后一个方面是人才，主要考虑两点：怎么引进国际人才和怎么培养人才。如果刚才我们谈到的计划能实行，那么国际的人才肯定会来，如果国际版推出以后，肯定很多国际的公司会来中国，如果他们的业务在广东比较多的话，可能会在广东设区域中心，这样会带入更多的人才。要放松对国外人才在广东的限制，如宽松的税收、重视医疗服务、建立国外社区、建设国际学校等。我们跟香港优质医疗机构有比较好的关系，如果需要的话，我们可以做一些联系工作。香港有很多国际学校，如果需要，我也可以做与他们的联系工作。培养人才方面，香港银行协会在北京开了分会，有培训的资质。如果需要的话，我们也可以在广东设分会，广东省可以与汇丰、东亚银行、招商银行一起合作，做一些培训，还有很多大学的优秀学生可以利用暑假来做培训。

朱小丹：非常好，这些问题与当前扩大对港澳开放，特别是服务贸易自由化息息相关，跟我们下一步粤港澳自贸区设想相关，当然最后要国家定，现在还在策划的过程中。这些问题梳理出来后，我们将来要落实到相关的部门，分门别类就有关的问题进行研究。四个问题涉及的内容非常多，现在首要是怎么让金融对港澳开放的新区，特别是前海，让前海的政策真正释放出应有的效应，真正让香港的优质金融资源进到前海去。前海有比较好的政策，比如税收的政策、个人所得税的政策，国家鼓励搞创新，环境也比较宽松。比如您刚才提到产品和服务，要放松产品，监管是严格的，有一些需要放松监管的产品可以争取先在前海放松；A 股的买卖，在别的地方也许不行，能不能向证监会争取，前海作为新区，怎么进一步落实离岸人民币业务。能不能发挥香港的作用，怎么通过你们利用三个新区主要是前海把离岸人民币业务做起来。前海的定位是金融对外开放、对港澳开放，所以你们可以捋一个清单出来，当中哪些是最急需做的与我们相关的部门商量，争取最快见到效果。比如专业服务，突出的就是服务贸易的自由化内容，比如法律服务机构、律师事务所、会计师事务所能不能到前海去注册。对服务贸易自由化先行先试，前海这些新区应该说是有最好的政策，在区外做不到的我们都可以努力争取在区内先做到。可以组织证监局、保监局、金融办、深圳的相关部门一起研究，根据我们的需要，对香港的开放首先需要迈出哪一步与他们对接，争取把第一步赶快迈出去。您今天的想法都非常好，包括让更多的香港机构进驻广东辐射全国，市场会很大。您今天所说的我就不一一回应，现在最重要的就是香港的金融机构、保险机构能够进入，进入才说得上业务的开展，拉到了后台、人才，也做强了我们这几个平台。落脚进来就是最大的支持，就可以创新，各种想法就可以提出来，有了一致意见以后就可以做。

十五、构建合作创新机制、激发企业创新积极性

朱小丹省长会见日立集团会长（董事长）川村隆先生

时间：2013 年 11 月 20 日

地点：广州东方宾馆

朱小丹：尊敬的川村隆会长，作为老朋友，我们非常高兴再次在国际咨询会上见面。您在上次咨询会提出的按照“课题解决型创新”思维方式推动产业结构转型升级的建议，对推动广东科技创新和转型升级很有启发意义。您对这次咨询会非常重视，不仅百忙当中专程抽空参加，而且为咨询会准备了一份非常专业的咨询报告，提出很多很好的建议，包括构建广东省与外资企业的合作创新机制、采取优惠税制等奖励措施激发企业创新积极性、加强知识产权保护等建议。

这些建议针对性很强，对于推动广东科技创新具有重要的参考价值。我们会在未来的政策规划中，积极研究予以采纳。日立是广东长期的合作伙伴，多年来与广东的合作富有成果和业绩，我们也希望借助这次交流机会，推动日立与广东更深度的合作。

川村 隆：今天非常高兴和荣幸再次见到朱小丹省长和广东省各位领导。这次咨询会的主题是扩大开放领域，提升国际竞争力。这是中国未来持续发展非常重要的因素。我非常赞同这个观点。日立今后会继续加强以创新为主题的业务发展，为广东进一步发展助力。

我想首先简单介绍一下日立集团的情况。日立是一个拥有 32 万员工、7000 亿元人民币销售额的全球化企业。日立非常重视在中国的业务，在中国拥有员工超过 4 万人，销售规模 650 亿元人民币，并计划到 2015 年扩大到 900 亿元人民币。广东省是日立在中国发展非常重要的地区。日立至今在广东省设立了 32 家企业，员工超过 17000 人，电梯、ATM、空调压缩机、汽车零部件等产业已在广东省实现本土制造。具体情况包括：

第一，日立电梯。它在广东省政府的关心帮助下，以及在日立电梯（中国）有限公司潘胜燊总裁的领导下，已成长为日立集团在华企业中具有代表性的优秀企业。今后，日立电梯还将再接再厉，扩大在电梯业务的规模，目标在 2015 年销售台数达到 10 万台，成为中国市场占有率第一的电梯企业。为此，我们在广州科学城成立了扶梯工厂以及电机工厂，今年都已顺利投产并运行顺利。在此，希望广东省今后给予日立电梯持续的支持。

第二，日立集团去年在广州增城设立了日立汽车系统广州有限公司，在今年投产并得到顺利发展，它主要的业务是开发生产汽车发动机的控制系统以及汽车运行系统的核心部件。

第三，日立集团在广东还有一个比较成功的企业是 2007 年在深圳成立的生产 ATM 的日立金属设备系统（深圳）有限公司，我们在 2012 年 1 月开始大幅提高该企业生产产能，并进一步增强该企业在当地的研发能力。该企业近年来在 ATM 市场的业绩增幅很大，其中去年新增安装台数达 25000 多台，已经连续多年占据中国 ATM 市场的首位。

另外，我还想简单介绍一下日立在中新广州知识城的业务。根据 2011 年签订的协助建设中新广州知识城的备忘录，日立集团目前正在积极推动知识城大楼楼宇节能项目的验证试验。中国当前在全面推进城市建设项目，我相信，像中新知识城这种面向下一个时代的城市建设项目一定会成为中国持续发展的牵引力。

日立将会为确保该项目的成功而继续努力。

日立今后会按照广东的政策方向，积极开展各方面的业务，为广东进一步发展做出贡献，也希望广东继续给予日立支持和帮助。

今天参会的还有日立集团负责中国事务的中岛副社长，他作为日立集团中国亚太地区总裁常驻香港，主管包括中国业务在内的亚太区业务，制定区域发展战略。今后也希望朱省长和各位领导给予中岛先生积极支持。下面请中岛先生作简单发言。

中岛：日立在广东的业务占了中国业务一半的比重，今后我会积极努力促进广东事业的发展，其中包括积极建立和推动区域战略方针，推动本土化政策，进一步加强地区之间以及业务之间的协作。

朱小丹：非常感谢会长给我们详细介绍了日立在广东的发展状况，并给了我们很多推动下一步发展的信息，使我感受到日立对与广东合作的高度重视。同时，很高兴认识了中岛先生，相信中岛先生未来会把与广东的合作摆在一个更大的区域范围内加以谋划和推动。我们长期以来与日立的合作关系良好，这为我们未来长远的战略合作打下了良好的基础。我们希望日立能成为我们面向长远的战略合作型伙伴，成为中日工商界交流合作的成功典范。

关于广东与日立的合作，我做以下回应：

第一，关于日立电梯设定 2015 年的产量增加到 10 万台的目标，我们感到非常鼓舞，并将全力支持。

第二，对于增城汽车零部件生产基地的发展前景，我充分看好。广东汽车产业规模目前在全中国已占有举足轻重的位置，而且广东目前正在向国家申请电动汽车试点区域，规划到 2015 年要推广应用 5 万多辆电动汽车。但汽车零部件的国产化还是我们的一个短板。希望日立利用自身优势，能弥补我们这方面的短板。同时，我们希望日立加强与广州广日股份公司在汽车线束系统、LED 照明系统及电子传动系统等方面的合作。

第三，我认为节能环保领域是我们今后合作的一个很大的增长空间。广东的转型升级必须迈过创新与环保两道坎，今年，我们形成了两个重要的行动计划，即节能的行动计划和减排的行动计划。广东近期将与住建部签订建立“低碳生态城市”的战略合作框架协议，立足城市节能减排和环境保护，绿色建筑将来是我们推广的重点。因此，日立可与广东在更大程度、更多区域拓展像中新知识城节能楼宇项目那样的绿色建筑领域的合作。另外，广东也希望与日立推进在智能水环境系统、家电循环再利用等领域的产业合作，开展重金属污染防治、工业废水污染控制、水体生态修复技术等节能环保领域的科研合作和新技术应用。

第四，日立在风电领域有强大的研发力量和先进技术，广东拥有丰富的海上风电资源，因此，我也希望我们可以在该领域进行核心技术研发等合作。

川村 隆：刚才省长谈到的领域，日立均可与广东具体对接业务，进一步拓宽合作领域。刚才朱省长谈到了许多节能环保方面的发展，我认为，广东未来应更多地考虑环境因素发展经济，这也是和日立的企业发展方向吻合的，希望日立与广东未来在这些方面能有更好的合作。

十六、促进中小企业群体可持续发展

朱小丹省长会见鲁道夫沙尔平战略咨询交流有限责任公司董事长鲁道夫·沙尔平先生

时间：2013 年 11 月 21 日

地点：广州东方宾馆

朱小丹：感谢您在今天的闭门会议上给我们做了这么精彩的演讲。更感谢您倾注了很多的心血为我们提供了一份很有价值的咨询报告。我尤其需要表达谢意的是，我们第一次见面之后，就揭阳金属生态城的建设达成了共识。此后，您为了这个项目一直不辞辛苦、亲力亲为，做了许许多多的工作，倾注了很多的心血，使这个项目以超乎我们意料的速度向前推进，尤其要向您表示深深的感谢。应该说揭阳生态城项目并不是我们产业集聚区当中最大的一个，但是我认为是最有意义的一个。它的意义就在于，它是我们改革的产物；是我们开放的产物；是我们转型的产物；也是我们创新的产物。他对我们广东的转型升级具有非常重要的示范意义。它既有利于我们传统的地方产业能够走上集约发展的道路，能够走上低碳绿色的发展道路，同时它还形成了一套以企业为主体、行业协会唱主角的新的管理和运营模式，这在广东来说都是带有首创性的意义。而且我们一直认为，决定转型升级成败的一个关键在人，在于劳动者素质的提升。我们这个项目不仅着眼于揭阳金属产业的低碳绿色集约型的发展，而且着眼于提高这个行业管理人员、技术工人的素质，在这个项目的合作当中，我们把职业技术教育合作放在非常突出的位置，而现在也有了实质性的推进。所以，我们对于这个项目给予很大的希望，恐怕这当中还有一个很重要的理由，那就是我们心里总是觉得数量非常庞大的广东的中小企业群体，应该可以找到一条他们可以持续发展的成功的道路。

鲁道夫·沙尔平：非常感谢省长今天的接待，我对今天一整天下来省长先生的聚精会神的工作状态感到非常的惊讶。不管您对我今天做的演讲是否有新的想法，但是您全神贯注的工作状态让我非常敬佩。揭阳的项目在短短的几个月之内已取得如此成果，我和我在揭阳的工作伙伴、合作伙伴都感到十分高兴和欣慰，但是我们仍然应该更加努力地把这个项目持续且大力地推动下去。

现在我想给您大致介绍一下我们现在着手的一些具体的项目。在职业技术教育这一块，我们也是跟德国达姆施塔特应用科技大学斯登格教授进行了合作，并已经取得了第一份合同的签约，当然这只是一个开始，今后会有很多类似的合同签署。12 月 7 ～ 8 日的时候，我们还可能会和揭阳市书记、市长，金属企业联合会会长等见一次面，共同商讨接下来我们一些具体的工作步骤。关于他莫斯特工业大学的合作，之前做了一份详尽的可行性研究报告，希望通过与这所大学的合作在整个揭阳现代化建造过程中，在污水处理、垃圾处理这一块给揭阳得力的帮助。在环境技术方面，我们也是力求和一家在德国具有先进技术的管道公司进行合作，其公司的技术就是对废水和剩余热能进行循环再利用，这样我们产生出来的多余的废气能够得到再次利用，既保护了环境又节省了资源，所以也希望在 12 月 7 ～ 8 日的时候，与这家管道公司的合作能够走出第一步。在整个揭阳项目的技术水平方面，我们正与德国弗劳恩霍夫技术研究院进行着合作。同弗劳恩霍夫的合作对于揭阳项目是非常重要的。我也想稍微跟您解释一下它为什么是如此重要。如果说中方有一家企业（或个人）想通过德国经济协会、相应的咨询顾问机构或者是网站等媒介去了解德国的一些技术公司或者技术产品来寻求合作伙伴等的话，可能会需要自身提供一部分市场来达成合作。但是，弗劳恩首先对于德国工业或者技术水平有着非常丰富的经验、认知以及专有的知识，同时它也是一个非常独立的中立的研究机构，这个中立不仅是对德方而言，对于中方也是如此，不会要求中方拿出一部分市场去换取它的专有技术或是知识水平。在中德企业对接合作方面，我们也正是在洽谈两个合资项目的对接。昨天与广晟公司也进行过洽谈，得出一个想法，是不是与广晟公司进行一个国际性的合作。

另外还有一点要跟您透露下，今年 2 月份跟您在揭阳见面以来，我个人也没有想到揭阳项目会进行得这么顺利，进行的速度能够如此地快，同陈书记、陈市长、吴会长的合作以来，我感觉他们是非常有能力、非常聪明也非常实干的人，同他们一起工作、一起合作带给我非常多的乐趣。就我们公司而言，是希望通过我们在德国的关系网，让德国众多的企业了解到我们揭阳的项目，通过我的公司所能够接触到的企业，其中有很多是代表德国先进的技术水平的德国中小企业，包括家族型企业，我们努力让这些中小企业以及家族型企业对揭阳项目有一个全面的认识、一个更好的了解，主要是三中全会最后确定的，中国需要为外国企业的进驻创造一个更好的法律环境，在国内建造知识产权保护。这也是昨天我跟副省长会话所得出来的一个结论。知识产权的保护对德国企业尤其重要，因为德国的中小企业家族型企业把大多数的精力放在了生产、技术研究上，企业没有专门的法律部门、营销部门等，当他们进行国外市场推广的时候，需要当地政府为他们提供良好的知识产权保护环境。现在我有一个消息还有一个请求。关于您今天做的报告，里面提到了一些方向性的建议，对于下一步的合作也希望您可为我们出一些建议。

十七、借鉴新加坡经验，促进广东经济转型升级

朱小丹省长会见星桥控股私人有限公司董事长黄根成先生

时间：2013 年 11 月 19 日

地点：广州东方宾馆

朱小丹：首先，向您表示欢迎还有您的团队，特别是见到子安先生，甚至可以说有点百感交集，当年我们那么艰难地推进中新知识城的建设，他是奠基人，他是功不可没的，包括星桥公司都是在他们手上创建的，有段非常美好的回忆。我想，今天是这样，因为您是多次不辞辛劳为了推进中新知识城的建设来到我们省，跟我们的书记，包括跟广州市、开发区的主要领导进行全面深入的沟通，总体上说，中新知识城已经迈出了很重要的一步，有了一个很好的开端。但是，我们还是非常希望如我们当时跟子安先生一起策划的，希望它能成为一个真正的世界级的、集中高技术的、知识经济的高端合作平台，也希望它能成为我们国家对外经济技术合作的典范，同时也成为我们广东经济结构战略性调整以至整个经济转型升级的重大引擎。这方面，您思考了很多，也做了很多的工作，我们非常感动。这次因为是咨询，我是咨询的一方，您是被咨询的一方，星桥控股是我们聘请的新的顾问机构，能够聘请这样的机构，实际上我们是有渊源的，而且您亲自作为顾问机构的代表来当我们的经济顾问，我感到特别荣幸，也确实给予我们很大的期待，希望从您这里得到更多的指点和更多的好的意见和建议，不光是推进我们在中新知识城方面的合作，可能将来广东与新加坡整体的、全面的更宽领域、更深层次、更高水平的合作，也希望在您的主导下，能够尽快迈出更大的步伐。因为我是咨询方，所以我想先听听您对接下来我们推进合作，包括中新知识

城但也不局限中新知识城的意见，我知道您有一份非常出色、非常好的咨询报告。其实我们讲的“洋顾问”，您这也不是完全“洋”了啊，我们还是有血缘关系的，但是你们有国际视野，你们从事都是世界性的、世界级的活动，而且您在政府担任那么多那么长时间重要的职务，对中新之间的合作、中新知识城的合作是最有发言权的。

黄根成：我现在不在政府部门工作了，所以我说的一些观点仅代表个人观点。我非常荣幸能够接到省长的邀请，担任省长的经济顾问。我想从我个人以及新加坡的发展经验上为基础，来与省长分享我的一些想法，希望能帮助促进广东省的经济社会发展。因为新加坡经历了多次多阶段的经济转型升级，有些经验对广东省来说是非常相关的。我来到中国，也是非常多次来到中国，每次来也是不同的场合，但是，我觉得我来中国的次数越多反而对这个国家了解得越少，中国政府是有非常多的不同层级的政府，而相对新加坡而言，我们地方比较小，政府的机构设置相对比较简单，有些相关政策的执行方面将会更加有效率。通过政府内阁制，相关不同层级的政府官员沟通协调比较紧密，这个是新加坡一个发展经验，这也是我们发展的一个优势之一。对于广东省而言，更不要说中国这么一个庞大的国家，仅仅是广东省就拥有 1 亿多人口，超过新加坡的 20 倍，并不是所有新加坡的经验都值得广东借鉴，毕竟还是有很多不同的地方，但是我们还是有很多地方可以交流学习。我想引用今年 4 月份吴作栋先生访问广东时与胡春华先生会见时的一些观点，新加坡自 20 世纪 60 年代发展起来，由于新加坡只是山区一个低洼的区域，为了促进新加坡的发展，我们采取了很多开放的经济政策来吸引投资。随着新加坡经济的不断增长，我们需要不断提升劳动者的水平，劳动力需要更多的技能。此外我们还需要更多的投资，我们锁定了一些重点发展的行业，同时来促进更多高端的就业机会和提升人民的收入水平。随着时间的推移特别是在过去的几十年里，新加坡经历了各种各样的经济危机，基本上每隔十年都会经历，每次危机对于新加坡来说，都是一次反思的机会，都能够从危机中去学习、去反思经济体制中存在的问题，这也是为什么新加坡政府中有经济战略委员会（由新加坡最高领导担任负责人），每五年每十年对经济反思，使得新加坡经济发展保持正确的方向。新加坡经过几十年的发展，打个比方说，好比爬山，从山脚现已到 3/4 的位置，但是越往上所需付出的努力就更大。我们在经济发展的过程中也会面对不断涌现的社会问题，比如说贫富差距的不断扩大、人口多元化所带来的社会问题、移民等。我们在采取各种各样的措施在保持经济增长的同时，当然我们的增长目标不是太高至少不是零增长，我们就能新增很多的就业机会。在过去的30多年里，中国的经济社会实现了巨大的发展，而广东省是中国经济发展的“领头羊”，广东居民收入水平也到了中等收入阶段，同样像我上面说的爬山的例子，越往上爬越需要付出更多的努力，我想省长您也非常清楚，在经济转型的过程中需要面临很多的挑战，因为一方面要发展广东经济，另一方面要争取满足整个国家发展的需求。我最近也读了十八届三中全会的一些报告，中国领导人对中国面临的经济社会问题是非常清楚的，这也是为什么在全会上做出了很多与经济社会发展相关的决议，当然这些决议现在还只是一些很大的框架性的决议，所以在具体的细节方面还有待进一步的细化，有些细节在某些方面慢慢地才能公布，但是对于地方政府而言，毫无疑问，大家都是非常坚定来执行这些决议的。我想广东省也是如此。在广东省乃至整个中国政府努力地实现这些决议的过程中，新加坡愿意提供我们力所能及的帮助。很多的领域，我们可以分享经验，一个就是在社会管理这个领域，当然我对社会管理在中国所包括的范围还不是很清楚，因为在新加坡我们不会用社会管理这个词，通过社会管理我们想实现以下四个方面的目的，第一个是稳定的社会环境，第二是社会凝聚力的提升，第三是各民族种族之间的和谐，第四个是不断地改善经济社会环境，提供就业，构建完善的社会保障网络，使人民的收入水平提高。新加坡政府的部长以及内阁，通过紧密的协作来促进社会的和谐，并为民众创造更多的就业机会，所以我们在整个新加坡构建了各种各样的平台及组织来实现这个目的，当然我们也面临各种各样的问题，比如社会收入分配不均等等。今年初我们总理提出了三个方法来改进收入分配不均的问题，第一个对低收入人群给予更多的财政支持，提高他们的生活水平；第二个是构建更加广泛的社会保障网，使得低收入者不要过多地担心在医疗、教育、住房等方面的问题。当然除了政府的投入，我们也希望更多的社会各界能够广泛地参与到这个过程当中，这样就使得有需求的人民，不论是老人、年轻人等各类人群都能够得到相关的帮助；第三个提升社会的流动性，也就是使人民能够有更多的机会往上层发展，无论是通过教育还是通过各种各样的机会来往上发展，这样我们希望保持新加坡开放经济体的特点，来吸引更多的人才和投资。需要再说明的一点是，刚才所提到的社会保障网，它所覆盖的不仅包括低收入人群，也包括中等收入人群，也就是年收入7000新加坡元的人群，我们也同样在社会保障方面给予他们支持。最近有一个比较大的政策变化就是在医疗保障领域的覆盖面的一些变化，我们希望群众在缴纳一定保费之后，我们能为其提供终身的医疗保险服务。最近通过看一些关于中国十八届三中全会一些报道，我了解到有三个方面的问题是这次会议主要关注的：第一个就是市场将在资源配置中发挥决定性的作用；第二个就是要改革行政审批体制，第三个就是社会管理。当然通过报道，我们看到的只是一些表面的、原则性的东西，希望借此机会请省长先生为我们分享一下相关的具体的政策会是一些什么样的，这样我们就能够从新加坡的角度去思考我们可以为广东省分享哪些经验。

朱小丹：非常感谢。应该这么说，我们在与各个国家和地区的交流中，我们尤其重视与新加坡的交流合作，因为我们文化中有很多相近的东西，而且我们走的路，虽然一前一后，但是大体还是同样一条路子，广东的发展起步大大晚于新加坡，你们发展的时候，我们还在搞“文革”，“文革”结束开始改革开放后，我们也在努力地向周边的新加坡、中国香港、中国台湾，甚至到韩国、日本乃至其他西方国家学习他们的先进发展理念和技术，同时吸引国际的资源利用外资来发展我们的经济。诚如黄根成先生所讲，现在我们已经进入当年新加坡多次遇到的那个“坎”——转型的坎，您说是爬山，我们叫爬坡越坎，这是一个道理，你们到了四分之三了，可能我们才刚刚开始爬，当然转型的过程我们要从我们的实际出发，要使我们的政策切合我们的国情，切合广东的实际发展需要，但是借鉴也非常重要，因为毕竟我们有相同的文化，走的又是大体相同的路子，新加坡很多转型的经验我们直接拿过来借鉴，嫁接到我们的转型实际当中，应该说见效会更快、效率会更高。所以这段时间，我们大批的干部分批地到新加坡学习调研，我本人对新加坡转型阶段的各种经验应该说接触的不算太少，中间也很注意学习，就刚才您讲到的一些新加坡转型成功的经验，包括开放的政策、很好的转型规划、很强的政府执行力、劳动者素质特别是劳动者技能素质的提高放在特别重要的位置上，让人适应转型，另外在转型过程中怎么努力地维护社会的和谐，有充分的就业、很好的社会保障，能够很好地处理各种族群之间的关系，新加坡是开放的，同时整个社会运转又是和谐的、有序的，所有这些很有东方味道。你说转型升级包括西方发达国家它也转过，狄更斯笔下的伦敦就不是今天的伦敦，它这个转型也是非常痛苦的长期的过程，但是我们觉得更接近我们实际的是新加坡的转型，接下来我们会更多地学习这方面的经验。在转型期过程中，大概会遇到主要这么几个方面的挑战：第一个是经济领域的挑战，因为转型首先是从基础转起的，经济基础决定上层建筑，经济的转型对我们的挑战是非常大的。原来我们经济基础本身就比较薄弱，再加上 30 多年高速发展之后积累的深层次结构性机制性矛盾很多，现在是这些矛盾集中爆发的时候，在转型的过程中，一方面你要解决这些深层次的矛盾，另外你要形成一个新的经济结构，这是一个双重的挑战，再加上我们刚好在转型的时候，就来了个国际金融危机，又是一个两难的选择，这么多人口的一个省份、一个国家没有一定的增长又不行，没有一定的增长就业就要出问题，这么多人口的国家就业一旦出问题，社会肯定就要出乱子，发展不能老体现在 GDP 和你的国际排位上，要体现在群众自己身上，我的实惠上，我的生活要有改善，我的更多后顾之忧能够得到解决，包括社会保障，如果你不解决我就存钱在银行，我就留着这笔保命钱，那么你经济也没办法发展，这是一个领域的挑战。第二个领域的挑战是社会领域的挑战。所以我们现在讲是两类矛盾凸显，一类是经济的深层次矛盾凸显，一类就是社会的矛盾凸显。我们现在讲的阶段就是经济社会转型期、改革开放攻坚期。你转型的时候不能没有制度支撑，你光是结构在调，但是体制不行，比如说政府还在干预市场，那调了也白调，最终企业会被你搞死。如果不是真正发挥市场配置资源的决定性作用的话，市场主体是最大的吃亏、倒霉的一方。再一个就是社会矛盾，形成新的利益格局，你刚才讲的贫富的问题、区域差别的问题、城乡矛盾的问题，还有高速增长的过程中大量地征用土地，在利用人口红利的时候使劳资关系变得非常复杂等，这些问题交织在一起，又是社会矛盾的凸显期。就三句话，经济社会转型期、改革开放攻坚期、社会矛盾凸显期。在这个时候，我们该怎样治理这个国家啊？这需要更多地打开国际视野，更多地向国际上一些很好的地区学习借鉴经验，但是一定不能照搬，10 多亿人，光是广东都不能照搬，广东都 1 亿人啊，最新统计，去年是 1.05 亿，实际上按半年以上常住人口算，我估计会超过 1.1 亿，要兼顾的东西是很多的。您刚才谈到的三中全会，三中全会的背景可能就是这三样东西。面对这样一个发展阶段，经济社会转型，改革开放攻坚，我们说改革开放进入深水区，原来我们是摸着石头过河，就是一弯腰就能摸着石头，现在进入深水区后，我不知道怎么潜下去摸了，这是一个很难的阶段，因为它触及了深层次的矛盾，而且触动了既得利益格局。再一个就是社会矛盾叠加、爆发，怎么维持社会的稳定？怎么保障群众的基本利益？针对此，中央认为越在这个时候越要推进改革。促进整个经济社会的转型和社会矛盾的解决不能依靠老条条、老框框、老法子，有些东西不管用了，既然不管用，你就必须要创新，你就必须要改革。改革实际上主要是两个方面：当然讲的一共是六个方面，包括我们五位一体的现代化建设对应的五大领域的改革，加上这次涉及的军队国防的改革。对于我们地方来说，军队和地方和国防，当然地方也有国防建设国防动员的任务，主要是前面五块，主要是经济领域、政治领域、文化领域、社会领域、生态领域，五个领域都要改革，但是中央非常明确牵引的是经济体制改革，而经济体制改革要解决的问题是什么呢？关键的关键是政府和市场的关系，就是我们过去政府这只有形的手过多地干预市场无形的手，这次改革非常明确地提出将原来市场配置资源的基础性作用改为决定性作用，决定性作用不是全部作用，但是它是决定性的，政府的调控要按市场规律去办事，这里头的改革核心是政府职能转变，政府不再像邓小平 20 多年前讲的，管了很多不该管、管不了管不好的事情，过多地微观干预。从社会问题上来讲，要建立一套新的社会治理机制。原来我们是讲社会管理，这次三中全会改了概念，叫社会治理，跟整个三中全会的立足点一致，完善我们自身的制度，完善我们的治理制度，提高我们的治理能力，现在对执政党来说对政府来说是一个很大的考验，你的治理体系是不是完善的？你的治理能力是不是符合时代要求的？社会也要改革，实际上这里头的核心又关系到政府，就是政府和社会的关系。在政府履行社会职责的时候，过去它干预市场应该说有过之而无不及，社会事业大包大揽，不善于运用社会资源，跟新加坡完全不一样，跟香港也不一样。现在中央讲三个解放是一条红线：第一进一步解放思想，你不能说我已经解放了 30 多年了，就按照这个走下去就完了，要进一步解放思想。第二进一步解放和发展社会生产力，就是要把市场的作用真正发挥出来。第三，这个很关键，解放和增强社会活力，政府越管得多，社会越死，死气沉沉，而且矛盾很多。我们的社会治理概念跟你们实际上差不多。社会治理现在讲系统治理，三中全会很重要的一个观点是系统治理，系统治理大概有这么几个要件：第一我们这个国家的国情，中国共产党领导，社会问题的解决党要有这个执政的能力。第二是由政府来主导，不是什么都是党委党组织走在前面，大量的工作是政府职能。第三是社会的广泛参与，这是我们最不足的，因为原来都是政府大包大揽，完了解决什么问题。政府管理、社会参与和基层自治的一体化，三者要很好地融合起来，一个是各级政府的管理，再一个是社会的参与，我们主要讲社会组织，将来政府会将大量的职能转移给社会组织，这个就要向新加坡学，新加坡和香港社会组织很发达，社工很发达，另外立足基层像邻里中心很起作用，这个我们就要学。是为了让社会要有活力，这是很重要的基本的方面，但是活起来的基础必须稳健，如果你都是天天上街、天天请愿，工人对着老板罢工、农民到上几级的政府拦着大门上访，像这些没有一个稳定的东西，你的治理不能说是成功的，这次中央比较突出的方面除了我刚才讲的系统治理几方面力量的融合之外呢，就是要形成一个预防和化解社会矛盾的体制。这个体制的核心是利益调节机制。我们跟群众的矛盾绝对不是那种你死我活的对立的矛盾，都是内部的矛盾，内部的矛盾根源就是改革开放之后单一的利益群体，完全平均主义，没有利益差别，现在阶层可是多了，有富有的，有中产阶级，也有低收入群体甚至有贫困群体，收入差距很大，形成各种各样的利益团体，这些利益团体有利益共同点，也有利益冲突的一面，一旦冲突，就需要有个机制去协调。再一个就是社会治理要与社会服务结合在一起，治理要寓于服务之中，社会服务要怎么形成一个新的局面。还有一个就是整个社会的基础怎么稳定住，并让它发挥作用，这就是我们基层城乡社区，这是最基本的东西。城乡社区我们实行的是城市居民委员会自治制度和农村的村民委员会自治制度，这里面又有很多关系啦，党组织怎么发挥作用、村民委员会怎么发挥作用、村集体经济组织怎么发挥作用，但是中央的要求是扩大基层民主，基层要更多地执行民主协商，办事情不是少数人说了算，特别是农村，农村的经济基础是集体经济，就是所有的这个集体的成员都是它的所有者，这是它的基础，他应该有发言权，那就不能少数基层干部或者基层政府去包办，他们要去参与、去协商、去讨论决定重大事项，他们对村委会、党支部要有监督的能力，这是我们这次改革非常突出的方面。简单地讲，那么多条，60 条，我这讲不过来，实际上我理解，我是一级政府的省长，关键是处理两组关系：第一政府和市场的关系；第二政府和社会的关系。我昨天还在举新加坡的例子，昨天谈的是国有企业的改革，国有资产管理体制的改革，我当时就说，你们能不能到新加坡，去学学新加坡是怎么管国有资产的，我们政府现在对国有资产管得太多了，我们养了一大堆国有企业，都在竞争性领域，都做民营企业同样的产品，都在与民争利，有时候你有特权，你有垄断，当然有自然垄断，有一些国民经济命脉的东西你一定要垄断，你也不能完全否定它，但是你是不平等竞争，国有经济到底该怎么发展？他才是主导性的，我们又鼓励多种所有制经济的发展，可你始终处在一个垄断的位置上，你处在一个不公平竞争的位置上，那么这个社会的经济发展是没有希望的。我举例说，很简单，我们不是合作建立了中新知识城嘛，就找星桥的创始公司淡马锡，你去看看人家是做什么东西，这次不是讲到将来我们要组建国有资本的运营公司，更多的不是去争市场啦，而是让政府的这块钱让它发挥四两拨千斤的作用。再一个就是国有资本的投资公司，将来你的国有资本要怎么发展呢？不是你再搞单干了；不是搞一股独大了；不是搞纯而又纯的国有经济了，就是发展混合所有制经济。比如说，我可以在我的优势领域投股份甚至是控股或者相对控股，有一些不需要控股，我可以进去，但是让民营去控股，比我自己干保值增值效益更好，昨天我还专门讲到淡马锡讲到星桥。新加坡转型期改革我们有很多共同的话题，很多东西你们经历过，当然国情不太一样，新加坡与中国起码人口就不一样，中国社会问题的复杂程度恐怕也更高一些，但是不管怎么说，他山之石可以攻玉，这中间我们认准一条，就是有共同的东方文化。在共同的东方文化背景下的转型经验的借鉴比任何发达国家都要直接，我们是认准这一条。同时我们也在积极地引进西方的管理制度，这个没有问题，但是必须要让这些引进来的先进制度和借鉴的经验适应你这片土壤，不能让土壤去迁就果树。我非常希望这么几条：一个是中新知识城现在要争取多进去东西，联合招商要进一步加大力度，再一个结合这次改革，能够有一套全新的管理和运作模式，真正借鉴新加坡的成功经验，尽快把它建立起来，比如行政审批制度改革，就是要按国际惯例办事，现在甚至提出来自贸区建设、准入前国民待遇加负面清单，这些东西我想新加坡早就实行了，怎么把这些搬过去，有一个好的发展环境，让将来所有的市场主体，进去投资时的感觉跟在新加坡、香港没什么两样，一定要做到这一条。再一个我希望借助这一条能够帮助我们打开新一轮开放的局面，这种局面不光是引进资金、技术，而且进一步引进体制机制和网络，希望通过星桥引进国际化，因为我们进入世界最晚，我们将逐步建立起一些东西，但是需要依靠你们现成的资源，加快走出去的步伐，这样可能是个事半功倍的事情。

黄根成：最后回应下省长刚才提到的几点。通过发展知识城模式来实现一些创新的想法，吸引更多的投资，同时相关的高端产业在知识城有更好的发展，这些都是非常好的。但是我觉得很重要的一点是要给知识城、广州开发区、知识城管委会更多的决定的权力，因为没有足够的权威，不能直接做一些实现决策的话，会影响相关的发展速度，如果能够得到上级政府有更多的权力下放到知识城管理委员会，相关措施的实现将会更加顺利、更加快捷，推动权力的下放需要我们双方的共同努力。另外一点就是刚刚提到的三中全会的一些内容，现在经济转型对中国非常重要对新加坡来说也非常重要，两个国家都必须推动经济向前发展。创造就业机会，使国家有足够的收入来开展有利于改善人民生活水平的项目，当然，另外一点在社会改革方面我们是有很多的经验，我们也深深地体会到每一次的经济社会的转型升级都会带来很多的阵痛，每一次的转型升级都会触动不同的利益集团，在这个过程中我们同广东、中国一样遇到各种各样的问题。对新加坡而言，在社会管理方面有一个比较重要的原则，如果在私有部门能够提供有关服务的话，那么在政府层面就不会成立有关的部门，尽量调动社会市场的资源，对于淡马锡也是一样，听从董事会决议，政府没有参与。在社会服务方面也是一样。我们在很多方面有着共同兴趣，今后有更多机会进行更深入的探讨。政府职能转变重要的方面就是简政放权。

第四篇　携手共进，务实合作

——顾问机构在广东

广东经济发展国际咨询会（以下简称“咨询会”）创办10多年来，广东省各地各部门依托咨询会的平台，积极加强与各顾问和顾问机构的交流合作，成功推动了一大批重大合作项目落户广东，在有力促进广东经济社会发展的同时，也实现了各顾问机构在粤在华业务的拓展以及在全球市场的优化布局，形成了双方互惠共赢、共同发展的格局。

在本次咨询会开幕式上，朱小丹省长首先对上次咨询会上顾问所提出的建议进行了归纳总结，并就广东省对这些建议的采纳情况做了工作报告，将国际咨询会的成果落到了实处，体现广东省与顾问机构“携手共进，务实合作”的精神。

2013年11月22日，广东经济发展国际咨询会隆重举行合作项目签约活动。这是自1999年咨询会创办以来首次举行的合作项目集中签约，是拓展咨询会功能的有益尝试。顾问和顾问机构积极踊跃参加，共有9个合作项目进行集中签约，从而构筑了广东省与顾问机构合作共赢的美好未来。

第八章 合作在当下

在2011年国际咨询会上，各位顾问围绕“加快转型升级——再造广东经济发展新优势”的主题提交了15篇咨询报告、提出了86条具体合作意见和建议。这些意见建议紧紧把握全球发展新趋势，体现了当今经济发展和社会进步的最新理念，对我省拓宽转型发展决策思路具有十分深刻的启迪意义。省政府对这些意见建议进行了认真的研究和评估，其中许多都被吸纳到有关的规划、政策和项目中，本次国际咨询会上，朱小丹省长通报了顾问建议工作的落实情况。

纳言之一：发展云计算，提升产业技术水平

根据日本富士通株式会社间塚道义顾问和德国弗劳恩霍夫协会布凌格顾问关于发展云计算产业、加强与世界顶尖科研机构合作等建议，广东扎实推进与乌克兰国家科学院联合设立“中国—乌克兰巴顿焊接研究院”，与以色列政府签订技术创新合作协定，成功引进两批国际领先的创新创业团队和领军人才，同时制定出台推进云计算产业发展、核心技术攻关等方面的扶持政策，扎实推进广州、深圳、珠海、东莞、佛山等市云计算数据中心建设，通过联合研发、重点攻关等方式，有力推动了相关产业技术水平提升，为加快产业转型升级提供了技术支持。

纳言之二：合作办学，推动人才教育培养

采纳卡内基梅隆大学杰瑞德·柯亨顾问和UPS公司丹·布鲁托顾问关于加强教育人才工作的建议，围绕我省提升自主创新能力、推动产业转型升级的实际需要，制定出台引进世界知名大学来粤合作办学、加强高层次物流人才培养等方面的扶持政策，扎实推进深圳市与香港中文大学、汕头大学与以色列理工学院、广东金融学院与英国诺丁汉大学等合作办学，专门设立广东省政府来粤留学生奖学金，积极创新“订单式”物流人才培养模式，进一步提升了广东省高等教育发展水平和层次，提升了专业型人才培养能力。

纳言之三：加强社会保障，提升社会建设水平

采纳爱立信公司卫翰思顾问提出的“推广贫困山区远程教育”建议，在梅州、韶关、河源等贫困地区选择6所学校作为第一批试点，推广远程教育，让贫困地区的孩子接受到现代教育。积极采纳MS&AD保险集团控股公司江头敏明顾

问提出的“加强人文关怀，实施企业员工心理援助工程”建议，出台《关于构建和谐劳动关系的意见》，编写并免费发放《异地务工人员心理援助读本》，切实加强对企业员工的人文关怀。积极采纳丸红株式会社胜俣宣夫顾问提出的“在食品领域率先推行行业供应链管理”建议，制定出台《广东省食品工业企业诚信体系建设实施方案》，加强食品工业可追溯体系建设，并在以婴幼儿乳粉企业和饮料企业为重点的两批共67家企业开展试点。积极采纳忠利集团巴比诺特顾问提出的“健全社会保障体系”建议，推进城乡居民养老保险基本实现人群全覆盖，职工医保和居民医保参保率超过96%，制定完善底线民生保障、社会救助等政策措施，扎实推进保障性住房建设，努力构建完善的社会保障体系。

纳言之四：促成一批重大合作项目落地

依托国际咨询会的平台，广东与各顾问机构积极谋划、扎实推进，促成了一批重大合作项目。2012年，忠利集团在粤第三家保险机构——中意财产保险公司广东分公司正式开业运营；“中山大学－卡内基梅隆大学联合工程学院”和“广东顺德中山大学－卡内基梅隆大学国际联合研究院”正式成立；富士通在中国第一个数据中心——富士通华南数据中心正式投入使用；ABB集团在广州建立第一个服务于国内轨道交通业务的车辆控制管理系统研发实验室；与德国弗劳恩霍夫协会密切合作的中德（佛山）工业服务区正式挂牌。2013年，珠海碧辟化工有限公司PTA三期扩建项目获得国家核准并开工建设；日立汽车增城零部件生产及研发基地正式投产；诺华集团在广东中山的中国营销中心建设项目进展顺利；艾默生网络能源公司深圳研发基地预计今年底前建成。与通用电气等顾问机构的合作也在积极探讨和协调推进中。这些重大项目的成功落地，为广东经济转型升级和持续发展注入了新的动力。

纳言之五：密切交流合作，提高对外开放水平

双方合作机制不断完善，广东与顾问机构的交流互访日趋频繁。2013年7月，广东省委书记胡春华率团访问德国、瑞士、意大利，专门到大众汽车集团、西门子股份公司、ABB集团、诺华公司和忠利集团等顾问所在机构考察，就加强双方合作交换意见、达成共识。今年9月底，省领导率团访问了法国、英国，考察了法国电力集团、英国BP公司，双方分别签署了深化全方位合作方案、新一轮战略合作协议。全省各地市、各部门也利用各种渠道和方式，积极加强与顾问机构的交流对接和项目合作。这些都有力地促进了双方的互利共赢。

第九章 合作在未来

2013 年 11 月 22 日上午，国际咨询会隆重举行合作项目签约活动。广东省委副书记、省长朱小丹出席活动并致辞，与瑞士 ABB 集团执行副总裁柯睿思先生、美国艾默生电气公司总裁兼首席运营官孟瑟先生、德国鲁道夫沙尔平战略咨询交流有限责任公司董事长鲁道夫·沙尔平先生、乔治·华盛顿大学教授斐里德·穆拉德先生、大众汽车集团（中国）执行副总裁张绥新先生、瑞士诺华公司战略规划及外事负责人保罗先生见证签约。签约活动由广东省常务副省长徐少华主持，省府办公厅、省发展改革委、外事办、卫生计生委主要负责人，广州、深圳、珠海、揭阳市有关领导，以及德国驻穗总领事、瑞士驻穗副总领事等境内外嘉宾应邀参加了签约活动。

朱小丹省长在致辞中表示，国际咨询会创办以来，我省各地各部门依托这一平台，积极加强与各顾问和顾问机构的交流合作，成功推动了一系列重大合作项目落户广东。在有力推进经济社会发展的同时，也实现了各顾问机构在粤、在华的扩大，以及在成熟市场的优化布局。为双方开创了互利、互惠、共赢发展的良好的格局。

本次签约活动是广东经济发展国际咨询会自 1999 年创办以来首次举行的合作项目集中签约，是拓展国际咨询会功能的有益尝试。顾问和顾问机构积极踊跃参加，共有 9 个合作项目进行集中签约。

项目一：广东省发展改革委与法国电力集团签署合作协议

2013 年 11 月 20 日，广东省发展和改革委员会与法国电力集团签订合作协议。双方重点在推进台山核电站一期工程建设、开展核电技术合作、推动核电装备产业发展、加强核电人才培养、促进经验交流、开拓国际核电市场、拓展投资等领域开展合作。

项目二：广州开发区管委会与 ABB（中国）有限公司签订战略合作谅解备忘录

ABB 集团将在广州开发区设立轨道交通系统综合研发中心，将其全球领先的研发力量带到广州市及华南地区，提高 ABB 在本地轨道交通领域应用的高端技术和核心设备水平。下一步，ABB 将根据其轨道交通系统综合研发中心及 ABB 广州开发区工厂的发展情况，适时扩大投资规模，引进轨道交通系统和牵引设备领域的核心领先技术及项目，争取实现增资扩产。

广州 ABB 微联牵引设备有限公司位于科学城，投资总额 1200 万美元，是 ABB 集团与中国自动化集团旗下的北京交大微联科技公司于 2010 年共同投资设立的专业研发和制造轨道车辆牵引设备的合资企业。该公司的核心产品为牵引变流器、辅助变流器和牵引电机，适用于地铁、轻轨、有轨电车、电力及内燃机车、动车组等各种类型的轨道交通车辆，主要为中国市场提供优质高效的轨道车辆牵引系统解决方案。2012 年，ABB 首个服务于国内轨道交通业务的车辆控制管理系统（TCMS）研发实验室在广州 ABB 微联牵引设备有限公司成立，将 ABB 全球领先的轨道交通研发力量进一步带入中国。

项目三：艾默生网络能源有限公司深圳全球研发中心项目

2013 年 11 月 23 日，深圳市南山区政府与艾默生网络能源有限公司签订投资合作协议书。艾默生网络能源公司将重点致力于深圳全球研发中心的建设，培养本地研发人员，在新一代信息技术、新能源等领域加强与广东的合作。

项目四：艾默生电气在珠海高新区投资建设“热敏碟”项目

2013 年 11 月 23 日，珠海高新技术产业开发区管委会与艾默生电气（中国）投资有限公司签订合作意向协议书。艾默生（中国）投资公司将在珠海高新区投资建设艾默生电气“热敏碟”项目，并将进一步加大“热敏碟”项目的技术开发投入，不断完善和加强技术中心建设。

项目五：广药集团与穆拉德生物科技集团签订合作意向书

2013 年 11 月 23 日，广州医药集团有限公司与被誉为“伟哥之父”的诺贝尔奖获得者穆拉德博士就合资成立“王老吉穆拉德生物科技有限公司”签署了合作意向书。

根据该合作意向书，双方拟以资金和技术入股形式成立合资公司，希望通过充分利用穆拉德的技术资源、双方的品牌优势、生产优势与销售网络等进行合作，共同发展大健康产业。从广药集团相关负责人处了解到，王老吉穆拉德生物科技有限公司将开发石榴汁等健康产品。此前接受《信息时报》记者采访时，穆拉德透露他将集中研究中草药提取成分与一氧化氮之间的关系和作用，希望进一步了解中草药的具体有效成分和作用机理。此外，广药集团目前正在进行产品规划，明年有望推出纯净水、核桃植物蛋白饮料等产品。

项目六：广东省发展改革委与大众汽车签署合作备忘录

2013 年 11 月 23 日，广东省发展和改革委员会与大众汽车集团（中国）签订关于进一步加强合作关系的备忘录。双方重点加强在新能源汽车、环保生产、高校合作等三个领域的合作。

项目七：广东省卫计委与诺华（中国）签订合作关系的备忘录

2013 年 11 月 23 日，广东省卫生和计划生育委员会与诺华（中国）签订关于进一步加强医药卫生领域合作关系的备忘录。双方将深化合作与交流，推进诺华（中国）在广东的生产、研发基地建设，并在基层卫生体系建设、医疗保障政策、公立医院科研能力建设等方面开展合作。

根据协议，双方将在基层卫生体系建设领域开展合作，重点面向广东省县级医院骨干医生、学科带头人，开展多种形式的能力建设，并依托省内部分三甲医院建立培训基地。双方将在医疗保障政策领域展开深入研究，为进一步完善广东省基本医疗保险（放心保）政策提供切实的理论依据和政策建议。此外，公立医院科研能力建设方面也被纳入双方合作范围。

项目八：揭阳中德金属生态城合作备忘录

2013 年 11 月 23 日，揭阳市人民政府与鲁道夫沙尔平咨询顾问（北京）有限公司、揭阳市金属企业联合会共同签订关于共建揭阳中德金属生态城合作备忘录。揭阳市政府支持揭阳市金属企业联合会及其会员企业，与鲁道夫沙尔平咨询顾问（北京）有限公司在专业人才、设备技术、设计研发、贸易往来、合资经营等五个方面加强合作。

项目九：揭阳中德金属生态城两个入园合作项目

2013 年 11 月 23 日，揭阳中德金属生态城的两个入园合作项目同时签约，分别是揭阳市政府与达姆施塔特应用科技大学合作共建中德应用技术大学项目，以及德国费迪南鸣乐控股有限公司与揭阳市榕城区蕙丰眼镜贸易有限公司合资共建鸣乐光学（亚洲）生产基地项目。

第十章 省长经济顾问所在机构简介

ABB 集团 ABB

ABB 集团是全球500强企业之一，在全球电力和自动化技术领域处于领先地位，致力于为工业、能源、电力、交通和建筑行业客户提供解决方案，帮助客户提高生产效率和能源效率，同时降低对环境的不良影响。ABB 集团的业务遍布全球100多个国家，拥有14.5万名员工，2012年销售收入约为390亿美元。

ABB 与中国的关系可以追溯到1907年。当时 ABB 向中国提供了第一台蒸汽锅炉。1974年 ABB 在香港设立中国业务部，1979年在北京设立办事处。1992年，ABB 在厦门投资建立了第一家合资企业。1994年 ABB 将中国总部迁至北京，并于1995年正式注册了投资性控股公司 —— ABB（中国）有限公司。目前，在中国已拥有36家企业、在90个城市设有销售与服务分公司及办事处，拥有研发、生产、工程、销售与服务全方位业务，员工人数约1.9万名。2012年，在中国销售收入超过52亿美元，保持 ABB 集团全球第二大市场的地位。

一直以来，ABB 积极参与中国的重要工程建设，先后参与了向家坝—上海、糯扎渡—广东、锦屏—苏南、哈密—郑州等 ±800 千伏特高压输电工程建设。ABB 还参与建设山西省最大的水利枢纽项目——万家寨引黄入晋工程。

广东已成为 ABB 在华的重要业务基地之一。ABB 在广东有近2100名员工，设立了3个分公司及6家企业：ABB 新会低压开关有限公司、中山 ABB 变压器有限公司、广东四会 ABB 互感器有限公司、广州 ABB 微联牵引设备有限公司、广东汕头市盈照开关有限公司、深圳 ABB 银星避雷器有限公司。今后，ABB 将进一步与广东在交通、能源和工业等领域开展更加广泛、深入的合作，为广东经济建设的发展做出应有贡献。

马士基集团 MAERSK

马士基集团成立于1904年，总部位于丹麦，是一家涉及航运、能源、海上救助、集装箱制造、商业零售等领域的全球化企业集团。旗下拥有全球最大的集装箱航运公司——马士基航运，全球第三大集装箱码头运营公司——APM 码头，以及世界领先的物流服务供应商——丹马士。在全球 130 个国家设有办事机构，员工总数超过 12.1 万人，在 2013 年《财富》杂志全球 500 强公司排名中位居第 157 位。

马士基服务于中国已有近 90 年历史，在中国大陆和香港设有 120 个办事机构，员工超过 2 万人。中国是其在全球最重要、业务量最大的市场。马士基是中国大陆制造的远洋货轮和海运设备的主要采购商，同时还为集团在欧洲的超级市场采购中国产品。迄今，已从中国船厂订购 117 艘新船，总价值逾 35 亿美元；2012 年集团在中国采购的包括生活消费品、原材料、码头及航运服务相关设备等商品价值达 33 亿美元。

1924 年马士基集团散货船首靠中国广东港口，并在 1983 年参与投资了广州花园酒店，开启了与广东合作的历程。自 1983 年起，马士基航运先后在广州、深圳等 5 个地区设立了分公司。1999 年，马士基物流（现更名为丹马士）在广州和深圳设立办事机构，马士基和中国铁道部合资的铁洋多式联运公司在广州设办事机构。2004 年，马士基集装箱制造在东莞成立集装箱制造厂。2006 年 APM 码头公司投资广州南沙海港集装箱码头有限公司。截至目前，马士基在广船国际订购了 32 艘大型远洋运输船，总造价超过 10 亿美元，是广东省订购新船的最大外国客户；马士基集团从广东的集装箱制造厂购买的集装箱总金额超过 20 亿美元（其中 2012 年购买金额为 5.48 亿美元）。

BP 公司

BP（British Petroleum p. l. c.，英国石油公司）是世界上领先的石油和天然气企业之一，总部位于伦敦，在全球 80 多个国家从事生产和经营活动，其业务领域包括：石油、天然气勘探开发，炼油、市场营销和石油化工，润滑油以及新能源。在全球拥有超过 8 万人的员工队伍，在 2013 年《财富》杂志全球 500 强公司排名中位居第 6 位。

自 20 世纪 70 年代初开始在中国开展业务以来，截至 2013 年 6 月 BP 在中国拥有独资、合资企业 19 家，聘用直接雇员约 1300 人，合资企业员工约 3600 名，累计商业投资超过 49 亿美元，是中国最大的外商投资企业之一。在中国的商业活动包括深水勘探、石化产品的合资生产和销售航空燃油供应、成品油和润滑油零售以及化工技术转让。近年来，BP 与中石油在伊拉克，与中石化在西非安哥拉，与中海油在澳大利亚和印度尼西亚均开展了卓有成效的合作。

BP 在广东投资累计达 28 亿美元，占在华投资的 60%。BP 是广东大鹏液化天然气基地站项目唯一的外方合作伙伴，每年为珠三角地区提供数百万吨液化天然气，并在珠海运行着中国最大的 PTA 生产企业之一。此外，BP 还与中山大学共建了 BP 液化天然气教育、培训与研究中心。

卡内基梅隆大学　Carnegie Mellon University

卡内基梅隆大学（Carnegie Mellon University，缩写 CMU），是一所由美国著名实业家、慈善家安德鲁·卡内基（Andrew Carnegie）出资建立的学校。1900 年，卡内基技术学校在宾夕法尼亚州匹兹堡市成立；1912 年，更名为卡内基理工学院，开始授予学士学位；1967 年与梅隆研究院合并并正式更名为卡内基梅隆大学。著名材料科学家和机械工程师苏布拉·苏雷什博士（Dr. Subra Suresh）是现任校长。

卡内基梅隆大学教职员工在教育和科研方面的成绩斐然，使该大学一跃成为享誉全球的顶尖学府。其教职员工和校友中共有 18 位诺贝尔奖获得者，46 位美国国家科学院成员，10 位图灵奖（计算机科学领域的最高荣誉）获得者。美国国家工程院院士、中国科学院院士、中国桥梁专家茅以升是该校的第一位博士。

卡内基梅隆大学自创立以来一直是创新的摇篮。该校是美国航空航天局科研任务的主要承制单位之一；不仅在机器人技术方面全球领先，也是世界上规模最大、参与人数最多的机器人足球比赛“RoboCup”（机器人足球世界杯）的创始者和主要赞助方之一，被公认为是机器人应用于教育的先驱者。其跨学科合作文化也是闻名遐迩，过去十年，在全球不断扩展学位项目，在卡塔尔多哈设立了一个本科校区，在澳大利亚、日本、印度、中国和卢旺达开设了研究生项目并进行合作。

法国电力集团　eDF

法国电力集团成立于 1946 年，总部设在巴黎，是一家能源生产与经营上下游业务一体化的企业，涵盖发电、输电、配电、能源交易、能源销售和能效管理等各个环节。该集团拥有 60 多年电力开发经验，目前在世界各地拥有员工 16 万人，为全球3930万客户提供能源和相关服务。2012年销售额达727亿欧元，经营净利润为42亿欧元，在2013年《财富》杂志全球500强公司排名中位居第77位。

法国电力集团是欧洲能源市场的引领者和全球最大的核电运营商。至2012年底，在全球总装机容量为13950万千瓦（139.5 GW），是世界上电力装机最大、单位发电碳排放比例最低的电力生产商。其中核电为7470万千瓦（54%），火电为3780万千瓦（27%），水电和其他可再生能源为2700万千瓦（19%）。该集团在法国共运行58台压水堆核电机组，在英国和美国分别拥有和运行15台和5台核电机组，在法国和中国正分别建设1台和2台EPR核电机组。该集团着眼全球发展战略，在欧洲、亚洲、美洲和非洲拥有1070万海外客户，是全球最大的供电服务商之一。

1984年，法国电力集团担任大亚湾核电站建设的技术总负责，帮助设计、建设和运行了中国第一个大型民用核电站。其后参加了岭澳核电站1期和2期项目的建设和运行，与中国广东核电集团公司共同投资建设运营中国第一个EPR核电项目——台山核电站，为红沿河核电站、秦山核电站一期和二期、田湾核电站提供了技术支持。该集团是中国最大的外国电力投资商，除了台山EPR项目外，还持有三家燃煤发电公司的股份，总装机容量为4920兆瓦。

美国艾默生电气公司 EMERSON

美国艾默生电气公司成立于1890年，总部设在美国密苏里州圣路易斯市，拥有60多家子公司，在150多个国家设有235家生产设施。艾默生通过网络能源、过程管理、工业自动化、环境优化技术及商住解决方案五大业务，为全球工业、商业及消费者市场的客户提供创新性的解决方案。2012财年销售额达到244亿美元。同年，获汤森路透评选的“2012年全球创新企业100强”殊荣。

中国是艾默生在全球业务发展最快的地区之一，自2002财年已成为艾默生仅次于美国的第二大市场。20世纪70年代末，艾默生通过首个技术转让项目与中国发展业务。1992年，在中国成立第一家独资企业。1993年，在上海成立艾默生电气（中国）投资有限公司，这是第一家将投资性公司总部设在上海的美国公司，并于2004年被商务部认定为地区总部。目前，艾默生在中国设立了40多家企业和21家研发中心，与中国多所知名大学合作设立了MBA奖学金、博士生研究论文赞助项目以及实习生项目。

广东是艾默生在华投资重点地区之一，它不仅是艾默生在华最早投资的地方，也是艾默生在华投资额最高的省份，以及拥有员工人数最多的地区。至今共成立近十家生产企业，分布于深圳、江门和中山等地。艾默生在深圳设有艾默生电气（中国）投资有限公司深圳分公司和艾默生贸易（上海）有限公司深圳分公司——亚太区供应链管理组织（APSCO），加强本地采购，以支持艾默生在华业务的发展。

忠利集团 GENERALI Assicurazioni Generali

忠利保险有限公司1831年成立于的里雅斯特（Trieste）市，是意大利最大的保险公司，是世界主要的全球保险及金融服务提供者之一。忠利集团是欧洲第一大保险和金融服务集团，寿险业务在欧洲市场占有率排名第一，在全球拥有8.4万多名雇员；2012年，总保费收入为696亿欧元，管理的总资产超过4417亿欧元，在2013年《财富》杂志全球500强公司排名中位居第49位。

在中国，忠利保险与中国石油天然气集团公司合资设立了中意人寿保险和中意财产两家保险公司。其中中意人寿于2002年1月在广州成立，目前公司注册资本金33亿元人民币，总资产400多亿元，是中国最大的合资寿险公司。中意人寿目前在中国设有10家省级分公司，其中广东分公司保费收入从2002年的3196万元增长到2012年的10.2亿元，10年内增长了32倍。中意财产于2007年4月在北京成立，注册资本金为5亿元人民币。截至2013年4月30日，总资产为9.93亿元，拥有大庆、上海及广东三家省级分公司。中意财险广东分公司于2012年8月在广州成立，截至2013年9月底，广东分公司保费规模约为650万元人民币。

日立集团 HITACHI Inspire the Next 日立

日立集团是全球最大的综合跨国集团之一，也是日本最大的综合电气、电子产品公司，事业领域非常广泛，包括电力设备、产业机械、控制系统、信息电子、数字家电，以及与这些项目相关联的高机能材料与零部件、物流金融服务等。日立在包括亚洲、北美、欧洲在内的全球各地区开展着业务，旗下共有964家公司，员工总数约32.6万。2012财年实现销售额约961亿美元，在2013年《财富》杂志全球500强公司排名中位居第54位。

中国在日立的全球事业中占据着极其重要的位置。自1981年在福建设立中国第一家外资企业“福建日立电视机有限公司”以来，截至2013年3月，日立在中国共拥有164家控股子公司，员工约4.4万人。其在中国的业务重点集中在社会基础设施、信息通信、数码媒体、高性能零部件材料、环境节能等领域，并争取在这几个领域成为行业第一。2012年度中国区销售额达到86亿美元，约占日立集团全球整体销售额的9%。

日立集团自20世纪90年代开始在广东投资建厂，截至2013年3月，在广东投资设立了32家企业，涵盖了机电、电子、信息通讯、高性能材料、物流、贸易等领域，比较有影响力的产品有电梯、汽车零部件、电动工具等。2012年度销售额约40亿美元，员工超过1.7万人。在以绿色、生态等前瞻性目标为诉求的中国环保型城市建设项目中，日立也积极地参与合作，包括其在广州的中新广州知识城项目。

汇丰控股有限公司 HSBC 汇丰

汇丰控股有限公司是汇丰集团的控股公司，总部设于英国伦敦，是世界规模最大的银行及金融服务机构之一，在欧洲、亚太地区、中东及北非、北美及拉丁美洲约80个国家和地区拥有约6600间附属机构，可通过环球零售银行及财富管理业务、环球工商金融业务、环球银行及资本市场、环球私人银行四个环球业务，为5500万名客户提供全面金融服务。其在2013年《财富》杂志全球500强公司排名中位居第60位。

香港上海汇丰银行有限公司于1865年在香港和上海成立，是汇丰集团的创始成员和集团在亚太区的旗舰，也是香港特别行政区三家发钞银行之一。

在中国内地，汇丰是投资最多的外资银行之一。它在开展自我投资同时，也投资中国的交通银行（入股19%）和上海银行（入股8%）两家内地中资金融机构。2007年4月2日，汇丰银行（中国）有限公司成立，是香港上海汇丰银行有限公司全资拥有的外商独资银行。目前，汇丰（中国）已在全国50个城市设立150多个网点，拥有中国内地最大的外资银行服务网络。

汇丰银行是最早进入广东的外资银行之一，早在1982年就在深圳设立了代表处。1983年在广州设立代表处。2007年，在东莞设立第三家分行。长期以来，汇丰一直将广东作为业务拓展的战略重点区域之一，目前已在21个地级市设立了50多个服务网点，是广东省内网点最多、覆盖范围最广的外资银行。此外，汇丰已先后在广东设立了汇丰村镇银行、汇丰环球客户服务（广东）有限公司、汇丰软件开发（广东）有限公司等其他机构。

丸红株式会社 Marubeni

丸红株式会社于1858年创立，总部设在东京，是日本具有代表性的大型综合商社之一，在全球65个国家和地区拥有120个海外分支机构以及442家会计并表企业。丸红株式会社资本金2627亿日元，2012会计年度总销售额为1117亿美元，在2013年《财富》杂志全球500强公司排名中位居第160位。

丸红作为大型综合商社，通过贸易广泛涉足各行各业；又通过形式多样的贸易活动，提供各种各样的商品和服务；通过广泛开展投资活动，积极推动产业价值链形成，为促进贸易发展、加速流通领域改革、稳定企业经营以及开拓国际市场等做出了积极贡献。

中国一直是丸红优先发展的最重要市场之一，其在中国的业务发展可以追溯到日中邦交正常化以前。迄今为止，丸红在中国共开设了16个分支机构，拥有100多家投资企业，投资总额达6.6亿美元。2012年，丸红与中国的业务成交总额达209亿美元。广东是丸红在中国业务的重中之重。早在1978年丸红就在广州设立了分支机构，自1995年起，先后投资成立了深圳华安液化石油气有限公司、信宜日红树脂化工有限公司、丸红（广州）贸易有限公司、江门市千庆化工港储有限公司、东曹（广州）化工有限公司、住江互太（广州）汽车纤维制品有限公司等十几家企业。

MS&AD保险集团控股公司 MS&AD MS&AD Insurance Group

MS&AD保险集团是三井住友海上集团、爱和谊财产保险公司、日生同和财产保险公司于2010年4月进行经营整合后成立的集团，总部设在东京，业务涵盖财产保险、人寿保险、风险管理咨询以及金融投资等领域。该集团在全世界39个国家和地区构建了庞大的服务网络，通过长年开展国际业务积累的丰富经验，始终从客户角度出发，为世界提供多样化的产品和优质的服务。整合之后的MS&AD保险集团成为亚洲第一、世界第七的财产与意外保险股份公司，在2013年《财富》杂志全球500强公司排名中位居第191位。2012年集团总资产为159147亿日元，净保费收入为26390亿日元。

MS&AD 保险集团把中国当作最有成长潜力和广阔前景的海外市场之一。旗下核心企业三井住友海上火灾保险公司于 1981 年在北京设立第一家代表处；并于 2001 年 5 月设立了上海分公司，2007 年 9 月正式改名为“三井住友海上火灾保险（中国）公司”；2008 年 9 月，在广东省设立了三井住友海上火灾保险（中国）公司广东分公司，成为首家在广东省开业的日资保险经营机构；2010 年设立了北京分公司；2011 年设立了江苏分公司、深圳营销服务部和苏州营销服务部，网点规模不断扩大。

POSCO posco

POSCO 创立于 1968 年，业务涉及钢铁、E&C、IT、新能源、新材料贸易等领域，在全球拥有 210 余个子公司，是全球钢铁行业的领先者。在 2013 年《财富》杂志全球 500 强公司排名中位居第 167 位。POSCO 已连续 6 年入选福布斯（*Forbes*）公布的世界顶尖企业排名前 10%（200 强企业）榜单。2013 年 2 月以来，POSCO 再次被世界钢铁专业分析机构 WSD 选定为“世界最高竞争力的钢铁公司”第一位；并以 7.73 分（满分 10 分）的高分争夺了综合第一位。

POSCO 在中国以浦项（中国）投资有限公司（POSCO - China）为中心，建有张家港浦项不锈钢、青岛浦项不锈钢等生产企业以及遍布全国各地的钢材加工中心。随着 POSCO 科技研究中心、浦项北京中心及珲春物流基地的建立，POSCO 在中国更多领域取得了瞩目的成就。至 2012 年底，POSCO 在中国投资成立了 50 个机构，其中包含贸易公司 8 个、钢铁制造工厂 6 个、钢材加工中心 18 家；累计投资额为 43 亿美元，其中在广东顺德投资 3.5 亿美元。2012 年，在中国总销售额为 79 亿美元。

POSCO 与广东也有紧密的联系。在广东的法人有广东顺德浦项钢板有限公司、浦项（佛山）钢材加工有限公司、广州营业所、广州技术中心等。2013 年，POSCO 在广东顺德西部生态产业新区建立了高级镀锌钢板项目第一期，投资额达 2.98 亿美元，生产能力为年产 45 万吨，年销售额为 27 亿元人民币。

鲁道夫沙尔平战略咨询交流有限责任公司

鲁道夫沙尔平战略咨询交流有限责任公司（RSBK GmbH）成立于 2004 年，总部位于德国法兰克福，是一个以公共管理、国内及国际战略咨询为重点的企业

咨询公司，拥有在北京、上海和迪拜的合作公司及控股公司。一直以来，RSBK为各种股份公司、大型家族性企业、专利持有者、公司成立人以及公共机构等提供专业咨询服务，目前，已经与欧洲商业学校、法兰克福大众日报社以及其他著名企业等机构达成合作。

在与中国合作方面，RSBK 在北京设立了鲁道夫沙尔平咨询顾问（北京）有限公司。该公司是一家国际战略咨询公司，专为中国与欧洲企业和机构间的合作搭建桥梁，协助建立在生产、技术、资金、渠道及其他层面的合作伙伴关系，为企业进入未知领域铺平道路。在中德有关合作项目上，提供从客户出发的广泛咨询顾问服务，包括研究调查，研讨会，建立以及促成与公司或机构高层、执行层和管理层领导的对接。目前已同中国政府机构、协会组织、科学机构等高层进行过紧密沟通，作为经济咨询顾问的鲁道夫·沙尔平本人，已经与大批德国与中国公司进行过合作，也为中国很多省市政府部门提供了专业的咨询和服务。

星桥控股私人有限公司 SINGBRIDGE 星桥

星桥借助新加坡的成功发展经验，在海外投资、开发和管理综合性城市方面提供可持续的城市发展解决方案，业务领域不仅涵盖城市规划和硬件的发展，还包括整合不同元素的能力，如环境（如公众健康、环境保护）、经济发展（如行业推广）、社会发展（如公共住房、教育、医疗保健），以及监管（如法规、政策），以确保发展项目的可持续性。

星桥控股私人有限公司是星桥集团的资产持有公司，也是淡马锡控股的全资子公司，由黄根成先生任主席。该公司主要投资于大型发展项目，并与新加坡及非新加坡企业共同探讨并开展合作。除星桥控股私人有限公司外，星桥集团旗下还设立了星桥企业私人有限公司。星桥企业私人有限公司是为经营管理星桥控股私人有限公司所持有资产而设立的管理公司，由庄碧莲女士任公司总裁。每家公司各有其明确重点，并齐心协力、共同推动星桥的使命。

目前，星桥在中国参与的合资项目包括中新广州知识城、中新天津生态城、重庆来福士、成都新川创新科技园以及中新吉林食品区等发展项目。

乔治·华盛顿大学

乔治·华盛顿大学是美国顶尖的私立大学之一，位于华盛顿中心的地理位

置，是美国的政府、政策和法律中心。它是在1821年经由国会的一项法案创立，目前已成为哥伦比亚区最大的高等教育机构。今天，它以其巨大的国际声望和独特的地理位置吸引了来自全美50个州以及全世界130多个国家的2.3万多名优秀学子，学科设置包括法医科学、创意写作、国际事务、计算机工程、医学、公共卫生、法律和公共政策等。美国乔治·华盛顿大学获得美国中部各州高等院校协会认证，是美国大学委员会成员之一。

乔治·华盛顿大学作为唯一用总统名字命名的大型高等学府，被美国人称作“政治家的摇篮”。从诞生之日起，就跟美国政府关系密切，其“可靠性和风险分析研究所”、“政府和商业管理学院”源源不断地向白宫等政府机构输送着新鲜血液。

该大学不仅在政治经济专业上有着得天独厚的优势，目前战略重点还有生物医学、信息科技和通讯专业。其中，医学院成立于1821年，专门为满足华盛顿特区对医生的大量需求而设立。1981年，总统罗纳德·里根遇刺后被送到医疗中心的急诊室后，这里即成为全世界焦点。此后，急诊室区域成立了罗纳德·里根能量医学（Energy Medicine）研究所。现在，包括美国前副总统切尼等一大批政界人士在此进行常规检查和应急处理。

由于大学地处美国最密集的科技产业带，学生可以接触到世界级的科学家以及前沿科技的决策者，乔治·华盛顿大学已经发展成为一所规模庞大、声誉卓著的国际性研究机构。

UPS 公司

UPS（United Parcel Service, Inc. 美国联合包裹运送服务公司）成立于1907年，总部设于美国佐治亚州亚特兰大市，是全球领先的物流企业；服务范围遍及全球220多个国家和地区，拥有39.9万名员工。2012年UPS营业额达到541亿美元，在2013年《财富》杂志全球500强公司排名中位居第179位。

自1988年进入中国以来，UPS致力于为各类客户提供全方位的物流服务。目前，在中国拥有6000多名员工，服务范围超过330个商业中心和主要城市，每周连接中国和美国、欧洲以及亚洲其他国家和地区的航班达208个班次。伴随其上海国际转运中心和深圳亚太转运中心等的相继建立，UPS进一步拓展在中国的网络并使客户从中受益。2011年成功开通成都航线，成为成都首家国际快递运营商；2012年新设郑州口岸，加快河南通往亚洲和欧洲地区主要市场以及连通美国的速度；2013 年，在成都和上海开设两家合同物流仓储中心，这是 UPS 继 2012 年宣布开设上海医疗设备仓储中心和杭州医疗保健仓储中心之后的又一重大举措。

在与广东合作方面，自 1994 年在广州建立代表处起，UPS 在广东持续投资，业务快速发展。2004 年 12 月，UPS 直接掌控广州的国际快递业务。2010 年 5 月，位于深圳的 UPS 亚洲航空转运中心正式启用，加速了亚太地区快递和大宗货运的处理效率，加强了中国与 UPS 全球空运网络之间的联系，目前该中心每周航空起降班次 104 班。除此之外，UPS 还为广东客户提供一系列的供应链解决方案，包括仓储配送及备件物流服务。

美国全国商会

美国全国商会（U. S. Chamber of Commerce）成立于1912 年，总部设在华盛顿，是世界最大的商业联盟和华盛顿最大的游说组织。商会代表300 多万家企业以及 3000 多个州和地方商会，团体会员中还包括 850 个各类商业和行业组织以及 87 个海外美国商会。拥有由 450 名游说专家、沟通专家、律师以及国内外政策专家组成的专业队伍，在国会、白宫、监管机构、法院、公众舆论法庭及世界各地的政府，为维护自由工商企业的利益而努力，在涉及能源、基础设施、教育和培训、劳工规则等领域影响公共政策。据哈里斯互动调研公司 2010 年民意调查显示，美国人民把美国全国商会评为华盛顿最具知名度、最备受尊敬的五大机构之一。

美国全国商会在促进美国对华经贸关系特别是对华政策方面有着重要的影响力。商会始终以建设性的姿态，积极促进中美两国政府和商界在经贸及投资、知识产权保护和市场开发等方面的高层往来和交流，以期通过合作和对话帮助中国经济更好地融入全球经济体系，同时也帮助美国企业更好地开拓和服务于中国市场。过去几年中，商会接待了许多来自中国的重要团组，并参与了中国国家有关领导人以及其他有关部委和省市领导访美的有关接待工作，商会高级领导人也曾多次访华并拜会中国国家领导人，为促进中美关系尤其是两国间的相互贸易与投资做了大量的工作。

大众汽车集团

大众汽车集团由世界著名汽车设计大师波尔舍创立于1937年，总部设在沃尔夫斯堡，是世界领先的汽车制造商之一，也是欧洲最大的汽车制造商。在欧洲19个国家以及美洲、亚洲和非洲的8个国家运营着100家工厂，生产的汽车销往153个国家。在西欧，几乎每四辆新车就有一辆是由大众汽车集团生产。2012年，集团实现销售收入1930亿欧元，税后利润219亿欧元。在2013年《财富》杂志全球500强公司排名中位居第9位。

大众汽车集团旗下拥有来自欧洲7个国家的12个品牌：大众汽车乘用车、奥迪、西雅特、斯柯达、宾利、布加迪、兰博基尼、保时捷、杜卡迪、大众汽车商用车、斯堪尼亚和MAN。每个品牌都个性独特，独立运营。产品范围涵盖摩托车、小型车和豪华车。在商用车领域，产品包括皮卡、客车和重型卡车等。集团全球55万名员工每天生产约3.77万辆汽车。2012年，大众汽车集团的汽车交付量增至927.6万辆，占全球乘用车市场12.8%。

此外，大众汽车集团还积极开展其他业务，包括制造船用、发电厂所用的大型柴油发动机、涡轮增压、蒸汽和燃气涡轮机组、压缩机和化学反应器。同时，集团还生产汽车变速器、风力涡轮机专用齿轮箱、滑动轴承、联轴器以及用于道路交通测试的系统。大众汽车集团还提供广泛的金融服务，包括经销商和客户融资、租赁、银行和保险业务以及车队管理。

第五篇　聚光灯下的咨询会

——媒体公开

2013 年 11 月，以“拓展开放领域，提升国际竞争力”为主题的 2013 广东经济发展国际咨询会盛大启幕，世界经济界顶尖级人物再次云集广东，国际咨询会通过激发海外精英顾问团队的集体智慧，为广东省经济发展把脉护航，提供专业咨询和建议，同时，顾问们将考察新时期广东发展环境，以期开创合作共赢的新篇章。这是智慧和知识的碰撞，也是观点和意见的交锋，更是媒体的盛宴。

在国际咨询会召开前夕，为了增进公众对于本次国际咨询会的了解，扩大咨询会的社会影响力，广东省新闻办召开专门的新闻发布会，邀请省政府有关领导和省发展改革委的相关领导介绍本次咨询会主题以及筹备情况；国际咨询会结束当天，朱小丹省长携诸位洋顾问出席记者招待会，通过媒体向社会各界通报本次国际咨询会成果，并与各与会媒体进行互动沟通；在国际咨询会召开过程中，众多媒体积极参与和热情报道，他们结合广东经济发展的现实，从不同的角度和视角剖析和审视国际咨询会的成果。正是在他们的推介之下，本次国际咨询会才得以真正在广东大地落地生根，进入每一位关心广东经济发展的读者、观众或听众的视野。

第十一章 2013广东经济发展国际咨询会新闻发布会

为了及时向社会通报本次国咨会筹备工作情况，广东省政府新闻办于11月5日上午10:00在广东大厦召开新闻发布会，邀请省政府有关领导和省发改委、省外办负责领导介绍2013广东经济发展国际咨询会筹备工作情况，并回答记者提问。

主题：拓展开放领域，提升国际竞争力
时间：2013年11月5日上午10：00
出席领导：广东省政府副秘书长 陈世庆先生
广东省发改委副主任、国咨会筹备办副主任 刘吉先生
广东省外办副主任 罗军先生
提问媒体：《香港商报》、《澳门日报》、广东电视台、《民营经济报》等

【陈世庆通报本次国咨会筹备情况】

陈世庆：女士们，先生们，各位记者朋友，上午好！欢迎各位参加2013广东经济发展国际咨询会新闻发布会，在此，请允许我代表广东省人民政府、广东经济发展国际咨询会筹备领导小组对大家参加今天的发布会表示热烈的欢迎！对各位记者朋友长期以来对国际咨询会的关心和支持表示衷心的感谢！

2013广东经济发展国际咨询会于11月21—22日在广州东方宾馆举行，这是广东省政府举办的第九次国际咨询会。国际咨询会创办于1999年，迄今已走过14个年头。在大家的关注和支持下，经过多方努力，国际咨询会已成为广东省政府广纳良策，听取世界知名跨国公司和机构真知灼见的重要渠道，在帮助我省科学决策、提升国际影响力及促进跨国企业与广东合作方面取得了显著的成效，发挥了重要作用。

广东正处于转型升级的关键时期，办好2013国际咨询会有利于我省借鉴世界先进理念，深化改革开放，推进经济健康持续发展。省委、省政府对国际咨询

会予以高度重视。省委书记胡春华出访期间专程拜会顾问机构，主动邀请有关机构负责人担任顾问，朱小丹省长亲自审定会议方案，徐少华常务副省长担任筹备领导小组组长，并于 2013 年 1 月主持召开筹备领导小组会议，认真研究部署 2013 国际咨询会的筹备工作。

根据省政府的决定，筹备办公室迅速搭建组织架构，省发改委、省府办公厅、省外办、省委外宣办、省委警卫局、省卫生厅、省食品药品监督管理局、省经济和信息化委、省科技厅、省环保厅等十多个单位积极参加筹备，在领导小组的框架下还成立了 14 个工作小组，分别负责接待、翻译、新闻、资料等多个方面的筹备工作。目前，各项筹备工作正在顺利推进之中。下面，我向大家介绍一下本次国际咨询会的有关情况。

1. 会议主题

本次国际咨询会的主题是：拓展开放领域，提升国际竞争力。

改革开放 30 多年来，广东充分发挥先行一步的政策优势和毗邻港澳的区位优势，积极参与国际经济合作与竞争，实现了经济社会发展的历史性跨越，成为中国经济实力最雄厚、开放型经济最具活力的地区之一。为了巩固和发展我省改革开放的新优势，为了更进一步地发挥我省作为国家深化改革开放先行地的作用，我们必须实行更加积极主动的开放战略，通过构建开放合作平台，建设法治化国际化的营商环境，推进产业技术国际合作，进一步拓展开放领域，全面提升我省的国际竞争力。因此，就“拓展开放领域、提升国际竞争力”问计于各地的顾问，可以充分借鉴顾问机构在国际合作方面的经验，探讨广东如何通过深化与世界主要经济体和知名企业的合作，完善内外联动、互利共赢、安全高效的开放型经济体系，提升国际竞争力。

为了便于集中讨论，闭门会议下设三个分议题：“建设法治化国际化营商环境”、“构建开放合作平台”和“推进产业技术国际合作”。我们希望通过以上三方面对主题进行细化，可让顾问们的发言和讨论更加深入，对我省经济发展的建议更具有针对性。

2. 会议主要议程

本次国际咨询会设在广州东方宾馆举行，主要议程与历次大致相同，其中包括：21 日举行大会开幕式和闭门会议；22 日举办两场专题论坛、项目集中签约仪式和记者招待会。会议期间，省长朱小丹同志将分别会见各位顾问，负责相关工作的副省长也将与部分顾问进行工作交流。此外，部分顾问将在会议期间接受电视采访和其他媒体采访。除了闭门会议和省领导会见外，大会其他活动都将对媒体开放，欢迎各位记者朋友访问国际咨询会官方网站，根据大会安排前往采访报道，向社会各界及时传递顾问们的好的建议，使这次活动能更好地促进广东的发展。

3. 关于聘请顾问

本次国际咨询会共聘请顾问19名，这些顾问都是世界财经界的顶尖人物，保持了国际咨询会一贯的高水平、高规格。同时，为了更加充分地学习世界先进理念，更深入地推进与跨国公司的合作，在今年选择顾问机构的时候，我们着重从以下三个方面进行考虑：①顾问的区域分布。这19名顾问分别来自欧洲、北美洲和亚洲。其中，欧洲9名，北美洲5名，亚洲5名。②顾问的行业分布。19名顾问所在机构全部来自先进制造业和现代服务业。其中，先进制造业9家，来自电气机械、能源和电子信息3个领域；现代服务业10家，来自金融、科研服务、贸易、物流和咨询5个领域。③顾问的更换。这19名顾问当中，6名为上次国际咨询会的顾问，13名为今年新聘请的顾问。

聘请这些机构主要负责人担任省长经济顾问，听取他们的真知灼见和先进理念，将会进一步开拓我们的国际视野，同时也进一步增进双方相互了解，寻找合作契机，争取更多符合我省转型升级需要的项目落户广东，共同实现共赢发展。

4. 专题论坛、顾问专访等相关活动

为充分发挥顾问的资源优势，本次国际咨询会围绕主题，安排的相关活动有：一是举办专题论坛。为了加强顾问与我省各个部门、企业的沟通，11月22日上午将举办两场专题论坛，这两场专题论坛就是“环境保护与绿色竞争力”论坛、“产业转型再造核心竞争力—增效技术和电动交通”论坛，分管省领导将分别出席。其中，“环境保护与绿色竞争力”专题论坛将探讨在当前倡导绿色发展、低碳发展与循环发展的大背景下，如何更有效地发挥环境保护的作用，促进经济转型升级，提升广东企业的绿色竞争力。“产业转型再造核心竞争力—增效技术和电动交通”专题论坛将围绕我省产业转型升级的现实需要，探讨先进国家制造业发展理念和世界制造业发展趋势，为我省产业发展提供有益借鉴和发展路径参考。二是举办项目集中签约。为把这次咨询会举办得更加务实，本次国际咨询会将项目签约仪式由过去的分散举办改为集中举办，时间是在11月22日。除了专题论坛和项目集中签约外，部分顾问还将接受有关媒体采访，本次咨询会还将举行专场记者招待会。

各位新闻界的朋友们，本次国咨会的成功举办，离不开你们的给力支持，顾问们的理念能否及时传递到社会各界，也离不开你们的精彩报道。恳请记者朋友们一如既往地关心今年的国际咨询会，积极采访报道，让社会各界通过你们多方面多角度的报道，及时分享广东经济发展国际咨询会的成果。我们将尽力配合各位的采访活动。再次感谢大家。

【记者提问】

《香港商报》记者：你好，我想请问陈秘书长，国咨会到现在已经举办很多年，对广东经济发展起到了什么重要的作用？谢谢。

陈世庆：这么多年来，顾问为我们提供了很多经验，对广东的经济发展产生了积极的推动和潜移默化的积极影响，我们可以集国际的智慧，借世界之力，推动广东的发展，这样的例子很多，我举两个例子说明这个问题。在 2000 年，日本丸红株式会社提出“建设珠江三角洲城市群”的建议，有力地推动了省政府于 2003 年 4 月公布实施《珠江三角洲城市化专题规划》，对广东提出珠三角一体化发展的理念产生了重大影响，并推动粤港澳三地提出“合作建设世界级城市群”的设想。在 2005 年，诺基亚公司提出由广东制造转向广东创造的建议，为我省经济发展转型带来了具有战略性的启示，到今天我们仍然感受到这项建议的前瞻性和针对性。

2011 年国咨会，15 位省长顾问为广东带来了不少具有前瞻性、建设性的意见和建议，大部分的建议都得到了采纳。这里有两个例子：一是卡内基梅隆大学校长杰瑞德·柯亨教授提出“加快广东教育国际化进程”的建议，有力地推动了我省中外合作办学的工作。从 2011 年以来，我省报教育部门批准本科以上中外合作举办的办学项目有 12 个，经我省审批并获得教育部门备案编号的中外合作项目本科以下的有 17 个。到目前为止，中山大学与卡内基梅隆大学合作办学、深圳大学与香港中文大学合作办学的两个合作均已获得教育部的批准。广东外语外贸大学与英国兰开斯特大学、广州大学与香港科技大学、广东金融学院与英国诺丁汉大学、汕头大学与以色列理工学院、广州大学与美国卫斯理女子学院办学项目也取得了实质性的进展。

德国弗劳恩霍夫协会主席汉斯－约克布凌格教授提出了加强国际间的科技合作，特别是与世界顶尖科研机构合作的建立，推进了我省的国际科技合作。两年来，德国弗劳恩霍夫协会围绕佛山市传统产业转型升级和佛山新城中德工业服务示范区建设需要，开展了“中德工业服务比较研究”。广州中国科学院工程技术研究院与德国材料与射线研究所合作开展了“先进激光熔覆技术研究以及应用”项目。还有德国光电系统及图像分析研究所开展的“电子废物处理新工艺与装备研究”项目。与德国结构耐久性与系统可靠性研究所签订的工业装备耐用性和可靠性的研究项目合作协议等。此外，我们还与乌克兰国家科学院巴顿焊接研究院，于2011年联合成立了“中国—乌克兰巴顿焊接研究院”。另外，举办国咨会也推动了国际合作，扩大了宣传作用。顾问们参加会议推动了顾问机构与广东的合作，促进了一批项目的落定，境内外媒体对于国咨会的集中报道有效地宣传了广东，促进了国际社会对广东的了解，提升了广东的国际知名度。我就简要回答到这里，谢谢。

《澳门日报》记者：这一次咨询会，洋顾问们对广东的建设发展，在哪些方面提出了他们的建议？主要是针对哪些领域？谢谢。

刘吉：今年的咨询会时间恰好是在十八届三中全会之后，而且也恰逢“十二五”中期评估之际，我们希望顾问们能够在扩大开放、提高国际竞争力方面带来更多的先进理念和宝贵经验，助推我省全面深化改革、加快转型升级。就目前来讲，顾问们提供了他们的咨询报告的题目和提纲，但报告内容我们还没有完全拿到，题目可以略微举一下，大家可以从中间去感受一下接下来顾问可能将提出的很多金点子。比如：借鉴新加坡发展经验，创建有序的国际化经济；对广东优化投资环境的建议；推进粤港金融区域平台发展的建议；大学合作与创新生态系统；智能技术开创美好生活；生物技术在医药产品中的应用等。在这些题目中大家可以看到，顾问们主要是围绕我们这次提出的三个分议题给我们带来经验和做法。除了参加这次会议的发言之外，部分顾问和代表会在相关的论坛接受媒体的专访，出席记者招待会等方面会继续阐释他们的见解，请大家到时再充分了解和充分报道。同时，我们的国咨会的官方网站和微博也会对他们的精彩观点进行直播。

广东电视台记者：国咨会从1999年创办以来，已经连续举办了8次，每年会议的主题都会根据当年广东经济发展的状况做出适当的调整，今年会议的主题跟往年相比有哪些特色和突破？谢谢。

陈世庆：今年国际咨询会与往年相比，主要的内容还是延续以往的风格，主要的东西没有变化，但是，今年在三个方面有所不同：一是更加突出顾问的广泛性，这方面比往年更加注重了，聘请顾问时我们综合考虑了顾问的所在区域、所在的行业和顾问自身背景，使顾问来源更加多元化，顾问所提的建议覆盖面更广，与顾问机构的合作会更多。比如为了加强与发达国家行业主席的联系，本次咨询会首次邀请到美国全国商会常务副会长兼国际事务总裁薄迈伦先生等；为了增强了顾问建议的专业性，首次邀请了1988年诺贝尔生理医学奖获得者、美国乔治·华盛顿大学教授穆拉德博士；为了借鉴转型升级成功经验，我们新增了来自新加坡和韩国的顾问；为了使顾问能够对我们的政府工作提出更有针对性的建议，本次咨询会首次邀请了两位有从政经历的顾问，一位是新加坡的前副总理、星桥控股私人有限公司董事长黄根成先生，另一位是德国前联邦议员、鲁道夫沙尔平战略咨询交流有限责任公司的鲁道夫·沙尔平先生。二是更加突出了办会的务实创新。本次会议在保留历次国咨会的核心内容的基础上，力求创新，从而突出办会的实效。一是务实办会，我们这次在落实中央八项规定与精简办会的原则，简化了许多接待安排，比如取消了警车开道，不再设计专门的宴会菜单等。为了推进与顾问机构的务实合作，我们与部分机构、省级单位反复沟通，落实了一大批签约项目，这些项目集中签约，这也是务实讲实效的。还有加强建议的针对性，我们邀请了意大利忠利集团、法国电力集团、瑞士 ABB 公司、德国大众汽车集团、丹麦马士基集团、美国艾默生电气公司等一批世界 500 强企业来广东考察，他们事先做了调研考察工作，首先了解广东在经济发展过程中的实际情况，然后根据实际情况去提建议，这样就增强了建议的针对性。三是更加注意扩大宣传影响。国咨会是广东对外的一张名片，我们将加大国咨会的宣传力度，努力扩大广东对外的影响。比如：我们邀请了世界主流媒体、中央主流媒体、港澳媒体、省内主流媒体对大会进行全方位、多角度的报道；对国咨会官方网站进行了改版升级，增加了顾问机构的信息、广东经济社会发展情况、广东与顾问机构合作情况，以及休会期间部分机构与广东交流合作的情况，等等，加大了网站的信息量。另外，我们还首次开办了官方微博，加强了与公众的互动。我们还制造了国际咨询会的宣传片，在会议期间滚动播放，介绍上次会议以来广东采纳顾问建议和推动与顾问机构合作的相关情况。谢谢。

《民营经济报》记者：我想请问一下刘吉主任，您刚才也提到年中的时候组织召开了 500 强企业营商环境的座谈会，参加的也都是顾问机构的一些代表，为什么会选择营商环境这样一个主题作为咨询会的一个议题，当时大家都谈到了什么，反映的问题主要是集中在哪些方面？谢谢。

刘吉：这次的主题下面设了三个分议题，这三个分议题都是“拓展开放领域，提升国际竞争力”的重要组成部分。对于国际化、法治化营商环境的问题，从去年起我们省里就非常重视，认为他们是推动我们经济发展的一个重要极。创造良好的发展环境，创造一个跟国际接轨的环境，可能在规则对接、先进理念的引进、产业合作方面都会有利于转型升级的步伐。去年省政府专门开了一个营商环境的座谈会，那里有很多建议，我们也希望在这次国咨会上能听到顾问机构对我们的一些建议。谢谢。

第十二章　省长顾问记者招待会

2013 年 11 月 22 日，广东经济发展国际咨询会各次议程完成后，省政府举行记者招待会，邀请广东省人民政府省长朱小丹先生和省长顾问们回答记者提问。

2013 年广东经济发展国际咨询会记者招待会
主题：拓展开放领域，提升国际竞争力
时间：2013 年 11 月 22 日上午 10：30 ～ 12：00
嘉宾：广东省省长 朱小丹
瑞士 ABB 集团执行副总裁兼执行委员会成员 柯睿思博士
美国卡内基梅隆大学荣誉校长 柯亨教授
美国艾默生电气公司总裁兼首席运营官 孟瑟先生
意大利忠利集团首席保险执行官兼意大利忠利集团董事长 巴比诺特先生
日本丸红株式会社会长 朝田照男先生
德国鲁道夫沙尔平战略咨询交流有限责任公司董事长 沙尔平先生
新加坡星桥控股私人有限公司董事长 黄根成先生
美国乔治·华盛顿大学教授 穆拉德博士
美国 UPS 公司国际总裁 巴伯尔先生
提问媒体：《香港大公报》、中国国际广播电台、广东电视台、日本经济新闻社、《羊城晚报》等

【朱小丹通报本次国咨会情况】

朱小丹：各位新闻界的朋友，女士们，先生们，大家上午好！

在 2013 广东经济发展国际咨询会即将结束的时候，非常高兴有机会和经济顾问的代表一起和在座这么多新闻界的朋友见面，这几天大家都很辛苦，为了及时、充分和生动地报道这次会议的情况，你们做了很多的工作，在这里我想首先代表省政府对大家付出的努力、对大家长期以来对广东经济社会发展所给予的支持和所做的充分的报道表示衷心的感谢！

我们这次国际咨询会是在中共十八届三中全会刚刚胜利闭幕的这样一个重要的时刻举行的，大家知道，全会的决定为我国全面深化改革进行了总体的部署，其中构建开放型经济新体制是非常重要的内容之一。在这个背景之下，我们将“拓展开放领域，提升国际竞争力”作为这次国际咨询会的主题，同时分设了“建设法治化国际化营商环境”、“构建开放合作平台”和“推进产业技术国际合作”三个子议题，今天上午我们还举办了“产业转型再造核心竞争力—增效技术和电动交通”、“环境保护与绿色竞争力”两场专题论坛，刚刚我们还举行了合作项目的集中的签约仪式。

广东方面和我们的顾问机构，以及每一位顾问对这次会议都是非常重视的，事先做了精心的准备。会前，广东省委书记胡春华先生专门会见了全体出席会议的顾问，和他们进行了非常友好的、亲切的交流，我本人在这三天时间当中分别面对面和 17 位顾问做了交流，面对面地听取他们对广东扩大开放的好的意见和建议，同时我们也交流了下一步推动我们之间合作的新的意向。应该说，这次国际咨询会开得非常好，我们的交流有很多的共识，也有很多的成果，整个会议内容非常充实，同时我们的交流也是务实的，应该说这当中也有新闻界的朋友们所做的努力的一份功劳。

本次咨询会的顾问机构都是世界著名跨国公司或者智库，在资金、技术、管理、营销、战略研究和咨询等方面都有突出的优势，18 名顾问当中既有商界的领袖，也有学界学术精英，对广东对外开放进一步扩大提出了一系列具有很强的专业性、前瞻性、建设性和务实性的意见和建议。

比如围绕建设法治化国际化营商环境，顾问们提出了借鉴世界发达国家经验，在政府管理、劳动力培训、社会法律体系、社区建设等方面积极与国际通行规则接轨，改善投资环境、创新环境以及服务业的发展环境，提升国际竞争力，允许民间资本外资进入更广泛的服务业领域等方面的意见和建议。

又比如围绕构建开放合作平台，顾问们提出了利用拥有国际联系的港资和外资银行构建粤港金融区域平台、引进国际先进技术和企业构建具有竞争力的产业平台、建设大学研究成果产业化平台等方面的意见和建议。

再比如围绕推进产业技术国际合作，顾问们提出了加强生物技术研究在医药产品中的应用、发展生物医药产业、推广智能技术和新能源技术、提升能源和资源的利用效率、鼓励技术创新、加强产业技术国际合作、提升自主创新能力等方面的意见和建议。

当然，顾问们提的意见建议还远不止这些，每一位顾问为我们提供了很多质量非常高的咨询报告，另外在我们一天的闭门会议当中，他们也就他们的咨询报告做了非常精辟的阐述。我们对每一位顾问的意见和建议都认真做了记录和整理，这些好的意见建议接下来在我们进一步扩大开放的过程当中，将会作为政府决策非常重要的参考，我们会在接下来的相关规划、工作部署和政策措施当中积极地采纳顾问们的富有建设性的意见和建议。

自国际咨询会创办以来，我们这次会议首次采用了项目集中签约的方式，一共和顾问机构签订了 9 个项目的合作协议，分别是：广州市开发区和 ABB（中国）有限公司战略合作谅解备忘录、深圳市南山区政府和艾默生网络能源有限公司投资合作协议、珠海国家高新技术产业开发区和艾默生电气（中国）投资有限公司投资合作协议书、广药集团和穆拉德博士合作框架协议、揭阳市政府和鲁道夫沙尔平咨询顾问北京有限公司及揭阳市金属企业联合会共建揭阳中德金属生态城合作备忘录、揭阳市政府和达姆施塔特应用科技大学合作共建中德应用技术大学的项目、揭阳市榕城区汇丰冶金贸易有限公司和德国鸣乐控股有限公司合资共建鸣乐光学亚洲生产基地的项目，我们省发改委和大众汽车集团（中国）进一步加强合作关系备忘录，广东省卫生和计划生育委员会与诺华（中国）进一步加强医药卫生领域合作关系的备忘录。这些签约的项目涉及了科研合作、产业园区建设、轨道交通建设、网络能源建设、医疗卫生事业、新能源汽车等多个领域。

除此之外，会前省发改委还和法国电力集团签订了合作协议，支持法国电力集团参与广东核电建设，还有部分顾问机构与广东的有关部门、企业达成了初步的合作意向。对于已经签订的这些重大的合作项目，我们将加强跟踪和服务，尽快推动这些项目的建设。对于达成的合作意向，我们也会积极地跟进，争取促成这些项目早日在广东落地。

总的来看，我们这次国际咨询会在顾问机构和各位顾问的大力支持下，开得非常的成功，取得的成果也是非常丰硕的，这大大地增强了我们在当前复杂多变国际形势之下进一步扩大广东的对外开放、加快构建开放型经济新体制的决心和信心。接下来我们会借这次国际咨询会这股东风，加强和各个顾问机构的紧密合作，积极采纳他们对于广东扩大开放的好的意见和建议，争取让这次国际咨询会取得的成果能够更快地进入政府的决策，这次会议我们所签订的各项合作项目能够尽快地在广东建成并发挥他们的作用。

在这里，我要再次代表广东省政府对我们的各位顾问为成功地开好这次国际咨询会所付出的心血、所贡献的杰出的智慧表示衷心的感谢！同时，我也要再次感谢在座的新闻界的朋友！下面，我们欢迎记者朋友们对今天与会的顾问代表，包括对我本人，提出你们关心的问题，我们将一一作答。

【记者提问】

《香港大公报》记者： 我想请问朱小丹省长一个问题，在刚刚闭幕的中共十八届三中全会中就特别提到了扩大对港澳的合作领域，我想请问一下省长，目前粤港澳自贸区的深化工作有何最新的消息，包括在什么时候获批，获批以后省政府首先将在哪些方面开展工作？同时，自贸区在行政制度和法律法规方面对比目前会有怎样的突破？谢谢。

朱小丹： 我相信您提的问题是香港和澳门媒体都共同关心的问题。我们都知道，中共十八届三中全会决定60条当中第25条是关于加快建设自由贸易区，明确提出了国家要实行自由贸易区的战略，要形成面向全球的高标准自由贸易区网络，而且上海已经建立了我国第一个自由贸易实验区，第25条当中有一句话是这么写的，就是“要扩大对香港特别行政区、澳门特别行政区和台湾地区的开放合作”。

我们一直考虑怎么样来利用广东毗邻港澳、对外开放程度比较高这样一个优势，加快来谋划和建设主要面向港澳开放的自由贸易区。我们这个考虑的出发点主要是两个方面：第一是深化改革，创新体制，转变政府的职能，实行世界贸易规则，构建法治化国际化营商环境；第二是扩大对外开放，深化粤港澳合作，率先构建广东开放型经济的新体制。

为此，我们已经就自由贸易区的选址、范围、定位、任务和政策进行了超过半年时间的深入的调查研究和系统的论证，同时我们与香港、澳门两个特区政府进行了初步的接洽和沟通，广泛地征求了国家有关部门的意见，我们力求拿出一个切合广东实际、切实可行的一个好的关于自由贸易实验区建设的好的方案。

我们考虑接下来自由贸易区将承担的深化改革的任务主要有这样一些方面，就是更充分地简政放权，更大力度地改革行政审批、市场准入、商事登记、海关监管、检验检疫这些管理制度，能够实行准入前国民待遇加负面清单的管理方式，实行统一的市场监管，加快建立法治化国际化营商环境。

自贸区扩大开放的主要任务是有力地促进粤港澳服务贸易自由化和CEPA实施的先行先试，推动粤港澳生产性服务业的全面的合作，实行投资便利化，强化粤港澳国际贸易的功能的集成，创新金融服务在自贸区形成新的对外开放的高地。自贸区的总体方案成熟之后，我们将尽快向国务院申报。谢谢！

中国国际广播电台记者：我想问 ABB 集团柯睿思博士，您认为在全球经济不景气这个大背景之下，对于广东走绿色可持续发展之路，您有什么建议？

柯睿思：首先，谢谢您提出这样一个重要的问题。我想说的第一点是，广东省政府已经在推动实现更绿色、更可持续发展方面做了大量的努力。第二点是，我坚信提高生产效率对于提高一个地区的竞争力，以及对抗经济衰退是非常有效的办法，我们不仅要提高商品和服务生产过程的效率，也要提高能源、资源使用的效率，只有这样才能帮助我们更好地走出经济的不景气。

智能技术对提高生产效率有着非常重要的作用，所谓的智能技术具体是指智能电网建设以及城市可持续发展的技术，它会帮助我们消耗更少的能源，并且以一种更加环境友好型的方式从事生产活动，这样的直接效果就是我们可以减少对水资源、矿产资源以及土地的使用。

更具体地说，首先我们要推广机器人技术，这是提高生产力的非常重要的一个途径，因为它可以让我们更好地使用资源，提高生产力，并且能够更好地把我们的材料用于更高效的用途。第二点，我们要大力推广电动汽车技术，无论是在公共交通还是在私人交通领域，这其中还有另一个相关的方面，就是在大型船舶靠岸的过程中也要推广电动牵引技术，这样可以减少我们对能源的消耗。

正如我在顾问报告中所提到的智能技术的推广，可以使我们提高能源、资源使用效率，增强我们的竞争力，从而使我们更好地对抗经济衰退，并且最终对环境起到很好的保护作用。最终来说，这将使广东经济发展取得更大的成功，因为它可以有机会开拓更多的市场，从而进入新一轮的发展阶段。谢谢您的问题。

广东电视台记者：我想向美国艾默生电气公司的孟瑟顾问提一个问题。孟瑟先生您好，自 2005 年您开始担任广东省省长经济顾问以来，多次出席国咨会，为广东经济发展建言献策，您觉得目前广东经济发展最突出的短板是什么？广东又应该如何来弥补这个短板？谢谢。

孟瑟：感谢您的提问。是的，这已经是我第四次参加国咨会，而且我非常珍惜这个机会可以和广东省的领导开展非常有意义的交流，在最近的两次会议中，我们都和朱小丹省长有过富有成效的讨论，我们对他的精力充沛印象深刻。对我个人而言，参加国咨会最让我期待的地方就是每一次省长都会对于上一次顾问建议的采纳情况进行介绍，这让我们深受鼓舞。

在我们的会议过程当中，最热点的问题就是营商环境的改善、能效提高、教育的发展以及创新驱动型经济发展，以及构建一个对所有人都更加公平的经济体系。在这方面，我们不仅有很有意义地（进行了）讨论，而且广东已经取得了非常重要的进步。

其中一个讨论比较多而且吸引了中国公众以及媒体很广泛关注的议题，就是金融体系改革，因为它对于广大的中小企业而言有着尤为深远的影响，它也能够进一步促进广东经济的可持续发展。我们都是全球经济的参与者，在全球经济发展的过程中一个非常显著的现象就是：全球经济的创新主要是依赖于中小企业来完成的，我们也很高兴地看到广东省政府在鼓励扶持中小企业发展方面也出台了一系列政策。谢谢。

日本经济新闻社记者：朱省长您好，现在广东的经济增长已经不可能再像过去那样单纯依靠出口了，我们知道目前广东已经制定出万亿投资拉动计划，比如说在建设、住宅、铁道等基础设施方面都投入了大量的资金，但是依靠投资拉动的路子也不可能永远这样地走下去，我想请问一下省长，如何保持广东的经济持续发展，如何营造广东的商业投资环境以及发展广东的新的产业？

朱小丹：很乐意回答您这个问题。广东是一个开放型经济所占比重比较高，经济对外依存度比较高的省份，或者是全国最高的一个省份，但是单纯地依靠出口拉动经济增长这条路子确实很难长期地走下去。您可能也知道，我们今年的秋季交易会出现了成交额环比和同比都同时有所下降，虽然降幅并不是很大，但这说明了当前国际经济复苏还存在很多不确定和不稳定的因素，广东面临对外贸易的下行压力也没有得到根本的缓解。在出口这一方面，我们总的考虑还是不能放松，我们（将出台）应对和化解下行压力、促进外贸稳增长、调结构、促平衡的各项政策措施。

这位记者先生提出的万亿投资拉动计划可能是指我们针对“十二五”中期评估结果对同期的基础设施规划进行了适当的调整之后所作出的投资的匡算，实际上我们没有一个万亿投资计划。这次中期调整，我们加大了对基础设施的投资力度，主要是加大对高速铁路、城际轨道、城市轨道交通体系、高速公路体系以及港口和航运体系的投资，主要是为了在“十二五”期间全面实现原来定下来的县县通高速公路的目标，为振兴粤东西北的发展打下更坚实的基础，同时我们希望通过铁路和高速公路进一步打通出省的通道，这样来扩大我们经济的腹地。总的匡算下来，从 2013 年到“十二五”期末（2015 年）需要 14800 亿元，可能你讲的万亿投资计划指的是这个，这是打基础、立长远的事情，也有利于当前我们的稳增长。

稳增长需要保持合理的投资力度，当然重要的是优化投资结构，就是不能把钱都花到重复建设上，要把钱主要花在基础设施、产业转型升级和民生工程上，同时我们要着力地提高民间投资占固定资产投资总额的比重。

我们今年1—10月份固定资产投资当中增幅最高的是服务业的投资，增幅达到65.63%。基础投资占1—10月份投资总额的比例是23.44%，大体是跟去年持平。我们感到高兴的是民间投资的比例进一步提高，1—10月份已经达到56.96%，比去年同期提高了3.28个百分点，说明我们的投资结构在进一步优化。

您所关心的广东经济持续发展的问题，我想，实现这种持续的发展最主要的就是要靠当前的经济结构调整和经济发展方式的转变，要靠创新驱动发展，要靠绿色低碳发展，中心是不断提高广东经济发展的质量和效率。

保持广东经济持续增长同时也要靠我们进一步提高消费投资和出口拉动经济的协调性，而促进三者拉动经济协调性的立足点是扩大内需，在扩大内需当中我们摆在前面的不是扩大投资的需求，而是扩大最终消费的需求。

2008年国际金融危机爆发以来，这5年我们稳增长的政策措施是逐步更多地向扩大最终消费倾斜，在金融危机爆发前的2007年，消费投资出口对广东GDP的贡献率分别是45.5%、22.8%和31.7%，那个时候出口的拉动力是很高的，而到了去年这三者的贡献率已经调整为54.4%、43.7%和1.9%。这说明在转型时期，广东经济的对外依存度有所下降，当然也跟外需不足、国际经济低迷有直接关系，但同时消费和投资的拉动力是在增强的，而且拉动力最强的还是消费。

接下来我们将花更大的气力来提高消费对增长的贡献率，主要是要保持城乡居民收入增长的幅度持续地高于经济增长的幅度，这样来提高全社会的消费购买力，同时我们要积极地培育新的消费增长点。

当然，我们在立足扩大内需、重点扩大最终消费需求的同时也会进一步保持投资的合理力度，尤其是更加重视优化国际投资资产结构。另外，我们也会采取新的措施促进进出口贸易恢复性的增长。总之，我们对实现广东经济平稳、健康、持续的发展是有信心的，也是有办法的。谢谢。

《羊城晚报》记者：我想问一下鲁道夫·沙尔平先生，揭阳中德金属生态城的项目是在今年2月开始实施的，您作为德方主要推动者，对这个项目目前的进展情况感到满意吗？您知道广东目前正处于经济转型升级的一个关键阶段，基于您的经验，您对于今后广东和德国加强合作有什么新的想法？谢谢。

鲁道夫·沙尔平：谢谢您的提问。我很清楚揭阳金属生态城项目是广东推动经济转型升级重大战略的重要组成部分，因为这个转型升级的战略最主要的目标是能够实现一个平衡的经济增长模式。

我想从三个层面来回答您的问题，介绍揭阳这个项目的情况。第一个层面，我们的合作方向是在揭阳金属生态城项目的框架内加强广东省和德国的高校在应用科学研究领域的合作，以此来为广东转型升级提供专业的人才。第二个层面，我们需要通过技术转让、技术合作等方式来大力推广生态友好型技术的运用。第三个层面，我们会加强企业之间的技术合作，具体来说就是将高标准的德国专业技术经验引入揭阳，从而能够使揭阳企业乃至更大范围的企业提高竞争力，更好地在国际市场竞争。

刚才孟瑟先生强调了中小企业在推动创新方面的重要性，是的，在德国中小企业被我们称为“隐藏的冠军”，因为他们在推动实体经济的持续创新发展方面发挥着非常重要的作用。为了鼓励并且推动中小企业的创新，我们需要构建一个法治化的规管以及法治化的决策过程，特别是要加强知识产权的保护，我很高兴地看到广东省在这方面的工作取得了很好的进展。最后，我想我应该可以代表全体顾问对朱小丹省长以及广东省为筹备本次国际咨询顾问会所付出的努力表示衷心的感谢！这是一次组织安排高度优质并且成果丰硕的会议，谢谢你们！

第十三章 媒体报道

两年一度的广东经济发展国际咨询会是广东省政府借力外部智慧，助力本土发展的苦心孤诣，自然也是镁光灯聚集的焦点。媒体的介入及宣传，扩大了咨询会的社会影响，同时也提高了顾问机构的曝光度，实现了广东和顾问机构的双赢。在媒体的推介下，2013 年国际咨询会“拓展开放领域，提升国际竞争力”的主题开始为广东社会所认知。据统计，本次国际咨询会共有中外媒体 300 多名记者参与其中，媒体的报道俨然成为咨询会不可或缺的一个有机组成部分。

除了新华社、人民网、中国新闻社、广东电视台、《南方日报》、《广州日报》、《羊城晚报》、《香港商报》等传统媒体积极报道外，南方网、凤凰网、搜狐财经、新浪财经等网络媒体也积极参与，为读者奉上了丰富精彩翔实的咨询会即时信息及评论。

胡春华：顾问们为促进广东发展发挥积极作用

《羊城晚报》2013 年 11 月 22 日讯 21 日上午，广东省委书记胡春华、省长朱小丹在广州会见前来参加 2013 广东经济发展国际咨询会的全体顾问。

胡春华代表广东省委、省政府对各位顾问的到来表示欢迎和感谢。他说，咨询会自 1999 年首次召开至今已是第 9 次。14 年来，各位顾问给我们提出了很多建设性的意见和建议，带来了先进的发展理念和成功经验，推动一大批重大合作项目落户广东，对促进广东经济社会发展发挥了积极作用。

胡春华说，当前，广东正在认真贯彻落实党的十八届三中全会精神，研究全面深化改革的具体举措，其中一个重要方面就是通过深化改革开放更好地与国际经济接轨，建设法治化国际化营商环境，进一步提升广东的国际竞争力。希望各位顾问继续为广东改革发展献计献策。

BP 公司董事长思文凯在代表大家发言时说，广东发展取得了巨大成功，但也伴随着环境保护、收入分配等诸多挑战。难能可贵的是，广东从不回避问题，开诚布公地与我们展开讨论，积极寻求解决方法。与会的各位顾问将结合自身的经验和认识，为广东发展提出更多有建设性的意见和建议。

朱小丹：以开放促改革促创新促发展

中国日报网 11 月 22 日讯　11 月 21 日，2013 广东经济发展国际咨询会在广州召开。简短的开幕式后，18 位省长经济顾问与省长朱小丹进行了为期一天的闭门会议。大家围绕“拓展开放领域，提升国际竞争力”的主题，共商广东经济社会发展大计。省委常委、常务副省长徐少华，副省长招玉芳、陈云贤、刘志庚、李春生参加会议。

朱小丹省长在开幕式上作国际咨询会工作报告。他指出，2011 年国际咨询会上，顾问们围绕“加快转型升级——再造广东经济发展新优势”主题提交了 15 篇咨询报告、提出了 86 条具体合作意见和建议。省政府对这些意见建议进行了认真的研究和评估，其中许多都被吸纳到有关的规划、政策和项目中，对我省经济发展发挥了积极的促进作用。

闭门会议上，朱小丹回顾广东发展历程、分析当前形势和任务、展望未来工作方向，强调广东将坚定不移地把扩大对外开放摆在突出位置，增创国际竞争新优势。

朱小丹指出，广东的实践充分证明，不断扩大对外开放，加强与世界各国各地区的合作，才能实现互利共赢。正是通过开放合作，广东实现了经济社会发展的历史性跨越，发展成为中国开放型经济最发达的省份之一和中国最重要的现代产业基地之一，为国际资本和技术提供了广阔市场。

朱小丹强调，当前世界经济格局正经历着深刻变革和调整，广东正处于新旧发展模式转换的关键阶段。习近平主席去年底视察广东时明确要求广东肩负起“三个定位、两个率先”的重要使命。刚刚闭幕的中共十八届三中全会描绘了我国全面深化改革的新蓝图，强调以开放促改革。广东要在新一轮全球经济竞合浪潮中继续走在我国前列，必须实行更加积极主动的开放战略，抓住世界新一轮科技革命和产业变革的历史机遇，在更高层次、更宽领域、更深程度上参与国际合作与竞争，更好地以开放促改革、促创新、促发展，为打造广东经济“升级版”提供有力支撑。要着力优化对外开放战略布局，实施“西进南拓”的开放战略，全方位加强与欧美发达国家的交流往来，积极参与中国—东盟自贸区升级版和 21 世纪海上丝绸之路建设。着力拓展对外开放领域，推动开放向经济社会各个领域延伸，积极争取世界 500 强企业在我省轨道交通设备、电子信息、生物医药、新能源等领域布局，把服务业作为对外合作新重点。着力推进对外开放提质增效，更加注重优化对外经济贸易结构，加强招商引资、招才引技、投资并购和交流合作，以广州南沙、深圳前海、珠海横琴等重大合作平台和园区基地为载体深度参与和构建全球价值链。着力建设法治化国际化营商环境，坚持扩大开放与深化改革相结合，以开放倒逼改革，切实发挥市场配置资源的决定性作用。加快转变政府职能，深化外资管理体制改革，完善投资便利化机制。

会上，徐少华、招玉芳、刘志庚分别就“建设法治化国际化营商环境”、“构建开放合作平台”、“推进产业技术国际合作”3个分议题发言。顾问们纷纷为广东开良方、出新招，省长们认真虚心地向“老师们”求教，现场不时激起思想碰撞的火花。

最后，朱小丹强调，各位顾问提出的宝贵意见和建议见解独到专业，观点新颖前瞻，措施针对性强，对我省提高对外开放水平、提升国际竞争力具有重要的参考价值。会后将对各位顾问的建议作全面梳理，在政府相关规划、工作方案和政策措施中认真采纳，把顾问们的意见转化为加强双方深入合作的新动力。

当天，12位新任省长经济顾问从朱小丹手上接过聘书。

智能化技术推动制造业转型

《南方日报》2013年11月24日讯　继去年艾默生宣布中国市场扩张计划后，今年6月，艾默生在江门的网络能源公司在精密空调及配电装置生产和发货再创新高。本次国咨会省长顾问艾默生全球总裁兼首席运营官孟瑟在接受《南方日报》采访时表示，艾默生在广东有着坚实的业务基础，希望通过发挥广东市场的潜力，能在这些业务上取得持续发展。

《南方日报》：广东正酝酿出台《大力发展智能制造推进两化深度融合专项行动计划》（以下简称《计划》），以期促成传统制造企业转型升级。广东应如何引导制造企业通过自动化设备的更新、智能制造以及对信息技术的应用实现转型升级，提高产品附加值？

孟瑟：出台这个《计划》是十分必要的。我们预测，在2014年，伴随着中国的各个产业正向价值链上游发展，制造业的自动化进程将加快。为减少人力成本、降低运营风险并生产出高品质产品，制造商，尤其是沿海地区的制造企业，将加速在生产设施中采用先进的自动化技术。此外，制造商还将想方设法把劳动密集的制造过程自动化，并降低能耗以节约成本。

面对这种潮流，艾默生愿意为广东的产业技术升级做出努力，不断通过创建数据管理系统，以及过程控制管理来帮助客户实时诊断自动化作业；利用智能无线产品帮助解决制造企业的现场实际问题，减少成本并提高过程管理的安全，同时增强可预见性。

《南方日报》：在中国，艾默生这样的企业被称为“百年老店”。目前，广东特别是珠三角地区出现了一些以高新科技带动企业增值的新型制造企业。作为一家在管理、销售等方面表现卓越的“百年老店”掌门人，您对这些正处于起步阶段的广东企业有些什么样的建议？

孟瑟：艾默生发展成为今天的全球化企业不是一朝一夕的，而是经过了120多年的历程。艾默生在1890年刚成立的时候，是一个生产马达和电风扇为主业的地区性工厂，到20世纪50年代，开始通过各种并购业务走向全球化，成为一个跨国集团，并跻身世界500强企业。

在这120多年的历程中，艾默生遇到过挫折，经历过市场的低谷，但是始终注重技术的研发，并严格地贯彻、实施管理过程于所有战略、计划及各项业务中。此外，我们不断地提升自己的定位，从单纯的生产零部件到为客户设计解决方案，积极洞察市场的机会，进行产品方案的创新，不断积累经验以形成竞争优势。

从艾默生在广东省多年深耕的经验来看，未来广东将实现可持续发展经济模式的转型，并通过技术创新建立新的竞争优势。在这个过程中，IT与通信、能源利用、食品处理与废弃物管理等方面将为广东的企业提供更广阔的发展空间。

《南方日报》：未来，艾默生在广东以及整个华南片区将有何新的拓展？

孟瑟：中国是艾默生第二大市场，也是我们在全球业务发展最快的地区之一。目前中国经济的发展已进入了一个新的阶段，专注于技术创新与内需消费。艾默生持续调整其业务与投资，尤其是在广东，以支持中国经济的增长。

下一步，我们新的投资将进一步加强广东及中国作为艾默生重要的制造与产品研发基地，我们明年计划在广东继续投资研发与制造基地。这项最新的投资计划旨在增强艾默生在电信与暖通空调等关键行业的实力。这些关键行业对于中国经济的发展及人民生活水平的提高都至关重要。

广东应建立产业交流平台

《南方日报》2013年11月24日讯　作为世界领先的钢铁企业韩国POSCO公司的掌门人之一，张仁焕在本次国咨会上提出，广东不论从历史还是地理上都扮演着中国全球化窗口的角色，应继续引导不同产业在广东建立交流平台，强化广东作为跨国企业在华投资的窗口作用。

《南方日报》：目前广东浦项汽车板项目进展如何？这一项目的建立会对公司以及广东当地带来哪些变化呢？

张仁焕：作为公司的重要战略，我们在全球拓展汽车钢板产业，除了扩大韩国本土的高级镀锌板生产线外，同时也在墨西哥、印度、中国、泰国等海外新兴市场不断加大投资。随着中国汽车产业的急速成长，对于汽车钢板的需求也日渐旺盛，为此，我们在广东投资建设了汽车钢板生产线，目前正在进行客户汽车商的品质认证，预计 2014 年产能将达到 25 万吨，2015 年达到 35 万吨。

等到第一期工厂实现正常运营，公司还将计划推进二期建设，同时还会加快建设含有加工中心的广东省配套产业链和汽车平台。随着广东汽车产业投资的持续扩大，广东浦项汽车板有限公司的前景也会越来越好。

《南方日报》：作为全球最具竞争力的钢铁企业之一，浦项制铁是如何通过技术变革、管理创新做到全球领先的？

张仁焕：在创业期，我们主要是通过引进、学习日本、欧洲等国家的先进技术方法，不断总结提炼为公司自身的理念，并形成了相关体系。从 1978 年起，公司为了适应快速的成长，建立了 CIM 等公司内部信息系统，并成立了 RIST 技术研究所和 POSTECH 工科大学来增强自主研发能力。近期，公司正在推进工作方式的革新，如新推出 POSPIA3.0 硬件，主要以“合作、创新、多功能”为核心价值，正在公司内部试用。

POSCO 在钢铁、E&C、IT、能源、原料贸易等领域，有着非常强的竞争力。不过，到目前为止，POSCO 在中国的投资只有钢铁产业，未来，除了钢铁行业，我们还会实施更多的战略性合作方案。

目前，公司也正在研讨如何就尖端原料、环保汽车、绿色城市建设、新能源、ICT 等领域在中国进行投资。其中，我们正在与比亚迪合作推进二次电池、负极材料的样品测试，计划在 2014 年上半年实现量产。而且，必要时也可以推进与中国钢铁公司的合作，目前相关方案也正在研究中。

《南方日报》：对广东提升国际竞争力，您有哪些建议呢？

张仁焕：广东不论从历史还是地理上都扮演着中国全球化窗口的角色，要继续引导不同产业在广东建立交流平台，强化广东作为跨国企业在华投资的窗口作用。我认为，广东省应加快产业转型升级，一方面要加快劳动力密集型产业的转移，同时更要发展高端制造业，引导产业平台搭建；另一方面，不同产业之间交流平台的搭建，也是吸引 POSCO 在广东扩大投资的重要因素。这就需要政府能给予更多的扶持政策，并加大基础设施建设，从而吸引更多的跨国大型企业来中国投资。

构建合作型创新机构

《南方日报》2013 年 11 月 24 日讯　日立集团自 2007 年起就应邀担任广东省长顾问机构，作为世界制造业的翘楚，省长经济顾问日立集团会长（董事长）川村隆在接受《南方日报》专访时，对广东这个世界制造业基地如何实现转型升级做出了阐述。

《南方日报》： 广东虽是世界制造业的主要基地之一，但企业普遍缺乏品牌，缺乏技术。您认为政府应如何引导这些企业转变结构，使之走向更高端？

川村 隆： 广东省在“十二五”规划中明确积极实施“自主创新”战略，以创新驱动产业结构转型升级，实现转变产业结构。无论企业的大小，技术革新都是制造型企业实现成长所不可或缺的。为此，考虑构建合作型创新构架极其重要。我认为，充分运用优秀的本土、外资企业以及教育机构等第三方资源，可以有效地帮助企业尽早地实现事业目标。政府所发挥的作用也十分重要，帮助企业实现创新，推进鼓励措施，保护知识产权，这些对于加强创新将起到重要作用。

《南方日报》： 日立与中国的合作一直十分紧密，其中，以广东为首的华南市场也是日立在华发展的重中之重。日立如何看待中国市场，特别是以广东为首的华南市场？

川村 隆： 日立从 20 世纪 70 年代初开始在中国开展事业活动，历经成套设备提供、技术合作、现地制造等阶段，不断扩大着在中国的事业规模。现在，日立在中国拥有 164 家集团公司，员工约 44000 人。

目前，广东省已经是日立在中国最为重要的市场之一。广东省作为中国改革开放的先进地区，又是中国经济规模最大的省份，日立在此的实践成果也必能对其他省市地区的改革起到参考甚至带动的作用。

《南方日报》： 未来，日立与广东的合作将有什么新的拓展？

川村 隆： 在广东省，日立集团开展着众多事业活动，包括电梯、ATM、空调、压缩机、电动工具、汽车部件等产品的生产，广州深圳高速铁路信号系统也已交付使用。今后，日立希望通过在全球市场中所积累的经验和技术，为在信息及社会基础设施、服务领域，为广东省的创新发展做出更大、更积极的贡献。

马士基：建议设立泛珠三角“低排放区”

南方网 2013 年 11 月 21 日讯　在 2013 广东经济发展国际咨询会期间，作为全球最大的集装箱航运公司马士基集团，将为省长带来降低广东省海运污染物排放的建议。马士基（中国）有限公司总裁彦辞先生（Mr. Jens Eskelund）近日在接受南方网记者专访时表示，马士基致力于在2020年前减少40%的航运碳排放量。

南方网：马士基担任了多次的广东省经济发展国际咨询会顾问公司，为广东经济发展带来许多建设性的建议。对于广东本次大会集中讨论的“拓展开放领域，提升国际竞争力”，您带来什么建议？

彦辞：这次顾问会，马士基集团从环保的角度，带来了降低广东省海运污染物排放的建议。目前在珠江三角洲地区，海运的尾气排放已经成为当地大气污染的主要来源之一。在海运中，船舶普遍使用的重油（HFO），其含硫量可高达3.5%，燃烧后排放大量可吸入颗粒物，广东居民和香港居民一样，身体健康面临着这些污染物的威胁。其中影响最大的是船舶靠近岸边航行或停在泊位的时候，所以应当努力减少这期间的排放。

马士基建议分三个阶段实现海运污染物减排目标，即首先通过奖励和补助措施实行自愿性减排，然后通过补贴合规企业、处罚不合规企业，建立泛珠三角“低排放区”，最后达到建立完全成熟的排放控制区的目标。

南方网：马士基集团近年来一直参与广州南沙港建设。南沙作为国家级新区，在《广州南沙新区发展规划》中，提出初步考虑重点发展航运物流服务、高端商贸服务、科技智慧、高端装备及技术、健康休闲等五大主导产业。位居珠三角的几何中心，良好的港口区位优势，您认为南沙如何把地理优势和政策优势变成真正的发展？马士基集团又将在南沙开发中如何与广东合作？

彦辞：南沙港是马士基航运在华南的母船挂靠中心，是南沙港最大的集装箱班轮公司，贡献了约1/3的外贸集装箱吞吐量。同时，马士基集团又是南沙港二期码头的参股股东。我们对南沙港未来的发展充满信心。未来，马士基集团会继续支持南沙港的发展，增加南沙港的集装箱装卸量，并积极研究新的投资项目。南沙港拥有得天独厚的地理位置优势，如果能进一步改善港口运营的软环境，并且在开放政策上取得突破（如放开外轮的沿海捎带），南沙港未来的发展一定能取得突破，成为华南乃至东北亚领先的集装箱母港。

南方网：马士基航运现在在减少航运的碳排放量方面做了哪些努力？将来会不会和广东的船舶企业进行相关合作？

彦辞：据估计，世界贸易运输量的90%由航运业承担。目前为止，航运是能源效率最高的远距离货物运输方式，航运的碳排放量占全球每年碳排放总量的3%～4%。

在2012年，与碳排放表现为业界平均水平的承运商相比，马士基航运为其客户减少了 210 万吨的碳排放。2013 年，公司提前实现了此前设定的即基于 2007 年的碳排放量数据，在 2020 年前将碳排放量减少 25% 的目标（碳排放计算方式：每运载一只集装箱航行一千米所排放的碳的克数）。马士基航运之所以能够实现所设定的减少碳排放量目标，很大程度上是由于提高了运营效率、优化了服务网络和航线、施行慢速航行并开展技术创新。马士基航运的 3E 级船舶将在今年和明年陆续交付，成为世界上最大、能源效率最高的船舶。为了保持这样的发展态势，马士基航运决定进一步提高目标，致力于在 2020 年前减少 40% 的碳排放量。

马士基航运一直呼吁出台航运业界的全球碳排放统一规定。减少碳排放量有利于航运业的发展。

马士基航运客户群体的可持续发展意识也在不断提升，越来越多的客户要求公司提供可持续发展的相关数据并积极参与环保讨论。

南方网：除了航运，马士基集团将来还打算在广东进行其他方面的发展吗？

彦辞：除了继续发展高效优质航运服务外，集团的物流公司丹马士也在广州开展供应链管理以及空运服务，最近刚刚在珠海开始运营国际空运包机业务。集团在广东的集装箱制造也将保持发展。其他方面的合作也在探讨研究之中。

附　录　省长、顾问简介

朱小丹
广东省省长

汉族，1953 年 1 月生，浙江温州人，1971 年 8 月参加工作，1975 年 12 月加入中国共产党，中央党校经济管理专业毕业，中央党校研究生学历。1971—1977 年，任广东乐器厂工人、团支部书记，广州乐器总厂团委副书记；1977—1982 年，任共青团广州市委干部，办公室副主任、主任；1982—1984 年，任共青团广州市委副书记；1984—1987 年，任共青团广州市委代书记、书记（期间：1985 年 9 月—1987 年 9 月在广州宣传函授学院科学社会主义专业学习）；1987—1991 年，任从化县委书记（其间：1990 年 9 月—1991 年 7 月在中央党校中青班学习）；1991 年，任广州市委副秘书长；1991—1996 年，任广州市委常委、宣传部部长；1996—1999 年，任广州市委副书记、宣传部部长（1995 年 9 月—1998 年 7 月在中央党校研究生院在职研究生班经济管理专业学习）；1999—2002 年，任广州市委副书记；2002—2003 年，任广东省委统战部常务副部长、部长；2003 年，任广东省政协副主席，广东省委统战部部长；2003—2004 年，任广东省委常委、宣传部部长，广东省政协副主席；2004—2006 年，任广东省委常委、宣传部部长；2006—2007 年，任广东省委常委，广州市委书记；2007—2010 年，任广东省委常委，广州市委书记、市人大常委会主任；2010—2011 年，任广东省委常委、广东省常务副省长；2011—2011 年，任广东省委副书记、广东省常务副省长；2011—2012 年，任广东省委副书记、广东省代省长。2012 至今，任广东省委副书记、省长。中共第十七届中央候补委员、中共第十八届中央委员，中共十八大代表，第十一、十二届全国人大代表。

柯睿思

ABB 集团 执行副总裁兼执行委员会成员

1964 年 5 月生，法国国籍。1990 年，获瑞士苏黎世联邦理工大学（ETH）机械工程学位（专修经济与管理）；1993 年，获瑞士苏黎世联邦理工大学（ETH）材料科学博士学位。1990—1993 年，任瑞士苏黎世联邦理工大学助理教授；1994—1995 年，任 ABB Sécheron 有限公司配电变压器利润中心经理；1995—1998 年，任 ABB 高压技术有限公司中压设备总经理；1998—1999 年，任 ABB Sécheron 有限公司中压设备总经理；1999—2001 年，任 ABB 输配电管理有限公司铁路固定设备业务部全球负责人，配电系统业务管理团队成员；2002—2006 年，任 ABB 管理有限公司变压器业务部全球负责人，全球电力产品业务部管理团队成员；2007—2009 年，任 ABB 中国及北亚区负责人，ABB（中国）有限公司董事长兼总裁；2010—2012 年，任 ABB 集团执行委员会成员、集团营销与客户解决方案负责人；2012 年至今，任 ABB 执行副总裁、集团执行委员会成员、电力系统业务部负责人。

韩明森

马士基集团 合伙人、执行委员会成员

1962 年生，丹麦国籍。1981 年，加入马士基集团公司接受马士基海运学校专业培训；后于伦敦商学院和康奈尔大学进修商务管理专业，并在 2007 年获瑞士商学院高层管理人员工商管理硕士学位。1984—1989 年，马士基石油钻探公司人力资源部工作；1989—1992 年，马士基航运公司工作；1992—1997 年，先后任马士基香港有限公司工作操作部总经理、副总裁；1997—2000 年，任马士基航运新加坡公司总裁；2000—2003 年，任马士基香港有限公司总裁；2003—2005 年，任马士基集团高级副总裁，负责马士基集装箱运输相关业务，包括全球客户服务、全球信息处理中心。截至 2004 年同时负责 APM 码头公司业务；2005 年至今，任马士基石油钻探公司首席执行官；2006 年至今，任马士基集团执行委员会成员。此外，全面负责马士基供给服务、马士基油轮、施维策和马士基海上浮式采油公司的经营管理业务。

思文凯

BP 公司 董事长

1952 年 5 月生，瑞典国籍；获商业管理学士和理学硕士学位。1977—1985 年，在 ABB 公司负责项目输出工作；1986—1994 年，在塞库达斯（Securitas）安全锁业公司任职，1990 年任该集团公司第一执行副总裁；1994—2003 年，任亚萨合莱（Assa Abloy）集团公司总裁兼首席执行官；2003—2009 年，任爱立信总裁兼首席执行官、索尼爱立信移动通讯股份公司董事长；2009 年 9—12 月，任 BP 公司非执行董事；2010 年 1 月至今，任 BP 公司董事长。现任爱立信公司非执行董事，瑞典企业联合会理事；全球信息和通讯技术及开发联盟指导委员会委员，哥伦比亚大学地球研究所外部顾问委员会委员；曾凭借对瑞典工业界的杰出贡献荣膺瑞典国王勋章。

杰瑞德 · 柯亨

卡内基梅隆大学 荣誉校长

1947 年 10 月生，美国国籍。1969 年，获宾夕法尼亚大学土木工程专业理科学士学位；1972 年，获麻省理工学院土木工程专业理科硕士学位；1973 年，获麻省理工学院土木工程专业博士学位。1973—1992 年，任教于约翰 · 霍普金斯大学地理与环境工程系；1992—1997 年，任耶鲁大学森林学与环境研究学院院长兼环境系统分析教授；1997—2013 年，任卡内基梅隆大学校长兼土木与环境工程学教授、工程与公共政策学教授；2013 年至今，任卡内基梅隆大学荣誉校长兼土木与环境工程学教授、工程与公共政策学教授。曾任美国大学协会主席。2009 年，获美国土木工程师协会杰出会员称号；2011 年，获美国工程师学会联合会颁发的国家工程学奖；2012 年，获美国国家工程学院和美国人文与科学院有关荣誉和奖项。

亨利·普格里奥

法国电力集团 董事长兼首席执行官

1949 年 6 月生，法国国籍。1971 年，毕业于法国 HEC 高等商学院。1973 年，加入法国通用水务集团（Compagnie Générale des Eaux）；1990 年，任法国 CGEA 公司（法国通用水务集团子公司）董事长兼首席执行官；1991—1999 年，先后任法国通用水务集团高管、执行委员会委员、执行副总裁；1999 年，任维旺迪（Vivendi）集团高级副总裁，维旺迪水务董事会董事长兼首席执行官；2000 年，任威立雅环境集团（Veolia Environnement）董事长；2003 年，任威立雅环境集团董事长兼首席执行官；2009—2010 年，任威立雅环境集团董事长；2009 年至今，任法国电力集团董事长兼首席执行官。曾获得法国国家荣誉勋章（Légion d' honneur）。

孟瑟

美国艾默生电气公司 总裁兼首席运营官

1950 年生，美国国籍。1980 年，获美国伊利诺理工大学电力工程学学士学位，还获得了美国东密执安大学教育学学士学位，同时也是斯坦福大学商学院高级管理人员培训项目学员。1981 年，加入罗斯蒙特公司，出任高级工程师，之后担任多个工程管理职位；1987—2001 年，先后任罗斯蒙特公司技术总监、新产品与技术总监、副总裁、执行副总裁兼总经理、总裁；2001 年至今，任美国艾默生电气公司首席运营官；2010 年至今，任美国艾默生电气公司总裁兼首席运营官。现任艾森豪威尔基金会理事、职业人才国际交流项目理事，兰肯技术学院（Ranken Technical College）董事会主席、圣路易斯科学中心财务主管、The Backstoppers 公司及美国中西部与中国战略经济发展委员会副主席，同时也是芝加哥伊利诺理工大学理事会成员，以及该校阿默工程学院监事会理事。曾任美中贸易全国委员会董事会成员及副主席。

巴比诺特

忠利集团 首席保险执行官兼意大利忠利集团董事长

1958 年 9 月生，意大利国籍。1983 年，加入的里雅斯特（Trieste）市忠利保险有限公司总部；1983—1995 年，先后在忠利保险有限公司的子公司或分支机构工作，包括慕尼黑德国劳合公司（Deutscher Lloyd）、集团保险营运部、瑞士分公司、法国优普环球援助公司等；1995—1996 年，任忠利保险有限公司集团保险营运部地区经理；1996—1998 年，任忠利保险有限公司助理总经理和集团保险营运部负责人；1998—2000 年，任忠利保险有限公司及忠利集团副总经理；2000—2002 年，任忠利保险有限公司及忠利集团总经理；2002 年 4 月至今，任忠利集团执行总裁；2011 年 6 月至今，任欧洲保险和再保险联盟——欧洲保险联合会主席；2013 年 6 月至今，任忠利集团首席保险执行官兼意大利忠利集团董事长。

川村 隆

日立集团 会长（董事长）

1939 年 12 月生，日本国籍。1962 年，毕业于东京大学工学部电气工学专业。1962 年，进入株式会社日立制作所工作；1987 年，任日立火力发电部部长；1992 年，任日立工厂厂长；1995—2003 年，先后任日立制作所董事兼电力统括营业本部长、常务董事兼电力事业本部长、代表董事兼副社长；2003 年，任日立软件工程株式会社董事会长；2005 年，任株式会社日立工业设备技术董事会长；2007 年，任日立麦克赛尔株式会社董事会长；2009—2010 年，先后任日立制作所执行役会长兼执行役社长、代表执行役兼执行役会长；2011 年至今，任日立制作所董事会会长（日立集团会长）。此外，2010 年至今，兼任日本经济团体联合会副会长；2004 年，兼任日本电气学会会长。

王冬胜

汇丰控股有限公司 集团常务总监

1951 年 11 月生于香港。1974—1979 年，先后获美国印第安纳大学电脑科学学士学位、市场及财务学硕士学位、电脑科学硕士学位。1980 年，加入花旗银行；1997 年，加入渣打银行；2005—2010 年，加入汇丰集团，任汇丰集团总经理兼香港上海汇丰银行有限公司执行董事；2010 年，任香港上海汇丰银行有限公司行政总裁；2013 年起兼任香港上海汇丰银行有限公司副主席；同时亦担任汇丰集团常务总监和管理委员会委员，汇丰银行（中国）有限公司董事长兼非执行董事、马来西亚汇丰银行有限公司主席兼非执行董事及恒生银行有限公司非执行董事，交通银行股份有限公司非执行董事及国泰航空有限公司独立非常务董事；并担任香港金融管理局外汇基金咨询委员会委员、香港特区政府经济发展委员会非官方委员、香港银行学会会长、香港总商会理事会成员、中美交流基金有限公司顾问委员会成员、中国人民政治协商会议第十二届全国委员会委员等多项职务。

朝田 照男

丸红株式会社 会长（董事长）

1948 年 10 月生，日本国籍。1972 年，毕业于庆应义塾大学法学部。1972 年，进入丸红株式会社；1998—2002 年，先后任丸红株式会社财务部副部长、解决方案事业部部长、金融·物流部部长助理兼 CIO、金融保险事业部部长；2002—2005 年，先后任丸红株式会社执行董事、常务执行董事，财务部部长，投资者关系（Investor Relations）担当董事助理、投资者关系担当董事，投融资委员会副委员长、中期经营计划“V”PLAN 委员会委员长；2005 年，任代表取缔役常务执行董事、投融资委员会副委员长、中期经营计划“V”PLAN 委员会委员长，投资者关系担当董事；2006 年，任代表取缔役专务执行董事、投融资委员会副委员长、CIO，投资者关系担当董事；

2008 年，任代表取缔役社长；2013 年，任代表取缔役会长（董事长）。

江头 敏明

MS&AD 保险集团控股公司 董事总经理兼首席执行官

1948 年 11 月生，日本国籍。1972 年，毕业于庆应义塾大学法学部。1972 年 4 月，进入大正海上（后更名为三井海上）火灾保险公司工作；1987—2006 年，先后任三井海上火灾保险公司（后更名为三井住友海上火灾保险公司）业务第二部保证信用保险课长、业务部保证信用保险课长，企业第三部营业第一课长，火灾新险商品企划部保证信用保险室长，总经理室部长，商品业务统括火灾新险业务部部长、执行官、常务执行官、共同首席执行官；2006 年 6 月，任三井海上火灾保险公司董事总经理、首席执行官；2008 年 4 月，任三井住友海上集团控股公司董事总经理；2009 年 4 月，任三井住友海上集团控股公司董事总经理、首席执行官；2010 年 4 月至今，任 MS&AD 保险集团控股公司董事总经理、首席执行官，三井住友海上火灾保险公司董事长。现任公益社团法人经济同友会干事、社团法人日本经济团体联合会常任干事、东京商工会议所常任议员、社团法人日本经济团体联合会亚洲大洋洲地区委员会共同委员长。

张仁焕

POSCO 代表理事副社长

1955 年 1 月生，韩国国籍；毕业于高丽大学金属工学专业。1981 年 3 月，加入 POSCO（韩国浦项制铁公司）；2001 年 8 月，任汽车家电出口 Team 长；2003 年 2 月，任汽车钢板销售室长；2007 年 2 月，任市场推广部冷轧推广部室长（常务）；2009 年 2 月，任市场推广部热轧推广部室长（专务）；2010 年 3 月，任 POSCO P&S 代表理事副社长；2011 年 2 月，任 POSCO P&S 代表理事社长；2012 年 3 月，任 POSCO 成长投资部门长

（副社长）；2013 年 3 月，任 POSCO 碳素钢事业部门长（代表理事副社长）。

鲁道夫·沙尔平

鲁道夫沙尔平战略咨询交流有限责任公司 董事长

1947 年 12 月生，德国国籍。1967 年，在大学专修政治学专业，辅修法律和社会学；1974 年，完成硕士毕业考试，师从 Karl Dietrich Bracher 教授。1967—1969 年，就职于国家统计局和私营机构；1969—1975 年，任德国联邦议会和欧洲议会会员的助理研究员；1975—1994 年，先后任德国莱茵兰 - 普法尔茨州议会社会民主党议会党团书记、党团主席，莱茵兰 - 普法尔茨州州长，其间兼任莱茵兰 - 普法尔茨州议会成员、社会民主党主席；1994—2005 年，先后任德国联邦议会社会民主党议会党团主席、联邦国防部部长、联邦议院成员；其间兼任德国社会民主党副主席、主席，德国社会民主党“国际政策”委员会主席，欧洲社会党主席；2004—2006 年，任美国塔夫斯大学弗莱彻学院客座教授；2005 年 3 月至今，任德国联邦自行车协会主席；2004 年至今，任鲁道夫沙尔平战略咨询交流有限公司董事长。现兼任鲁道夫沙尔平咨询顾问（北京）有限公司董事长、法兰克福 Kepler Bank 顾问、汉堡 nexpert AG 监事会主席。

黄根成

星桥控股私人有限公司 董事长

1946 年生，新加坡华人。1970 年，获新加坡大学（现称新加坡国立大学）文学士（荣誉）学位，后又获得英国伦敦商学院工商管理硕士学位。1981—1985 年，就职于新加坡惠普公司；1984 年 12 月，当选碧山 - 大芭窑集区国会议员；1985 年起，先后任新加坡新闻及通讯部、社会发展部、外交部和内政部的部长；2005—2011 年，任新加坡共和国副总理，兼任国家安全统筹部长以及隶属总理公署的人口及人才署主管部长；2011 年至今，任淡马锡控股的全资子公司——星桥控股私人有限公司董事长、新加坡总理的经济合作特别顾问。担任副总理期间，曾出任中新双边合作联合委员会、中新苏州工业园区联合协调理事会和中新天津生态城联合协调理事会的联合主席；曾与卡塔尔王储塔米姆联合主持卡塔尔—新加坡高层联合委员会。1976 年，获新加坡共和国总统颁发的公共行政（银）勋章；1998 年，荣膺全国职工总会荣誉勋章；2004 年，获伦敦商学院校友成就奖。

斐里德·穆拉德

乔治·华盛顿大学 教授（诺贝尔生理医学奖获得者）

1936 年生，美国国籍。1958 年，获迪堡大学医学预科和化学本科学位；1965 年，获凯斯西储大学医学博士和药理学博士学位。1965 年起，先后任马萨诸塞州综合医院实习医生、住院医师，美国国家卫生研究院及美国国家心脏、肺和血液研究所临床副研究员、研究员；1998 年，获诺贝尔生理医学奖，被称为“一氧化氮之父”、知名药物“伟哥”理论发明人；1997 年至今，先后当选美国国家科学院及其医学研究所院士、美国艺术与科学院院士及多国科学院院士，是德州医学、工程和科学技术学会的成员；2007 年，受聘为中国科学院外籍院士；现任乔治·华盛顿大学医学和健康科学院教授。曾是休斯敦德克萨斯大学预防人类疾病布朗基金会分子医学研究所和休斯敦 UT 健康科学中心细胞内信号转导项目的负责人；曾任弗吉尼亚大学临床研究中心主任和临床药理学部教授，斯坦福大学医学和药理学教授，帕洛阿尔托退伍军人医院主任医师，斯坦福医学院副主席和主席，雅培实验室的研发副总裁、企业执行官。曾获艾伯特和玛丽拉斯克基础医学研究奖、美国心脏协会 Ciba 奖、美国医学院校协会生物医学科学研究的巴克斯特奖和美国临床药理学会杰出研究奖，获 17 个荣誉学位和许多荣誉教授职位，同时是许多大学和学会的成员。

吉姆·巴伯尔

UPS 公司 国际总裁

1960 年生，美国国籍；获美国奥本大学金融学学士学位。1985 年，加入 UPS，随后陆续任会计和财务部门职务；2000 年，任 UPS 兼并和收购部门（Mergers and Acquisitions Group）交易经理；2002—2005 年，先后任 UPS 美国东南区财务主管、欧洲区财务副总裁；2005—2010 年，先后任 UPS 德国杜塞尔多夫快递业务总经理、英国及爱尔兰地区董事总经理；2010—2013 年，先后任 UPS 欧洲、中东和非洲区首席运营官，UPS 欧洲区总裁，负责 UPS 在欧洲、中东和非洲超过 120 个国家和地区的业务运营；2013 年至今，任 UPS 国际总裁、管理委员会成员，负责公司在美国境外超过 220 个国家和地区的业务运营，包括小包裹、货运代理、报关及物流解决方案，以帮助客户实现更有效的供应链管理。

薄迈伦

美国全国商会 常务副会长兼国际事务总裁

1985 年，获马里兰大学政治学学士学位；1988 年，获华盛顿法学院法律博士学位。1988—1994 年，进入华盛顿史地沃特律师事务所，担任律师；1994—2009 年，任美国全国商会亚洲事务副会长，曾领导商界力推美国国会批准与中国的永久正常贸易关系以及与新加坡、澳大利亚的自由贸易协定；2004—2009 年，兼任韩美贸易理事会主席；2009—2013 年，任美国全国商会国际事务高级副会长，成功推动美国国会通过与哥伦比亚、巴拿马和韩国的贸易协定以及为在俄罗斯的美资企业创造公平竞争环境的立法，同时还负责 10 个由商会主办的、旨在提升与巴西、埃及、日本、韩国和南非等国际贸易与投资的贸易理事会，兼任大西洋理事会、美国国际贸易理事会、国际私营企业中心等多个组织的董事和美中关系全国委员会成员；2013 年 3 月至今，任美国全国商会常务副会长兼国际事务总裁，负责制定并推动商会的全球商业战略，并代表美国全国商会及其会员企业与外国政府、美国政府和国际商业组织开展工作。薄迈伦关于国际商业环境及贸易政策等广泛议题的独到见解经常为媒体所引用，也是 CNBC，CNN 以及其他新闻栏目的常客。2007 年被《华盛顿人》杂志（*Washingtonian Magazine*）评为对美中经济政策最具影响力的人物之一。

海兹曼

大众汽车集团 管理董事会成员

1952 年生，德国国籍。1975 年，获卡尔斯鲁厄（Karlsruhe）大学工业工程学士学位，1980 年获得博士学位，曾被卡尔斯鲁厄大学聘为总工程师，同时兼任该大学自由业务顾问。1982 年，进入奥迪 NSU 汽车联盟股份公司，先后任工作系统部主管、技术开发部门负责人和汽车装备（生产）部负责人等多项管理职务；1991 年，进入大众汽车公司，任沃尔夫斯堡发动机生产车间中央规划部负责人；1993—2000 年，先后任大众汽车乘用车生产规划部主管、萨克森股份有限公司和萨克森物业管理股份有限公司技术总经理和管理层发言人；2001—2007 年，任奥迪汽车公司管理董事会成员；2007—2010 年，任大众汽车集团管理董事会成员，其中：2007—2009 年兼任大众品牌管理董事会成员；2010—2012 年，任大众汽车集团管理委员会成员；2012 年 9 月至今，任大众汽车集团（中国）总裁兼首席执行官，成为大众汽车集团管理董事会专门为中国业务设立的职能部门的负责人。在 2004 年，海兹曼被邀请成为上海同济大学客座教授。2006 年和 2010 年，先后获开姆尼茨工业大学荣誉教授和荣誉博士称号。